Koalitionsfreiheit, Tarifvorrang und Tarifvorbehalt

Europäische Hochschulschriften
Publications Universitaires Européennes
European University Studies

Reihe II
Rechtswissenschaft

Série II Series II
Droit
Law

Bd./Vol. 4567

PETER LANG
Frankfurt am Main · Berlin · Bern · Bruxelles · New York · Oxford · Wien

Olaf Meisen

Koalitionsfreiheit, Tarifvorrang und Tarifvorbehalt

Zum Direktionsgehalt des Art. 9 Abs. 3 GG für eine Deregulierung

PETER LANG
Internationaler Verlag der Wissenschaften

Bibliografische Information der Deutschen Nationalbibliothek
Die Deutsche Nationalbibliothek verzeichnet diese Publikation in der Deutschen Nationalbibliografie; detaillierte bibliografische Daten sind im Internet über <http://www.d-nb.de> abrufbar.

Zugl.: Köln, Univ., Diss., 2006

D 38
ISSN 0531-7312
ISBN 978-3-631-56588-9

www.peterlang.de

VORWORT DES AUTORS

Die vorliegende Arbeit wurde im Wintersemester 2006/2007 von der Rechtswissenschaftlichen Fakultät der Universität zu Köln als Dissertation angenommen. Mein besonderer Dank gilt meinem Doktorvater Herrn Prof. Dr. Wolfram Höfling für seine stete Hilfestellung und Geduld sowie Herrn Prof. Dr. Burkhard Schöbener für seine schnelle und gründliche Erstattung des Zweitgutachtens.

Meinen Eltern, Marlis und Wilfried Meisen, bin ich für Ihre unermüdliche Unterstützung während meiner gesamten Ausbildung und der Erstellung dieser Arbeit herzlichst dankbar. Ihnen und meiner Verlobten Vanessa Lee Pfeiffer widme ich diese Arbeit.

GLIEDERUNG

ABKÜRZUNGSVERZEICHNIS

a.A.	andere(r) Ansicht (Auffassung)
abl.	ablehnend
Abs.	Absatz
AcP	Archiv für civilistische Praxis
AiB	Arbeitsrecht im Betrieb
AK GG	Kommentar zum Grundgesetz für die Bundesrepublik Deutschland (Reihe Alternativkommentare), Hrsg. Denninger, Erhard / Hoffmann-Riem, Wolfgang / Schneider, Hans Peter / Stein, Ekkehart, Neuwied, Kriftel, 3. Auflage (Loseblattsammlung) 2001, Stand: August 2002
a.M.	andere(r) Meinung
AöR	Archiv des öffentlichen Rechts
AP	Nachschlagewerk des Bundesarbeitsgerichts (seit 1954, vorher: Arbeitsrechtliche Praxis)
ArbG	Arbeitsgericht
ArbRdG	Das Arbeitsrecht der Gegenwart - Jahrbuch für das gesamte Arbeitsrecht und die Arbeitsgerichtsbarkeit. Nachschlagewerk für Wissenschaft und Praxis -
ArbRHb	Arbeitsrecht-Handbuch: systematische Darstellung und Nachschlagewerk für die Praxis, Hrsg. Schaub, 10. Auflage, München, 2002
ArbuR	Arbeit und Recht
Art.	Artikel
AuA	Arbeit und Arbeitsrecht
BAG	Bundesarbeitsgericht
BAGE	Entscheidungen des Bundesarbeitsgerichts
BB	Betriebs-Berater
Bd.	Band
BerlVerfGH	Berliner Verfassungsgerichtshof
BetrVG	Betriebsverfassungsgesetz
BetrVR	Betriebsverfassungsrecht
BGB	Bürgerliches Gesetzbuch
BK GG	Bonner Kommentar zum Grundgesetz, Hrsg. Dolzer, Rudolf / Vogel, Klaus / Graßhof, Karin, Heidelberg, Stand 119. Lieferung / September 2005
Bl.	Blatt, Blätter
BMWA	Bundesministerium für Wirtschaft und Arbeit
BVerfG	Bundesverfassungsgericht

BVerfGE	Entscheidungen des Bundesverfassungsgerichts
BVerwGE	Entscheidungen des Bundesverwaltungsgerichts
bzw.	beziehungsweise
DB	Der Betrieb
ders.	Derselbe
d.h.	das heißt
DJT	Deutscher Juristentag
DÖV	Die öffentliche Verwaltung
DZWir	Deutsche Zeitschrift für Wirtschaftsrecht
Einl.	Einleitung
ErfK	Erfurter Kommentar zum Arbeitsrecht, Hrsg. Dieterich, Thomas, München, 4. Auflage, 2004
etc.	et cetera
EzA	Entscheidungssammlung zum Arbeitsrecht
f.	folgende
FA	Fachanwalt Arbeitsrecht
ff.	folgende
Fn.	Fußnote(n)
FS	Festschrift
FS BAG	25 Jahre Bundesarbeitsgericht, Hrsg. Gamillscheg, Franz / Hueck, Götz / Wiedemann, Herbert, München, 1979
FS Börner	Europarecht - Energierecht - Wirtschaftsrecht, Festschrift für Bodo Börner zum 70. Geburtstag, Hrsg. Baur, Jürgen F. / Müller-Graff, Peter-Christian / Zuleeg, Manfred, Köln, 1992
FS Bogs	Festschrift für Walter Bogs, Hrsg. Jank, Kurt / Neumann-Duesberg, Horst / Schewe, Dieter, Berlin, 1959
FS BVerfG	50 Jahre Bundesverfassungsgericht, Zweiter Band, Klärung und Fortbildung des Verfassungsrechts, Hrsg. Badura, Peter / Dreier, Horst, Tübingen, 2001
FS Dieterich	Richterliches Arbeitsrecht, Festschrift für Thomas Dieterich zum 65. Geburtstag, Hrsg. Hanau, Peter / Heither, Friedrich / Kühling, Jürgen, München, 1999
FS Duden	Festschrift für Konrad Duden zum 70. Geburtstag, Hrsg. Pawlowski, Hans-Martin / Wiese, Günther / Wüst, Günther, München, 1977

FS Friauf	Staat - Wirtschaft - Steuern, Festschrift für Karl Heinrich Friauf zum 65. Geburtstag, Hrsg. Wendt, Rudolf / Höfling, Wolfram / Karpen, Ulrich / Oldiges, Martin, Heidelberg, 1996
FS Hanau	Arbeitsrecht und Sozialpartnerschaft, Festschrift für Peter Hanau, Hrsg. Isenhardt, Udo / Preis, Ulrich, Köln, 1999
FS Herschel	Festschrift für Wilhelm Herschel zum 85. Geburtstag, Hrsg. Hanau, Peter / Müller, Gerhard / Wiedemann, Herbert / Wlotzke, Otfried i.V.m. dem Deutschen Arbeitsgerichtsverband e.V. (Hrsg.), München, 1982
FS Kehrmann	Arbeitsrecht in der Bewährung, Festschrift für Karl Kehrmann zum 65. Geburtstag, Hrsg. Engelen-Kefer, Ursula, Köln, 1997
FS Kissel	Arbeitsrecht in der Bewährung, Festschrift für Otto Rudolf Kissel zum 65. Geburtstag, Hrsg. Heinze, Meinhard / Söllner, Alfred, München, 1994
FS Möhring	Festschrift für Philipp Möhring zum 65. Geburtstag, 4. September 1965, Hrsg. Hefermehl, Wolfgang / Nipperdey, Hans Carl, München, 1965
FS Molitor	Festschrift für Erich Molitor zum 75. Geburtstag, 3. Oktober 1961, Hrsg. Nipperdey, Hans Carl, München, 1962
FS Nipperdey	Festschrift für Hans Carl Nipperdey zum 70. Geburtstag, 21. Januar 1965, Band 2, Hrsg. Dietz, Rolf / Hübner, Heinz, München, Berlin, 1965
FS Schaub	Tarifautonomie für ein neues Jahrhundert, Festschrift für Günter Schaub zum 65. Geburtstag, Hrsg. Schlachter, Monika / Ascheid, Reiner / Friedrich, Hans-Wolf, München, 1998
FS Söllner	Europas universale rechtsordnungspolitische Aufgabe im Recht des dritten Jahrtausends: Festschrift für Alfred Söllner zum 70. Geburtstag, Hrsg. Köbler, Gerhard / Heinze, Meinhard / Hromadka, Wolfgang, München, 2000
FS Stahlhacke	Arbeitsgesetzgebung und Arbeitsrechtsprechung, Festschrift zum 70. Geburtstag von Eugen Stahlhacke, Hrsg. Farthmann, Friedhelm / Hanau, Peter / Isenhardt, Udo / Preis, Ulrich (Hrsg.), Neuwied, 1995
FS Steindorff	Festschrift für Ernst Steindorff zum 70. Geburtstag am 13. März 1990, Hrsg. Baur, Jürgen F. / Hopt, Klaus J. / Mailänder, K. Peter, Berlin u.a., 1990

FS Wiedemann	Festschrift für Herbert Wiedemann zum 70. Geburtstag, Hrsg. Wank, Rolf / Hirte, Heribert / Frey, Kaspar / Fleischer, Holger / Thüsing, Gregor, München, 2002
FS Wissmann	Arbeitsrecht im sozialen Dialog, Festschrift für Helmut Wissmann zum 65. Geburtstag, Hrsg. Kohte, Wolfhard / Dörner, Hans-Jürgen / Anzinger, Rudolf, München, 2005
FS Zeidler	Festschrift für Wolfgang Zeidler, Hrsg. Fürst, Walther / Herzog, Roman / Umbach, Dieter, Berlin, New York, 1987
GBl	Gesetzblatt
GG	Grundgesetz
GK	Gemeinschaftskommentar
Grundl.	Grundlagen
GS	Gedächtnisschrift; Gedenkschrift; Großer Senat
GS Dietz	Gedächtnisschrift für Rolf Dietz, Hrsg. Hueck, Götz / Richardi, Reinhard, München, 1973
GS Heinze	Gedächtnisschrift für Meinhard Heinze, Hrsg. Söllner, Alfred / Gitter, Wolfgang / Waltermann, Raimund / Giesen, Richard / Ricken, Oliver, München, 2005
GS Kahn-Freund	In memoriam Sir Otto Kahn-Freund, Hrsg. Gamillscheg, Franz / De Givry, Jean / Hepple, Bob / Verdier, Jean-Maurice, München, 1980
HdbVerfR	Handbuch des Verfassungsrechts, Hrsg. Benda, Ernst / Maihofer, Werner / Vogel, Hans-Jochen, 2. Auflage, Berlin, New York, 1994
h.M.	herrschende Meinung
Hrsg.	Herausgeber
HStR	Handbuch des Staatsrechts, Hrsg. Isensee, Josef / Kirchhof, Paul (Hrsg.), Band I, Grundlagen von Staat und Verfassung, 2. Auflage, Heidelberg, 1995, Band III, Das Handeln des Staates, 2. Auflage, Heidelberg, 1996, Band V, Allgemeine Grundrechtslehren, 2. Auflage, Heidelberg, 2000, Band VI, Freiheitsrechte, 2. Auflage, Heidelberg, 2001
i.S.	im Sinne

JA	Juristische Arbeitsblätter
JBArbR	Jahrbuch des Arbeitsrechts
JherJB	Jherings Jahrbücher für die Dogmatik des bürgerlichen Rechts
JR	Juristische Rundschau
JuS	Juristische Schulung
JZ	Juristenzeitung
LAG	Landesarbeitsgericht
m.w.N.	mit weiteren Nachweisen
MünchArbR	Münchener Handbuch zum Arbeitsrecht, Hrsg. Richardi, Reinhard / Wlotzke, Otfried, Band 1, Individualarbeitsrecht I, Band 2, Individualarbeitsrecht II, Band 3, Kollektives Arbeitsrecht, 2. Auflage, München, 2000
NJW	Neue Juristische Wochenschrift
Nr.	Nummer(n)
NZA	Neue Zeitschrift für Arbeits- und Sozialrecht
RdA	Recht der Arbeit
RGBl	Reichsgesetzblatt
Rn.	Randnummer(n)
Rspr.	Rechtsprechung
S.	Seite(n); Satz, Sätze
SAE	Sammlung arbeitsrechtlicher Entscheidungen
sog.	sogenannt
st. Rspr.	ständige Rechtsprechung
str.	streitig
TVG	Tarifvertragsgesetz
u.a.	und andere; unter anderem, unter anderen
v.	vom; von
VerwArch	Verwaltungsarchiv
vgl.	vergleiche
Vorb.	Vorbemerkung

Wiss.	Wissenschaftlicher
WuW	Wirtschaft und Wettbewerb
z.B.	zum Beispiel
ZfA	Zeitschrift für Arbeitsrecht
ZHR	Zeitschrift für das gesamte Handelsrecht und Wirtschaftsrecht
ZIAS	Zeitschrift für ausländisches und internationales Arbeits- und Sozialrecht
zit.	zitiert
ZRP	Zeitschrift für Rechtspolitik
z.T.	zum Teil
ZTR	Zeitschrift für Tarifrecht

KAPITEL 1: EINLEITUNG

A. Die Problematik

I. Massenarbeitslosigkeit und Arbeitsrecht

Angesichts lahmender Konjunktur, zunehmender Insolvenzen und insbesondere steigender Arbeitslosigkeit wird der Ruf nach entschiedenen Maßnahmen zur Sicherung des Standortes Deutschland immer lauter. Quer durch alle gesellschaftlichen Schichten, Interessenverbände und Institutionen sowie durch alle politischen Parteien wird „die Massenarbeitslosigkeit seit langem als das größte und vordringlich zu bekämpfende Problem der Gegenwart"[1] eingestuft.

Ebenso mannigfaltig wie die Ursachen dieser Misere sind die diskutierten Lösungsvorschläge zu ihrer Beseitigung. Neben wirtschafts- und sozialpolitischen Fehlentwicklungen ist dabei auch das Arbeitsrecht vermehrt in den Fokus der Wirtschafts- und Arbeitsmarktpolitik gerückt.

Das deutsche Arbeitsrecht sei zu starr und zu stark reguliert, um den Anforderungen, die heutzutage an die Rahmenbedingungen einer modernen Marktwirtschaft zu stellen seien, Genüge zu tun.[2]
Diesem Missstand soll durch eine Deregulierung des Arbeitsrechts zum Zwecke der Anpassung der rechtlichen Rahmenbedingungen für das Wirtschafts- und Arbeitsleben an die Erfordernisse des Marktes begegnet werden.

Indessen hat sich im Bereich der Rechtswissenschaft in jüngerer Vergangenheit mehr und mehr die (für Rechtswissenschaftler schmerzliche) Erkenntnis durchgesetzt, dass die Bedeutung rechtlicher Interventionen nicht überschätzt werden darf. Zum Teil wird dem Arbeitsrecht für die wirtschaftliche Entwicklung „häufig eine eher marginale Bedeutung"[3] zugemessen, die bis zur „völligen Bedeutungslosigkeit im Einzelfall"[4] reichen könne. Auch wenn diese Deutung wohl zu weit geht, lässt sich doch feststellen, dass allein die Gestaltung des Arbeits- und Wirtschaftsrechts die Arbeitslosigkeit nicht wird beseitigen können. Diesen Umstand erfasst Däubler plakativ mit den Worten: „Das Recht kann die Schaffung von Arbeitsplätzen nicht dekretieren."[5]

---

[1] Statt aller *Kleinhenz*, Gutachten zum 63. DJT, B 9.
[2] *Dieterich*, RdA 2002, 1, 7; *Möschel*, BB 2003, 1951, 1951; *Federlin*, JbArbR 41, 71, 72 f.; *Wolf*, GS Heinze, S. 1095, 1095 ff.; *Wiss. Beirat BMWA*, Tarifautonomie auf dem Prüfstand, Rn. 1 f.
[3] *Däubler*, Referat zum 63. DJT, L 12; so auch *Heinze*, Referat zum 63. DJT, L 33.
[4] *Däubler*, Referat zum 63. DJT, L 13.
[5] *Däubler*, Referat zum 63. DJT, L 28; vgl.: *Rieble*, ZfA 2004, 1 2.

Das heißt jedoch nicht, dass die Bekämpfung der Arbeitslosigkeit als eine elementare Gemeinschaftsaufgabe in der rechtlichen Diskussion vernachlässigt werden darf. Das Gegenteil ist der Fall.
Ist dem Recht auch lediglich eine komplementäre Funktion im Vergleich zu der im Vordergrund stehenden Wirtschafts- und Finanzpolitik zugewiesen, so ist doch nicht zu verkennen, dass die rechtliche Ausgestaltung der Arbeits- und Wirtschaftsbedingungen sowohl ein beschäftigungsfördernde als auch -hemmende Wirkung auf den Arbeitsmarkt haben kann.[6] Ein Vergleich mit anderen EU-Mitgliedstaaten zeigt, dass die erheblichen Unterschiede in Beschäftigungsstand und Arbeitslosigkeit wesentlich auf arbeits- und sozialrechtliche Regelungen zurückzuführen sind, weil diese in den Mitgliedstaaten erheblich differieren, während die wirtschaftlichen Rahmenbedingungen, einschließlich der Währung, weitgehend vereinheitlicht worden sind.

II. Die widerstreitenden Interessen von Arbeitnehmer-, Arbeitgeberschaft und Arbeitssuchenden und ihr Ausgleich: Flexurity

Die Entwicklung des Arbeitsmarktes ist mit großen prognostischen Unsicherheiten behaftet, die insbesondere aus der diametralen Gegensätzlichkeit der widerstreitenden Interessen der Arbeitgeberschaft, der Arbeitnehmerschaft und der Arbeitssuchenden herrühren.
Ist das Interesse der Arbeitgeber primär darauf gerichtet, der vom Arbeitsmarkt geforderten Flexibilität in der Nachfrage nach Arbeitskraft Genüge zu tun, so steht für die Arbeitnehmerschaft der Gesichtspunkt der sozialen Sicherheit (Security) und damit der Sicherung ihrer (bestehenden) Arbeitsplätze im Vordergrund. Der Bestandsschutz von Arbeitsplätzen kommt hingegen nur festangestellten Arbeitnehmern zugute und entfaltet eine Sperrwirkung zulasten der Arbeitslosen, deren Chancen auf Erlangung eines Arbeitsplatzes somit verschlechtert werden.
Den Königsweg aus dieser Misere soll die sog. „Flexurity“ - oder auch „Flexicurity“ - als die erstrebenswerte Kombination von Flexibilität und Sicherheit der Arbeitsverhältnisse weisen.[7]

Das Prinzip der Flexurity kann dabei auch als verfassungsrechtliches Prinzip des Ausgleichs der widerstreitenden und verfassungsrechtlich geschützten In-

[6] *Wiss. Beirat BMWA*, Tarifautonomie auf dem Prüfstand, Rn. 3.
[7] *Pennings*, ZIAS, 1999, 153, 153; *Däubler*, Referat zum 63. DJT, L 22; *Heinze*, Referat zum 63. DJT, L 33; *Hanau*, Gutachten zum 63. DJT, C 13 ff.

teressen der Arbeitnehmer, Arbeitgeber und Arbeitssuchenden im Wege der praktischen Konkordanz interpretiert werden.[8]
Art. 12 Abs. 1 GG garantiert den Arbeitnehmern die freie Wahl des Arbeitsplatzes, schützt sie vor staatlichen Maßnahmen, die sie zur Aufgabe des Arbeitsplatzes zwingen, und statuiert eine Schutzpflicht des Staates, die Arbeitnehmer weitestgehend vor dem Verlust des Arbeitsplatzes (auch aufgrund privater Dispositionen[9]) zu schützen.
Demgegenüber schützen Art. 12 Abs. 1 GG und Art. 2 Abs. 1 GG das Interesse des Arbeitgebers, in seinem Unternehmen nur Arbeitnehmer zu beschäftigen, die seinen Vorstellungen entsprechen, und ihre Zahl auf das von ihm bestimmte Maß zu beschränken.[10]
Das Ziel der Bekämpfung der Arbeitslosigkeit und damit die Interessen der Arbeitssuchenden finden sowohl im Sozialstaatsprinzip als auch in Art. 12 Abs. 1 GG und Art. 2 Abs. 1 GG ihre verfassungsrechtliche Legitimation.[11]
Im Wege praktischer Konkordanz sind diese kollidierenden Grundrechtspositionen in ihrer Wechselwirkung zu erfassen und so zu begrenzen, dass sie für alle Beteiligten möglichst weitgehend wirksam werden. Daher beschreibt das Prinzip der Flexurity den Gesetzgebungsauftrag des Grundgesetzes, die Massenarbeitslosigkeit unter angemessener Berücksichtigung des Bestandsinteresses der Arbeitnehmer, des Flexibilitätsinteresses der Arbeitgeber und den Interessen der Arbeitnehmer zu bekämpfen.[12]

III. Nichtgewährleistung der Flexurity aufgrund überregulierter Arbeits- und Wirtschaftsbedingungen

Dabei mehren sich die Stimmen, die das Prinzip der Flexurity im derzeitigen Arbeitsrecht bezüglich des Erfordernisses der Wahrung der notwendigen Flexibilität der Arbeitsverhältnisse nicht (mehr) als gewahrt ansehen.[13]
Das deutsche Arbeitsrecht sei zu starr und insbesondere zu stark reguliert, um den Anforderungen, die heutzutage an die Rahmenbedingungen einer modernen

---

[8] *Hanau*, Gutachten zum 63. DJT, C 13 unter Hinweis auf BVerfGE 97, 169, 175 ff. und BVerfG, NJW 1999, 3033.
[9] BVerfGE 97, 169, 175; a.A. *Reuter*, FS Wiedemann, S. 449, 468 ff.
[10] BVerfGE 97, 169, 176.
[11] BVerfG, NJW 1999, 3033.
[12] *Hanau*, Gutachten zum 63. DJT, C 17.
[13] *Löwisch*, JZ 1996, 812, 816; *Kronberger Kreis*, Mehr Markt im Arbeitsrecht, 1986; *Monopolkommission*, 10. Hauptgutachten, S. 376; *Konzen*, NZA 1995, 913, 919; *Adomeit*, Regelung von Arbeitsbedingungen, S. 71 f.; *Schaub*, NZA 1998, 617, 617 ff.; *Deregulierungskommission*, Marktöffnung und Wettbewerb, S. 149; *Reuter*, ZfA 1995, 1, 67; *Reuter*, DZWir 1991, 221, 225; *Ehmann / Lambrich*, NZA 1996, 346, 346 ff.

Marktwirtschaft zu stellen seien, Genüge zu tun.[14] Allerorten wird daher der Ruf nach einer Deregulierung des Arbeitsrechts zum Zwecke der Anpassung der rechtlichen Rahmenbedingungen für das Wirtschafts- und Arbeitsleben an die Erfordernisse des Marktes laut.

IV. Deregulierung durch nachträgliche Gestaltung der Arbeitsverhältnisse mittels Betriebsvereinbarung

Neben den ständig wiederholten Forderungen nach einer Lockerung des Kündigungsschutzes rückt insbesondere die nachträgliche, d.h. nach Abschluss des Arbeitsvertrages erfolgende, Gestaltung des Arbeitsverhältnisses durch Tarifverträge und Betriebsvereinbarungen immer mehr in den Mittelpunkt des Interesses. Immer lauter werden die Forderungen der Unternehmerseite nach einer Neuverteilung der Regelungsmacht für die Arbeits- und Wirtschaftsbedingungen zwischen Tarifvertrag und Betriebsvereinbarung und immer heftiger der Widerstand der Gewerkschaften gegen eine Änderung des status quo.
Von Unternehmerseite wird häufig der Flächentarifvertrag als Wurzel allen Übels ausgemacht. Seine zu wenig auf die Probleme wirtschaftlich angeschlagener Unternehmen ausgerichteten Regelungen führten zu einer für diese Unternehmen untragbaren (Personal-)Kostenbelastung und - im Endeffekt - wenn nicht zu deren Insolvenz, so doch zu Entlassungen und damit (weiter) wachsender Arbeitslosigkeit.[15]
Einen Weg aus diesem Dilemma soll die Betriebsvereinbarung weisen. Sie - so die Befürworter dieses Vorschlages - gewährleiste betriebsnahe und somit im Vergleich zu Flächentarifverträgen angemessenere und flexiblere Regelungen für Unternehmen. Sie biete den Unternehmen die in diesen wirtschaftlich schweren Zeiten erforderliche Flexibilität, um sich veränderten wirtschaftlichen Verhältnissen anzupassen.[16]

Nach derzeitigem Recht verhindern jedoch der Tarifvorbehalt des § 77 Abs. 3 BetrVG sowie der Tarifvorrang des § 4 Abs. 1, 3 TVG diese Substituierung des Flächentarifvertrags durch die Betriebsvereinbarung.
Aktuelle Deregulierungsbestrebungen fordern daher eine Neuordnung der Regelungskompetenzen zwischen Tarifvertragsparteien und Betriebsvereinba-

[14] *Dieterich*, RdA 2002, 1, 7; *Wiss. Beirat BMWA*, Tarifautonomie auf dem Prüfstand, Rn. 1 f.
[15] *Wiss. Beirat BMWA*, Tarifautonomie auf dem Prüfstand, Rn 1 ff.
[16] Vgl. *Wiss. Beirat BMWA*, Tarifautonomie auf dem Prüfstand, Rn. 1 ff.

rungsparteien ein. Die Regelung der Arbeitsbedingungen solle in stärkerem Maße von der Verbands- auf die Betriebsebene verlagert werden.[17]

Die Bandbreite der vorgeschlagenen Lösungswege aus der Krise ist mannigfaltig. Sie reichen vom Verzicht auf die Tarifüblichkeitssperre des § 77 Abs. 3 BetrVG[18] bis hin zu einer vollständigen Umkehr des Rangverhältnisses zwischen Tarifvertrag und Betriebsvereinbarung.[19] Diskutiert werden die Aufhebung des Tarifvorbehaltes,[20] die Anwendung des Günstigkeitsprinzips zwischen Tarifvertrag und Betriebsvereinbarung,[21] die Geltung des Spezialitätsprinzips[22] zwischen Tarifvertrag und Betriebsvereinbarung, die Einführung gesetzlicher Öffnungsklauseln[23] und sogar die beschränkte oder gänzliche Aufhebung des Tarifvorrangs.[24] All diesen Vorschlägen gemein ist die Bemühung, den

---

[17] *Monopolkommission*, 10. Hauptgutachten, S. 61; vgl. auch *Reuter*, RdA 1991, 193, 199; *Ehmann*, ZRP 1996, 314, 314 ff.; *Ehmann / Schmidt*, NZA 1995, 193, 193 ff.; *Ehmann / Lambrich*, NZA 1996, 346, 346 ff.; *Hablitzel*, NZA 2001, 467, 468; *Kania*, BB 2001, 1091, 1091 ff.; *Deregulierungskommission*, Marktöffnung und Wettbewerb, S. 133; *Löwisch*, JZ 1996, 812, 812 ff.; abl. *Richardi*, NZA 2000, 617, 617 ff.; *Hanau*, RdA 1993, 1, 1 ff.; *Junker*, ZfA 1996, 383, 383 ff.; *Konzen*, NZA 1995, 913, 915; *Linnenkohl*, BB 1994, 2077, 2077 ff.; *Rieble*, RdA 1996, 151, 151 ff.; *Walker*, ZfA 1996, 353, 358, 369; *Waltermann*, RdA 1996, 129, 137; *Wank*, NJW 1996, 2273, 2273 ff.; *Zachert*, RdA 1996, 140, 140 ff.; *ders.*, DB 1991, 1221, 1225; *ders.*, ArbuR 1993, 97, 97 ff.; *Dieterich*, DB 2001, 2398, 2398 ff.; *Wiss. Beirat BMWA*, Tarifautonomie auf dem Prüfstand, Rn. 24 ff.

[18] Vgl. *Löwisch*, JZ 1996, 812, 815 m.w.N.

[19] Vgl. *Löwisch*, JZ 1996, 812, 816; *Kronberger Kreis*, Mehr Markt im Arbeitsrecht, 1986; *Monopolkommission*, 10. Hauptgutachten, S. 61; 376; *Konzen*, NZA 1995, 913, 919; *Adomeit*, Regelung von Arbeitsbedingungen, S. 71 f.; *Schaub*, NZA 1998, 617, 617 ff.; *Deregulierungskommission*, Marktöffnung und Wettbewerb, S. 149; *Reuter*, ZfA 1995, 1, 67; *ders.*, DZWir 1991, 221, 225; *Ehmann / Lambrich*, NZA 1996, 346, 346 ff.

[20] Dafür: *Monopolkommission*, 10. Hauptgutachten, S. 61; *Reuter*, RdA 1991, 193, 199; *Loritz*, ZfA 1991, 1, 1; *Ehmann*, ZRP 1996, 314, 314 ff.; *Ehmann / Lambrich*, NZA 1996, 346, 346; zugunsten einer Einschränkung: *Deregulierungskommission*, Marktöffnung und Wettbewerb, S. 133; *Löwisch*, JZ 1996, 812, 812 ff.; dagegen *Richardi*, Gutachten zum 61. DJT, 1996, B 61 ff.; *Hanau*, RdA 1993, 1, 1 ff.; *Junker*, ZfA 1996, 383, 383 ff.; *Konzen*, NZA 1995, 913, 915; *Linnenkohl*, BB 1994, 2077, 2077 ff.; *Rieble*, RdA 1996, 151, 151 ff.; *Walker*, ZfA 1996, 353, 369; *Waltermann*, RdA 1996, 129, 137; *Wank*, NJW 1996, 2273, 2273 ff.; *Zachert*, RdA 1996, 140, 140 ff.; *ders.*, ArbuR 1993, 97, 97; *ders.*, DB 1991, 1221, 1225.

[21] Vgl. *Löwisch*, JZ 1996, 812, 815; *Höfling / Burkiczak*, NJW 2005, S. 469.

[22] Vgl. *Löwisch*, JZ 1996, 812, 815.

[23] *Zachert*, AiB 2004, 718, 718;

[24] Vgl. *Löwisch*, JZ 1996, 812, 816; *Kronberger Kreis*, Mehr Markt im Arbeitsrecht, 1986; *Monopolkommission*, 10. Hauptgutachten, S. 61, 376; *Konzen*, NZA 1995, 913, 919; *Adomeit*, Regelung von Arbeitsbedingungen, S. 71 f.; *Schaub*, NZA 1998, 617, 617

Betriebsvereinbarungsparteien Regelungskompetenzen zuzuweisen, die de lege lata den Tarifvertragsparteien zustehen, um in wirtschaftlich prekären Zeiten auch untertarifliche Arbeitsbedingungen vereinbaren zu können.

V. Die verfassungsrechtliche Problematik der Reichweite der gesetzgeberischen Deregulierungskompetenz

Bei der Verlagerung der Regelungsmacht für die Arbeits- und Wirtschaftsbedingungen von den Verbänden in die Betriebe handelt es sich keineswegs um eine neue Forderung. Angesichts der fortdauernden Massenarbeitslosigkeit und den damit einhergehenden Folgeproblemen, wie etwa der Finanzierbarkeit der Systeme sozialer Sicherung, gewinnt diese Diskussion jedoch zunehmend an Brisanz - und auch an Schärfe. Neben rein marktwirtschaftlichen Theoremen werden dabei in neuerer Zeit zunehmend auch verfassungsrechtliche Argumente von beiden Seiten ins Felde geführt, die die jeweilige Rechtsansicht als unumstößlich belegen sollen.

Die nunmehr einsetzende verfassungsrechtliche Diskussion wirft indessen eine grundsätzliche Frage auf, nämlich die Frage nach der Reichweite der Regelungskompetenz des Gesetzgebers vor dem Hintergrund der Gewährleistungen des Art. 9 Abs. 3 GG. Der Gewährleistungsumfang der Koalitionsfreiheit determiniert nämlich gleichzeitig die Rechtsetzungsmöglichkeiten der anderen Normgeber im Bereich des Arbeitsrechts, d.h. insbesondere des Gesetzgebers und der ebenfalls Autonomie beanspruchenden Betriebsvereinbarungsparteien. Je weiter man die Garantie der Koalitionsfreiheit interpretiert, desto enger wird der Spielraum des Gesetzgebers, um den Arbeitsmarkt entsprechend den politisch als dringend erkannten Erfordernissen zu gestalten.
Gleiches gilt für das Verhältnis der Tarifautonomie zur Betriebsautonomie. Die Eröffnung von Regelungskompetenzen zugunsten der Betriebsvereinbarungsparteien kann kein Mittel moderner Arbeitsmarktpolitik sein, wenn die Koalitionsfreiheit dem Gesetzgeber diesen Gestaltungsspielraum verwehrt. Die Abgrenzung zwischen Tarifautonomie und Betriebsautonomie ist daher nicht nur eine rechtstheoretische Frage, sondern eine Problematik von erheblicher praktischer Bedeutung für die zukünftige Gestaltung des deutschen Arbeitsrechts und damit für die Entwicklung der deutschen Wirtschaft und Sozialordnung.

---

ff.; *Deregulierungskommission*, Marktöffnung und Wettbewerb, S. 149; *Reuter*, ZfA 1995, 1, 67; *ders.*, DZWir 1991, 221, 225; *Ehmann / Lambrich*, NZA 1996, 346, 346 ff.; *Wiss. Beirat BMWA*, Tarifautonomie auf dem Prüfstand, Rn. 24 ff.

B. Die Zielsetzung

Zielsetzung dieser Arbeit ist es, den verfassungsrechtlichen Rahmen, der der Politik angesichts der Gewährleistung des Art. 9 Abs. 3 GG zur Gestaltung des Arbeitsmarktes verbleibt, am Beispiel der geforderten Aufhebung des Tarifvorbehalts sowie des Tarifvorrangs näher zu bestimmen. Die zum Teil doch stark interessengerichteten Stellungnahmen in der Literatur lassen eine hinreichende verfassungsdogmatische Analyse der sich bei der Abgrenzung der Regelungskompetenzen zwischen Tarifvertragsparteien und Betriebsvereinbarungsparteien ergebenden Problemfelder doch teilweise vermissen oder gehen von Prämissen aus, die ihrerseits erst der Überprüfung bedürfen. Insbesondere Stellungnahmen aus dem arbeitsrechtlichen Schrifttum vernachlässigen im Rahmen der von ihnen angeregten Verschiebungen im Rangverhältnis zwischen Tarifvertrag und Betriebsvereinbarung die Frage nach deren verfassungsrechtlicher Zulässigkeit oder enthalten sich jeglicher verfassungsdogmatischen Einordnung der von ihnen angeführten Kriterien. Diese Arbeit soll einen Beitrag dazu leisten, die mannigfaltigen Argumentationsansätze zur Bestimmung des Rangverhältnisses dieser beiden normativen Regelungsinstrumente auf dem Gebiet des Arbeitsrechts mit verfassungsrechtlichen Kriterien zu belegen und auf ihre Tragfähigkeit hin zu untersuchen.

KAPITEL 2: DIE KOALITIONSFREIHEIT UND DER EINFACHGESETZLICHE SCHUTZ DER TARIFAUTONOMIE

A. Der Prüfungsmaßstab

Die durch die derzeit diskutierten Reform- bzw. Deregulierungsvorschläge bezweckte Erweiterung von Regelungskompetenzen zugunsten der Betriebsvereinbarungsparteien wirft zahlreiche rechtliche Probleme auf. Diese resultieren aus dem komplizierten Normengeflecht, das das Arbeitsrecht prägt.

Dieses Normengeflecht ist Folge einer einzigartigen Vielheit an Normgebern, die Gestalt und Inhalt des Arbeitsverhältnisses aus mitunter völlig unterschiedlicher Interessenlage und Regelungskompetenz zu prägen versuchen.
Sind die verfassungsrechtlichen Ursprünge und die damit zu wahrenden Interessen der privatautonom handelnden Arbeitsvertragsparteien und des aufgrund verfassungsrechtlichen Gestaltungsauftrags genuin handelnden Gesetzgebers noch evident, so wird dieses Regelungsgeflecht aus Arbeitsvertrag und gesetzlicher Regelung durch das Hinzutreten zweier weiterer Normgeber - den Tarifvertragsparteien und den Betriebsvereinbarungsparteien - entscheidend verkompliziert.
Beide Normgeber beanspruchen Autonomie hinsichtlich ihrer Regelungskompetenzen. Die verfassungsrechtlichen Grundlagen dieser „Autonomien" bleiben indessen weithin unreflektiert oder begnügen sich mit einem (unzureichenden) Hinweis auf die gesetzlich statuierte Normsetzungskompetenz.
Soll es bei der Diskussion um die Neuordnung arbeitsrechtlicher Normgebungskompetenzen indes nicht bei einer quasi gebetsmühlenartigen Wiederholung dogmengleicher Behauptungen bleiben, so bedarf es gerade der Analyse des verfassungsrechtlichen Ursprungs dieser Normsetzungskompetenzen.
Dabei gilt es das verfassungsrechtliche Wesen von Privatautonomie, Tarifautonomie, Betriebsautonomie und staatlicher Rechtsetzungsmacht zu bestimmen. Denn erst, wenn der verfassungsrechtliche Kompetenzursprung der einzelnen Normgeber feststeht, kann eine Abgrenzung der jeweiligen Normsetzungskompetenzen erfolgen. Zu diesem Zweck soll bei dieser Prüfung von Art. 9 Abs. 3 des Grundgesetzes ausgegangen werden. Art. 9 Abs. 3 GG schützt die Koalitionsfreiheit und stellt somit die grundrechtliche Zentralnorm für die kollektivrechtliche Gestaltung von Arbeitsverhältnissen dar. Die Koalitionsfreiheit stellt daher zweckmäßigerweise den Prüfungsmaßstab jeglicher gesetzlicher Neuordnung kollektivrechtlicher Gestaltungsbefugnisse zwischen Tarifvertragsparteien, Betriebsvereinbarungsparteien und nicht zuletzt dem Gesetzgeber dar.

B. Die allgemeine Bedeutung der Koalitionsfreiheit

Das Arbeitsrecht in seiner heutigen Form ist in entscheidendem Umfang Ergebnis der Tätigkeit autonomer Arbeitnehmerverbände in ihrer Funktion als soziale Gegenspieler zum Unternehmertum. Ausfluss dieser im Kampf zwischen Kapital und Arbeit erworbenen Verdienste der Arbeitnehmerkoalitionen ist die heutige verfassungsrechtliche Verankerung der Koalitionsfreiheit in Art. 9 Abs. 3 GG.

I. Die Geschichte der Koalitionsfreiheit

Die Geschichte des Koalitionsrechts ist recht kurz. Die ersten autonomen Arbeitnehmerverbände entstanden mit dem Aufkommen der Industriegesellschaft des 19. Jahrhunderts.[25] Dort entwickelten sie sich aus schon vorher bestehenden berufsständischen Organisationen wie Gilden und Zünften, die bereits koalitionsähnliche Strukturen aufwiesen.

Dennoch ist die Geschichte der Koalitionsfreiheit recht wechselvoll.
Erstmalig garantiert wurde die Koalitionsfreiheit in Art. 159, 165 der Weimarer Reichsverfassung. Bis zu diesem Zeitpunkt setzte sich die Idee eines zu garantierenden Ordnungsfaktor assoziativer Selbsthilfe in Form der Koalitionsfreiheit nur langsam durch. Noch zu Beginn des 19. Jahrhunderts bestanden Vorbehalte gegen derart liberales Gedankengut, das sich in anfänglichen Koalitionsverboten und Restriktionen äußerte.[26]
Bestehende Strafbestimmungen gegen die Koalitionsbildung wurden Mitte des 19. Jahrhunderts zunächst in stärker industriell geprägten Staaten wie etwa Sachsen und Sachsen-Weimar aufgehoben.[27] Einen ersten Durchbruch stellten 1869 die Regelungen der §§ 512, 513 GewO für den Norddeutschen Bund[28] dar, die alle Verbote und Strafbestimmungen wegen Vereinigungen zum Zwecke der Verbesserung der Lohn- und Arbeitsbedingungen auch in den übrigen deutschen Einzelstaaten aufhoben.[29] Restriktionen gegen bestimmte Koalitionszusammenschlüsse blieben jedoch auch weiterhin, etwa in Gestalt der gegen be-

---

[25] *Höfling*, in: Sachs, GG, Art. 9 Rn. 48; *Dietz*, Die Grundrechte III/1, S. 417, 422 ff.; *Scholz*, Die Koalitionsfreiheit als Verfassungsproblem, S. 22 ff.

[26] *Bauer*, in: Dreier, GG, Art. 9 Rn.6.

[27] *Däubler*, Arbeitskampfrecht, Rn. 10; *Dietz*, Die Grundrechte III/1, S. 417, 417 ff.

[28] *Höfling*, in: Sachs, GG, Art. 9 Rn. 49; *Scholz*, Die Koalitionsfreiheit als Verfassungsproblem, S. 32 ff.; Gewerbeordnung für den Norddeutschen Bund vom 21.6.1869 (GBl. S. 245).

[29] *Bauer*, in: Dreier, GG, Art. 9 Rn. 6.

stimmte gewerkschaftliche Zusammenschlüsse gerichteten Sozialistengesetze, bestehen.[30]

Anfang des 20. Jahrhunderts erfuhr die Koalitionsfreiheit zunehmend mehr Anerkennung, was 1919 in ihrer erstmaligen verfassungsrechtlichen Garantie mündete.[31]
Die Bestimmungen der Art. 159, 165 WRV trennte sie systematisch von der allgemeinen Vereinigungsfreiheit und institutionalisierte sie als funktionell eigenständigen Gestaltungsfaktor des Wirtschaftslebens.[32] Gleichzeitig wurden die Arbeitnehmerverbände und die Arbeitgeberverbände erstmals zur gleichberechtigten Mitwirkung „an der Regelung der Lohn- und Arbeitsbedingungen" berufen.[33] Damit wurde die Entwicklung der Koalitionsfreiheit zum zentralen ordnungspolitischen Instrument der Arbeitsordnung verfassungsrechtlich schon vollzogen.[34]

Diese Entwicklung fand ihr vorläufiges Ende mit dem Aufkommen des Nationalsozialismus. Schon 1933 wurde das Koalitionsrecht durch das Arbeitsordnungsgesetz aufgehoben.[35]

Mit dem Grundgesetz fand die Koalitionsfreiheit wieder Eingang in die Verfassung. Ihre bis dahin insbesondere in der Weimarer Reichsverfassung doch stark auf den ordnungspolitischen Charakter der Gewährleistung bezogene Interpretation wurde durch die Reintegration der Koalitionsfreiheit in den Kontext der allgemeinen Vereinigungsfreiheit wieder abgemildert und zugleich die freiheitliche Komponente der Garantie der Koalitionsfreiheit gestärkt.[36]

---

[30] *Huber*, Verfassungsgeschichte, Bd. 4, S. 1175 ff.; *Däubler*, Arbeitskampfrecht, Rn. 11 ff.; *Seiter*, Streikrecht und Aussperrungsrecht, S. 54 ff; *Bender*, in: Mohnhaupt (Hrsg.), Rechtsgeschichte, S. 472 ff.

[31] *Höfling*, in: Sachs, GG, Art. 9 Rn. 49 f.; *Bauer*, in: Dreier, GG, Art. 9 Rn. 8.

[32] *Höfling*, in: Sachs, GG, Art. 9 Rn. 50; *Däubler*, Arbeitskampfrecht, Rn. 22 ff; *Bauer*, in: Dreier, GG, Art. 9 Rn. 8; *Scholz*, Die Koalitionsfreiheit als Verfassungsproblem, S. 33 ff.; *Seiter*, Streikrecht und Aussperrungsrecht, S. 58 ff.

[33] *Däubler*, Arbeitskampfrecht, Rn. 22 ff; *Bauer*, in: Dreier, GG, Art. 9 Rn. 8; *Scholz*, Die Koalitionsfreiheit als Verfassungsproblem, S. 33 ff.; *Seiter*, Streikrecht und Aussperrungsrecht, S. 58 ff.

[34] *Höfling*, in: Sachs, GG, Art. 9 Rn. 50.

[35] Gesetz zur Ordnung der nationalen Arbeit vom 20.1.1934 (RGBl. I S. 45); *Bauer*, in: Dreier, GG, Art. 9 Rn. 9.

[36] BVerfGE 84, 212, 224; *Höfling*, in: Sachs, GG, Art. 9 Rn. 50.

II. Die Grundrechtsdogmatik und -systematik des Art. 9 Abs. 3 GG

In ihrer heutigen Form stellt die Koalitionsfreiheit ein individuelles Freiheitsrecht[37] dar. Dieses gewährleistet dem Einzelnen das Recht, „eine Koalition zu gründen, einer Koalition beizutreten oder ihr fernzubleiben oder aus ihr auszutreten, sowie das Recht, durch koalitionsmäßige Betätigung die in der Verfassungsvorschrift genannten Zwecke zu verfolgen“[38].

1. Liberales Abwehrrecht

Die Koalitionsfreiheit steht sowohl systematisch als auch dogmatisch der allgemeinen liberal-abwehrrechtlichen Ausrichtung der allgemeinen Vereinigungsfreiheit nahe und stellt wie diese zunächst ein liberales Abwehrrecht des Einzelnen gegen staatliche Interventionen bei der Bildung von Koalitionen und deren Betätigung dar.[39] Auch wenn die Koalitionsfreiheit geschichtlich aus dem sozialen Konflikt zwischen Arbeitnehmer und Arbeitgeber herrührt, so weist sie die Tatsache, dass die Verwirklichung des Ziels der „Wahrung und Förderung der Arbeits- und Wirtschaftsbedingungen“ in die Hände der beteiligten, sich zu Koalitionen vereinigenden Marktteilnehmer gelegt wird, als Konstrukt liberalistischen Gedankenguts[40] aus. Dies offenbart sich auch systematisch in der Reintegration der Koalitionsfreiheit in die Gewährleistung der Vereinigungsfreiheit des Art. 9 GG und damit in das Gesamtsystem grundrechtlicher Freiheitsrechte.[41]

2. Die soziale Schutzkomponente des Art. 9 Abs. 3 GG

Im Gegensatz zu anderen Freiheitsrechten weist die Gewährleistung der Koalitionsfreiheit eine soziale Schutzdimension auf, die sich in zwei für das Verfassungssystem einzigartigen Eigentümlichkeiten manifestiert: der Zweckbestimmung der Koalitionsfreiheit im Hinblick auf die „Wahrung und Förderung der Arbeits- und Wirtschaftsbedingungen“ und der unmittelbaren Drittwirkung des abwehrrechtlichen Schutzes gegenüber nichtstaatlichen Dritten. Neben der offensichtlichen Freiheitsgewährleistung, die sich als Ausdruck der liberal-offe-

---

[37] *Höfling*, in: Sachs, GG, Art. 9 Rn. 51.

[38] BVerfGE 50, 290, 367, BVerfGE 55, 7, 21; BVerfGE 57, 220, 245; BVerfGE 64, 208, 213; BVerfGE 92, 365, 393.

[39] BVerfGE 19, 303, 312; BVerfGE 50, 290, 367; BVerfGE 70, 261, 270; BVerfGE 77, 1, 62 f.; *Scholz*, in: Maunz / Dürig, GG, Art. 9 Rn. 10; *Höfling*, in: Sachs, GG, Art. 9 Rn. 51; *Löwer*, in: v.Münch / Kunig, GG, Art. 9 Rn. 57.

[40] *Scholz*, Die Koalitionsfreiheit als Verfassungsproblem, S. 25 ff., 28 ff., 32 ff., 191; *ders.*, in: Maunz / Dürig, GG, Art. 9 Rn. 10.

[41] *Scholz*, in: Maunz / Dürig, GG, Art. 9 Rn. 10; *Höfling*, in: Sachs, GG, Art. 9 Rn. 50 f.

nen Grundrechtsordnung[42] darstellt, etablieren diese Besonderheiten für die Koalitionsfreiheit eine zusätzliche soziale Schutzkomponente.

Die Freiheit zur Bildung von Koalitionen und zu entsprechender koalitionsmäßiger Betätigung zum Zwecke der Verfolgung der im Verfassungstext genannten Ziele offenbart sich mit Blick auf ihre historischen Wurzeln als partielle Übertragung der Verantwortung für die gesellschaftliche und wirtschaftliche Entwicklung auf die Koalitionen.[43] Die Koalitionsfreiheit stellt daher nicht allein ein Abwehrrecht gegenüber dem Staat dar.[44] Mit der Übertragung einer zentralen Zuständigkeit für die „Wahrung und Förderung der Arbeits- und Wirtschaftsbedingungen" auf die Koalitionen wurden diese als Träger „sozialer Selbstverwaltung" institutionalisiert.[45] Hierin manifestiert sich die Konzeption des Verfassungsgebers, dem Einzelnen durch die Mitgliedschaft in einer Koalition Schutz gegen Maßnahmen eines - u. U. übermächtigen - sozialen Gegenspielers zu gewähren.[46]

Konzeptionell etablierte der Verfassungsgeber somit ein Grundrecht, das in einem engen Zusammenhang mit dem Sozialstaatsprinzip zu sehen ist. Den Koalitionen ist die „im öffentlichen Interesse den Koalitionen übertragene Aufgabe zugewiesen worden, im Verein mit dem sozialen Gegenspieler das Arbeitsleben zu ordnen und zu befrieden"[47], d.h. im Wege sozialer Interessenauseinandersetzung und sozialer Partnerschaft einen sozialverträglichen Ausgleich der widerstreitenden Interessen zwischen Kapital und Arbeit zu erreichen.[48] Damit ist den Arbeitsmarktteilnehmern verfassungsrechtlich ein Instrument an die Hand gegeben worden, soziale Schutzstandards unmittelbar selbst zu bestimmen. Die Koalitionsfreiheit offenbart sich damit als Instrument
assoziativer Selbsthilfe[49] und ist daher besondere Ausprägung des Sozialstaatsprinzips in Form eines sozialen Schutzrechts.[50]

---

[42] *Höfling*, in: Sachs, GG, Art. 9 Rn. 51.

[43] *Höfling*, in: Sachs, GG, Art. 9 Rn. 52.

[44] *Scholz*, in: Maunz / Dürig, GG, Art. 9 Rn. 155.

[45] *Scholz*, in: Maunz / Dürig, GG, Art. 9 Rn. 10.

[46] *Scholz*, in: Maunz / Dürig, GG, Art. 9 Rn. 10.

[47] BVerfGE 18, 18, 27.

[48] *Scholz*, in: Maunz / Dürig, GG, Art. 9 Rn. 10; *Bulla*, FS Nipperdey, S. 79 ff.; *Gießen*, Gewerkschaften, S. 120 ff.; *Gamillscheg*, Koalitionsfreiheit und soziale Selbstver-waltung; *Rüthers*, Streik und Verfassung, S. 37 ff.; *Badura*, ArbRdG, Bd. 15, S. 17, 24 f.; *Biedenkopf*, Grenzen der Tarifautonomie, S. 47 ff.

[49] *Höfling*, in: Sachs, Art. 9 Rn. 52; *Bauer*, in: Dreier, GG, Art. 9 Rn. 6; *Scholz*, in: Maunz / Dürig, GG, Art. 9 Rn. 10; *ders.*, Die Koalitionsfreiheit als Verfassungsproblem, S. 23 ff.

[50] *Scholz*, in: Maunz / Dürig, GG, Art. 9 Rn. 155; weitergehend in seiner Interpretation als soziales Grundrecht *v.Münch*, BK GG, Art. 9 Rn. 113; vgl. auch *Badura / Rittner / Rüthers*, Mitbestimmungsgesetz, S. 235.

a. Die Richtigkeitsgewähr

Grund für die verfassungsgeberische Konzeption der Koalitionsfreiheit als liberales Freiheitsrecht und soziales Schutzrecht ist die Einsicht, dass die zwischen den Koalitionen erzielten Einigungen materielle Richtigkeitsgewähr verbürgen.[51]

Während die geschichtliche Erfahrung lehrt, dass zwischen dem einzelnen Arbeitnehmer und dessen Arbeitgeber regelmäßig kein Machtgleichgewicht besteht, sondern das Verhältnis zwischen dem einzelnen Arbeitnehmer und seinem - in der Regel - wirtschaftlich übermächtigen Arbeitgeber durch eine strukturelle Unterlegenheit des Arbeitnehmers gekennzeichnet ist, ermöglicht Art. 9 Abs. 3 GG den Arbeitnehmern, durch Koalitionsbildung und Schaffung eines Angebotskartells ein Verhandlungsgleichgewicht zum Arbeitgeber herzustellen. Diese Bipolarität von organisierter Arbeitnehmer- und Arbeitgeberschaft setzt die Funktionsmechanismen der Privatautonomie auch für das Arbeitsrecht in Kraft, so dass auch die - im Verhältnis zwischen einzelnem Arbeitnehmer und Arbeitgeber historisch widerlegte - Vermutung, die Privatautonomie werde den Abschluss gerechter Verträge garantieren und somit im Sinne des Sozialstaatsprinzips[52] zur „Verwirklichung einer sozial gerechten Ordnung für alle"[53] beitragen, für die zwischen den Koalitionen getroffenen Vereinbarungen (wieder-)hergestellt wird. Demnach verbürgt die Koalitionsfreiheit durch ihre paritätschaffende Wirkung die Richtigkeitsgewähr tarifvertraglicher Einigungen.[54]

Diese These der Richtigkeitsgewähr koalitionsmäßiger Konfliktlösung ist indessen nicht unwidersprochen geblieben.[55] So wird eingewandt, die getroffenen Tarifabschlüsse mit all ihren Fehlentscheidungen und -entwicklungen bewiesen, dass von einer durch die Koalitionsbildung verbürgten Richtigkeitsgewähr nicht die Rede sein könne.

Richtigkeitsgewähr koalitionsmäßiger Konfliktbewältigung meint jedoch etwas anderes. Es geht nicht etwa um eine objektiv messbare Richtigkeit im Sinne ei-

---

[51] *Löwer*, in: v.Münch / Kunig, GG, Art. 9 Rn. 66; *Scholz*, HStR VI, § 151 Rn. 46; *Badura*, FS Zeidler, S. 1591, 1607; *Dütz*, JA 1987, 405, 406; *Löwisch / Rieble*, in: Richardi / Wlotzke (Hrsg.), MünchArbR, § 253 Rn. 1 ff.; *Raab*, ZfA 2004, 371, 382; abl. *Kemper*, BK GG, Art. 9 Abs. 3 Rn. 253; *Reuter*, RdA 1994, 152, 152 ff.; *ders.*, ZfA 1995, 1, 1 ff.; zweifelnd auch: *Wolf*, GS Heinze, S. 1095, 1096.

[52] BVerfGE 59, 231, 266; *Stern*, Staatsrecht, Bd. I, § 21 II 4, S. 911; *Ehmann / Schmidt*, NZA 1995, 193, 198.

[53] BVerfGE 59, 231, 266.

[54] *Löwer*, in: v.Münch / Kunig, GG, Art. 9 Rn. 66; *Scholz*, HStR VI, § 151 Rn. 46; *Badura*, FS Zeidler, S. 1591, 1607; *Dütz*, JA 1987, 405, 406; *Löwisch / Rieble*, in: Richardi / Wlotzke (Hrsg.), MünchArbR, § 253 Rn. 1 ff.

[55] *Kemper*, BK GG, Art. 9 Abs. 3 Rn. 253; *Reuter*, RdA 1994, 152, 152 ff.; *ders.*, ZfA 1995, 1, 1 ff.

ner Fehlerfreiheit koalitionsmäßiger Konfliktlösungen. Vielmehr bedeutet Richtigkeitsgewähr in diesem Zusammenhang, „dass für den Bereich der Arbeits- und Wirtschaftsbedingungen kein alternatives Verfahren denkbar ist, das ein höheres Maß an [maßstäblich unbekannter] Richtigkeit hervorzubringen vermag als das Regelungsverfahren durch die Tarifvertragsparteien; dass Ergebnisse retrospektiv mitunter auf Kritik stoßen, bedeutet nicht, dass ein alternativer Normsetzer rationalere Regelungen gefunden hätte“[56].

b. Die unmittelbare Drittwirkung des Art. 9 Abs. 3 S. 2 GG

Der Befund einer auch sozial ausgerichteten Schutzrichtung der Koalitionsfreiheit wird ferner durch die Tatsache gestützt, dass der Verfassungsgeber die Koalitionsfreiheit als einziges Grundrecht der Verfassung in Art. 9 Abs. 3 S. 2 GG mit unmittelbarer Drittwirkung[57] versehen hat. Die unmittelbare Drittwirkung eröffnet dem Grundrechtsträger - zusätzlich zu dem gegenüber dem Staat wirkenden status negativus - eine entsprechende Schutzwirkung gegenüber nichtstaatlichen Dritten.[58] Damit schützt Art. 9 Abs. 3 S. 2 GG die Koalitionsfreiheit gegen private Übergriffe. Richtete sich die Drittwirkungsklausel historisch gesehen gegen Diskriminierungen gewerkschaftlich organisierter Arbeitnehmer durch die Arbeitgeber, etwa im Wege sog. „schwarze Listen“,[59] so sichert sie heute allseitig und umfassend vor Interventionen gegen die Ausübung der Koalitionsfreiheit und schützt ebenso vor jedem unmittelbaren wie mittelbaren Koalitionszwang.[60] Dabei erfasst sie sowohl zwei- oder mehrseitige Vereinbarungen („Abreden“) als auch einseitige Handlungen („Maßnahmen“), gleich ob faktischer oder rechtsförmlicher Natur.[61]
Die Gewährung dieser zusätzlichen Schutzdimension gewinnt heutzutage insbesondere durch die Tatsache an Gewicht, dass sich das Wesen der Koalitionsfreiheit nicht in einem liberalen Freiheitsrecht gegenüber dem Staat erschöpft,

---

[56] *Löwer*, in: v.Münch / Kunig, GG, Art. 9 Rn. 66.

[57] BVerfGE, 57, 220, 245; BAGE 19, 217, 223; *Leisner*, Grundrechte und Privatrecht, S. 346; *Dietz*, Die Grundrechte III/1, S. 417, 425 f.; *Höfling*, in: Sachs, GG, Art. 9 Rn. 124; *Höfling /Burkiczak*, RdA 2004, 263, 265; *Kittner / Schiek*, AK GG, Art. 9 Abs.3 Rn. 151; *Löwer*, in: v.Münch / Kunig, GG, Art. 9 Rn. 85 ff.; *Bauer*, in: Dreier, GG, Art. 9 Rn. 88 f.; *Scholz*, in: Maunz / Dürig, GG, Art. 9 Rn. 4.

[58] Hierzu eingehend: *Höfling /Burkiczak*, RdA 2004, 163 ff.

[59] *Höfling*, in: Sachs, GG, Art. 9 Rn. 124; *Löwer*, in: v.Münch / Kunig, GG, Art. 9 Rn. 85.

[60] *Höfling*, in: Sachs, GG, Art. 9 Rn. 124; *Löwer*, in: v.Münch / Kunig, GG, Art. 9 Rn. 85; *Scholz*, HStR VI, § 151 Rn. 83; zu stark seine Stoßrichtung gegen die Arbeitgeber betonend *Kittner / Schiek*, AK GG, Art. 9 Abs. 3 Rn. 80.

[61] Vgl. BVerfGE, 57, 220, 245; *Höfling*, in: Sachs, GG, Art. 9 Rn. 124; *Kittner / Schiek*, AK GG, Art. 9 Abs. 3 Rn. 151; *Löwer*, in: v.Münch / Kunig, GG, Art. 9 Rn. 85 ff.; *Bauer*, in: Dreier, GG, Art. 9 Rn. 88 f.

sondern darüber hinaus einen Ordnungsfaktor darstellt, der aufgrund seiner Bedeutung und Tragweite auch der Gewährleistung und des Schutzes gegenüber nichtstaatlichen Dritten bedarf.[62] Eine solche Bedeutung und Tragweite erlangt die Koalitionsfreiheit durch ihre soziale Schutzkomponente. Das durch den Verfassungsgeber institutionalisierte System assoziativer Selbsthilfe ist nach seiner Konzeption ein bedeutender gesellschaftlicher und wirtschaftspolitischer Ordnungsfaktor, dessen Funktionsfähigkeit gegenüber Eingriffen des sozialen Gegenspielers ebenso geschützt werden muss wie vor Interventionen staatlicher Gewalt.

3. Folgerung für die Zulässigkeit von Beschränkungen der Koalitionsfreiheit

Der doppelte Schutzzweck der Koalitionsfreiheit ist daher bestimmend für die Zulässigkeit jeglicher Beschränkung der Koalitionsfreiheit sowie insbesondere der in ihrem Zentrum stehenden Tarifautonomie.

C. Der einfach-gesetzliche Schutz der Tarifautonomie

Die derzeit diskutierten Deregulierungsbestrebungen propagieren die Eröffnung von bisher den Tarifvertragsparteien vorbehaltenen Regelungskompetenzen zugunsten der Betriebsvereinbarungsparteien. Sowohl die abwehrrechtliche Freiheitsgewährleistung als auch die soziale Schutzdimension der Koalitionsfreiheit könnte durch derartige Maßnahmen in empfindlichem Maße beeinträchtigt werden, da sie - je nach Ausprägung - den derzeitigen einfachgesetzlichen Schutzstandard der Tarifautonomie gegenüber der Betriebsautonomie mehr oder minder stark beschränken und damit auch die Frage nach dem Erhalt der Funktionsfähigkeit der Koalitionsfreiheit aufwerfen würden.

I. Die bestehende Rechtslage

1. Der freie Arbeitsvertrag nach §§ 611 ff. BGB

Rechtsgrundlage für Inhalt und Gestaltung des Arbeitsverhältnis zwischen Arbeitgeber und Arbeitnehmer ist nach unserer privatautonom orientierten Rechtsordnung der freie Arbeitsvertrag nach §§ 611 ff. BGB. Als privatautonom agierende Marktteilnehmer sind die sozialen Gegenspieler grundsätzlich und primär

---

[62] *Scholz*, in: Maunz / Dürig, GG, Art. 9 Rn. 10; *Werner*, AöR 81 (1956), 84, 93; *Badura*, Der Staat 14 (1975), S. 17, 27 f.; *Leisner*, Grundrechte und Privatrecht, S. 96 ff., 172 ff., 263 f.

zur Gestaltung des zwischen ihnen bestehenden Rechtsverhältnisses berechtigt und berufen.

2. Die Normsetzungsmacht der Koalitionen

Nach Art. 9 Abs. 3 GG sind auch die Koalitionen zur Wahrung und Förderung der Arbeits- und Wirtschaftsbedingungen berufen. Dieser Gestaltungsauftrag wird durch § 1 Abs. 1 TVG konkretisiert, der eine Regelungsbefugnis der Tarifvertragsparteien für Inhalt, Abschluss und Beendigung von Arbeitsverhältnissen sowie betriebliche und betriebsverfassungsrechtliche Fragen statuiert.[63]
Umstritten bleibt dabei, wie der Übergang dieser originären Rechtsetzungsmacht der Tarifvertragsparteien dogmatisch zu begründen ist. Nach der Integrationslehre[64] wurde sie den Koalitionen seitens des Verfassungsgebers unmittelbar durch Art. 9 Abs. 3 GG zugewiesen, während die Delegationstheorie[65] das TVG als Überleitungsnorm für unerlässlich erachtet. An dieser Stelle sei nur soviel gesagt: Zutreffend geht die Delegationstheorie davon aus, dass die Rechtsetzungsmacht der Koalitionen aufgrund des Erfordernisses normativer Wirkungsentfaltung der Ausformung durch komplementäre einfach-gesetzliche Normen, wie das TVG, bedarf. Zu kurz greift die Delegationstheorie jedoch da, wo sie verkennt, dass die Koalitionen unmittelbar aus Art. 9 Abs. 3 GG einen Anspruch auf die Schaffung und Erhaltung eines zur effektiven Grundrechtsausübung unerlässlichen Normenbestandes haben, um Tarifverträge mit normativer Wirkung abschließen zu können.[66]
Unabhängig von der dogmatischen Herleitung der Normsetzungsmacht der Koalitionen bestimmt § 4 Abs. 1 TVG, dass die Rechtsnormen des Tarifvertrags unmittelbar und zwingend gegenüber den beiderseits Tarifgebundenen wirken.

3. Die Normsetzungsbefugnis der Betriebsvereinbarungsparteien

Das Grundgesetz weist für die Betriebsvereinbarungsparteien keinen verfassungsrechtlichen Regelungsauftrag auf. Auf einfachgesetzlicher Ebene steht ihnen nach der Rechtsprechung des BAG und herrschender Lehre dennoch eine

---

63 *Löwisch*, JZ 1996, 812, 816.

64 *Weber*, Koalitionsfreiheit und Tarifautonomie als Verfassungsproblem, S. 24; *Biedenkopf*, Grenzen der Tarifautonomie, S. 104 f.; *Martens*, Öffentlich als Rechtsbegriff, S. 164 f.

65 BAGE 1, 258, 264; BAGE 4, 240, 251; BAGE 33, 140, 149; *Scheuner*, in: Weber / Scheuner / Dietz, Koalitionsfreiheit, S. 27; *Ridder*, Gewerkschaften, S. 32 f. Fn. 67; *Peters / Ossenbühl*, Sozialpartner, S. 15; *Säcker*, Gruppenautonomie und Übermachtkontrolle im Arbeitsrecht, S. 267.

66 *Höfling*, in: Sachs, GG, Art. 9 Rn. 76, 92: „kompetentielle Wirkungsdimension der Grundrechtsgewährleistung".

ebenso umfassende und zwingende Regelungs- und Normsetzungsbefugnis wie den Tarifvertragsparteien zu.[67] Diese wird durch einen Umkehrschluss aus der Festlegung des Tarifvorbehalts in § 77 Abs. 3 BetrVG und aus dem Umstand hergeleitet, dass die Regelung über die Zulässigkeit freiwilliger Betriebsvereinbarungen in § 88 BetrVG als Beispielskatalog ausgestaltet ist.[68] Dieser Ansicht nach sind alle Materien, die Gegenstand eines Tarifvertrags sein können, prinzipiell auch tauglicher Regelungsgegenstand einer Betriebsvereinbarung.[69]

4. Die resultierenden Regelungskonflikte

Bestehen daher - jedenfalls nach herrschender Auffassung - für das Gebiet der Arbeits- und Wirtschaftsbedingungen neben den Arbeitsvertragsparteien sowohl seitens der Tarifvertragsparteien als auch seitens der Betriebsvereinbarungsparteien gleichermaßen umfassende und somit konkurrierende Regelungsbefugnisse, so sind Regelungskonflikte unvermeidlich.

5. Die entscheidenden Kollisionsnormen

Das Verhältnis dieser Regelungskompetenzen wird nach geltendem Recht von drei Kollisionsnormen geprägt. Dabei handelt es sich zum einen um die §§ 77 Abs. 3, 87 Abs. 1 BetrVG und zum anderen um § 4 Abs. 3 TVG.

---

[67] BAG, AP Nr. 52 zu § 77 BetrVG 1972; BAG, AP Nr. 1 zu § 77 BetrVG 1977 Tarifvorbehalt; BAG, AP Nr. 1 zu § 88 BetrVG; *Fitting / Engels / Schmidt / Trebinger / Linsenmaier*, BetrVG, § 77 Rn. 45 ff.; *Säcker*, Gruppenautonomie und Übermachtkontrolle im Arbeitsrecht, S. 342 f.; GK-*Kreutz*, BetrVG, § 77 Rn. 83; a.A.: *Picker*, Die Tarifautonomie in der deutschen Arbeitsverfassung, S. 52 ff.; *Richardi*, Gutachten für den 61. DJT, B 24 ff., B 95; *ders.*, Beilage NJW 1996, Heft 23, 13, 15*Rieble*, RdA 1996, 151, 152.

[68] BAG, AP Nr. 46 zu § 77 BetrVG; BAG, NZA 1987, 779; *Richardi*, NZA 2000, 617, 618; *Löwisch*, JZ 1996, 812, 813 f.; *Waltermann*, Rechtsetzung durch Betriebsvereinbarung zwischen Privatautonomie und Tarifautonomie, S. 189; *Löwisch / Kaiser*, BetrVG, § 88 Rn. 1; *Fitting / Engels / Schmidt / Trebinger / Linsenmaier*, BetrVG, § 88 Rn. 3.

[69] Entgegen der herrschenden Auffassung sind die den Betriebsvereinbarungsparteien durch das Betriebsverfassungsgesetz pauschal zugewiesenen Regelungsbefugnisse im Wege verfassungskonformer Auslegung zu begrenzen. Dazu näher im Folgenden.

a. Die Abgrenzung von Regelungskompetenzen zwischen Tarifvertragsparteien und Betriebsvereinbarungsparteien

i. Der allgemeine Tarifvorbehalt nach § 77 Abs. 3, 4 BetrVG

Nach derzeit geltendem Recht wird das Verhältnis der Regelungskompetenzen zwischen Tarifvertragsparteien und Betriebsvereinbarungsparteien im Wesentlichen durch § 77 Abs. 3 und 4 BetrVG bestimmt. Diese Norm dient nach herrschender Meinung in Rechtsprechung und Literatur dem Schutz der Tarifautonomie vor einer Beeinträchtigung durch die Betriebsautonomie.[70] Ihrzufolge sind Betriebsvereinbarungen ausgeschlossen, soweit ein räumlich, betrieblich und fachlich einschlägiger Tarifvertrag besteht oder soweit die zu regelnde Materie üblicherweise Gegenstand eines derartigen Tarifvertrags ist.[71]

(1) Der Schutzzweck des Tarifvorbehalts

Nach einhelliger Meinung in Rechtsprechung und Literatur dient der allgemeine Tarifvorbehalt des § 77 Abs. 3 BetrVG der Sicherung der ausgeübten und aktualisierten Tarifautonomie und damit auch der Erhaltung und Stärkung ihrer Funktionsfähigkeit.[72] Er soll verhindern, dass Betriebsräte die Funktion einer

---

[70] BAG 22.05.1979 AP Nr. 13 zu § 118 BetrVG 1972; BAG 21.01.1980 AP Nr. 3 zu § 87 BetrVG 1972 Lohngestaltung; BAG 77.01.1987 AP Nr. 42 zu § 99 BetrVG; BAG 24.02.1987 AP Nr. 21 zu § 77 BetrVG 1972; BAG GS 03.12.1991 AP Nr. 51 zu § 87 BetrVG Lohngestaltung; BAG 22.06.1993 AP Nr. 22 zu § 23 BetrVG 1972; BAG 24.01.1996 AP Nr. 8 zu § 77 BetrVG 1972 Tarifvorbehalt; *Berg*, in: Däubler / Kittner / Klebe, BetrVG, § 77 Rn. 62; *Fitting / Engels / Schmidt / Trebinger / Linsenmaier*, BetrVG, § 77 Rn. 67; GK-*Kreutz*, BetrVG, § 77 Rn. 78; *Richardi*, BetrVG, § 77 Rn. 244; *Möschel*, BB 2002, 1314, 1314; *Matthes*, in: Richardi / Wlotzke (Hrsg.), MünchArbR, § 327 Rn. 58; *Moll*, Tarifvorrang im Betriebsverfassungsgesetz, S. 37, 49; *Zöllner*, FS Nipperdey, S. 699, 703; *Hromadka*, DB 1987, 1991, 1993; *Heinze*, NZA 1989, 41, 41; *ders.*, NZA 1995, 5, 6; *Wank*, RdA 1991, 129, 129 ff.; *Waltermann*, RdA 1996, 129, 131; einschränkend lediglich *Müller*, ArbuR 1992, 257, 257 ff.

[71] *Möschel*, BB 2002, 1314, 1314.

[72] BAG, Urteil vom 20.02.2001, 1 AZR 233/00, zu II 1 der Gründe; BAG 22.05.1979 AP Nr. 13 zu § 118 BetrVG 1972; BAG 21.01.1980 AP Nr. 3 zu § 87 BetrVG 1972 Lohngestaltung; BAG 77.01.1987 AP Nr. 42 zu § 99 BetrVG; BAG 24.02.1987 AP Nr. 21 zu § 77 BetrVG 1972; BAG GS 03.12.1991 AP Nr. 51 zu § 87 BetrVG Lohngestaltung; BAG 22.06.1993 AP Nr. 22 zu § 23 BetrVG 1972; BAG 24.01.1996 AP Nr. 8 zu § 77 BetrVG 1972 Tarifvorbehalt; *Buchner*, DB 1997, 573, 573; *Berg*, in: Däubler / Kittner / Klebe, BetrVG, § 77 Rn. 62; *Fitting / Engels / Schmidt / Trebinger / Linsenmaier*, BetrVG, § 77 Rn. 67; GK-*Kreutz*, BetrVG, § 77 Rn. 78; *Richardi*, BetrVG, § 77 Rn. 244; *Möschel*, BB 2002, 1314, 1314; *Matthes*, in: Richardi / Wlotzke (Hrsg.), MünchArbR, § 327 Rn. 58; *Moll*, Tarifvorrang im Betriebsverfassungsgesetz, S. 37, 49; *Zöllner*, FS Nipperdey, S. 699, 703; *Hromadka*, DB 1987,

Ersatzgewerkschaft für nichtorganisierte Arbeitnehmer übernehmen bzw. dass Betriebsvereinbarungen die Funktion eines Zusatztarifvertrags für übertarifliche Leistungen ausfüllen und die Tarifautonomie durch Aushöhlung und Bedeutungsminderung durch die Betriebsvereinbarungen geschwächt wird.[73] Den Koalitionen soll zur Verhinderung dieser Effekte eine weitgehende Rechtsetzungsprärogative hinsichtlich der kollektivrechtlichen Regelung von Arbeits- und Wirtschaftsbedingungen eingeräumt werden, der sie vor Konkurrenz durch die Betriebsvereinbarungsparteien schützt.[74]

(2) Der Tarifvorbehalt als prinzipiell umfassende Regelungssperre für Betriebsvereinbarungen

Nach § 77 Abs. 3 BetrVG können Arbeitsentgelte oder sonstige Arbeitsbedingungen, die durch Tarifvertrag geregelt sind oder üblicherweise geregelt werden, nicht mehr Gegenstand einer Betriebsvereinbarung sein (sog. Tarifvorbehalt). Dadurch wird eine prinzipiell umfassende Regelungssperre für Betriebsvereinbarungsparteien dahingehend statuiert, dass sie Arbeitsbedingungen im Falle des Bestehens oder der Üblichkeit einer tarifvertraglichen Regelung nicht durch Betriebsvereinbarungen einer normativen Regelung zuführen können.[75]

Gemäß dem Tarifvorbehalt des § 77 Abs. 3 BetrVG reicht für die Sperrwirkung zugunsten des Tarifvertrags sowohl ein bestehender Tarifvertrag als auch bloße Tarifüblichkeit aus. Den Betriebsvereinbarungsparteien mangelt es in diesen Fällen an einer entsprechenden Rechtsetzungsmacht, so dass Betriebsvereinba-

---

1991, 1993; *Heinze*, NZA 1989, 41, 41; *ders.*, NZA 1995, 5, 6; *Junker*, ZfA 1996, 383, 383 ff.; *Rieble*, RdA 1996, 151, 151 ff.; *Wank*, RdA 1991, 129, 129 ff.; *Waltermann*, RdA 1996, 129, 131; *Zachert*, RdA 1996, 140, 140 ff.; einschränkend lediglich *Müller*, ArbuR 1992, 257, 257 ff.

[73] BAG 03.12.1991 GS AP Nr. 51 zu § 87 BetrVG 1972 Lohngestaltung; BAG, NZA 1994, 185; BAG GS, NZA 1992, 749; GK-*Kreutz*, BetrVG, § 77 Rn. 78; *Wiedemann*, TVG, § 4 Rn. 550; *Ehmann / Schmidt*, NZA 1995, 193, 196; *Richardi*, ZfA 1990, 211, 239.

[74] *Berg*, in: Däubler / Kittner / Klebe, BetrVG, § 77 Rn. 78; ErfK-*Kania*, BetrVG, § 77 Rn. 50; GK-*Kreutz*, BetrVG, § 77 Rn. 64; *Hess / Schlochauer / Worzalla / Glock*, BetrVG, § 77 Rn. 127 ff.; *Schaub*, ArbRHb, § 231 Rn. 22; *Wiedemann*, TVG, § 4 Rn. 547, 550.

[75] BVerfG, BB 1996, 1835; BAG, BB 1996, 1717; BAG, ArbuR 1997, 336; *Fitting / Engels / Schmidt / Trebinger / Linsenmaier*, BetrVG, § 77 Rn. 67; *Wiedemann*, TVG, § 4 Rn. 550; anders *Ehmann*, ZRP 1996, 314, 314 ff.; *Ehmann / Lambrich*, NZA 1996, 346, 348, nach deren Auffassung die vermeintlich ebenfalls verfassungsrechtlich gewährleistete Betriebsautonomie aufgrund des Subsidiaritätsprinzips als gegenüber der Tarifautonomie vorrangig zu qualifizieren ist.

rungen, die trotz Tarifvorbehalts getroffen werden, per se rechtsunwirksam sind.[76]
Gesperrt ist die betriebsvereinbarungsrechtliche Regelung aller formellen und materiellen Arbeitsbedingungen.[77]
Nach herrschender Auffassung[78] erfasst die Regelungssperre des § 77 Abs. 3 BetrVG ausschließlich Betriebsvereinbarungen. Die Möglichkeit individualrechtlicher Vereinbarungen, arbeitsvertraglicher Einheitsregelungen, Gesamtzusagen oder betrieblicher Übung und insbesondere Regelungsabreden[79], somit

---

[76] BAG 24.01.1996, 05.03.1997, 20.04.1999 AP Nr. 8, 10 und 12 zu § 77 BetrVG 1972 Tarifvorbehalt; BAG 13.08.1980 AP Nr. 2 zu § 77 BetrVG 1972; *Berg*, in: Däubler / Kittner / Klebe, BetrVG, § 77 Rn. 65; *Fitting / Engels / Schmidt / Trebinger / Linsenmaier*, BetrVG, § 77 Rn. 97 ff.; GK-*Kreutz*, BetrVG, § 77 Rn. 122 f.; *Richardi*, BetrVG, § 77 Rn. 310; *Moll*, Tarifvorrang im Betriebsverfassungsgesetz, S. 51; a.A. unter Verweis auf eine vermeintliche Verfassungswidrigkeit des § 77 Abs. 3 BetrVG *Reuter*, RdA 1991, 193, 202.

[77] BAG 09.04.1991 AP Nr. 1 zu § 77 BetrVG Tarifvorbehalt; *Berg*, in: Däubler / Kittner / Klebe, BetrVG, § 77 Rn. 63; ErfK-*Kania*, BetrVG, § 77 Rn. 52; *Fitting / Engels / Schmidt / Trebinger / Linsenmaier*, BetrVG, § 77 Rn. 97; GK-*Kreutz*, BetrVG, § 77 Rn. 85 ff., 72 ff.; *Haug*, BB 1986, 1921, 1928; *Hess / Schlochauer / Worzalla / Glock*, BetrVG, § 77 Rn. 130 ff.; *Moll*, Tarifvorbehalt im Betriebsverfassungsgesetz, S. 44; *Säcker*, BB 1979, 1201, 1202; *Vollmer*, DB 1979, 308, 309; *Weiss / Weyand*, BetrVG, § 77 Rn. 30; anders für materielle Arbeitsbedingungen BAG 24.02.1987 AP Nr. 21 zu § 77 BetrVG 1972; *Galperin / Löwisch*, BetrVG, § 77 Rn. 75; *Richardi*, BetrVG, § 77 Rn. 256; *ders.*, Gutachten zum 61. DJT, 1996, B 47 ff.; *Schaub*, ArbRHb § 231 Rn. 24; *Wiedemann*, TVG, Einleitung Rn. 572 f.; *Konzen*, BB 1977, 1307, 1311; *Löwisch*, ArbuR 1978, 97, 107.

[78] BAG 20.04.1999 AP Nr. 89 zu Art. 9 GG; BAG 24.07.1958 AP Nr. 6 zu § 611 BGB Akkordlohn; BAG 24.01.1996 AP Nr. 8 zu § 77 BetrVG 1972 Tarifvorbehalt; BAG 13.08.1980 AP Nr. 2 zu § 77 BetrVG 1972; GK-*Kreutz*, BetrVG, § 77 Rn. 133 ff.; ErfK-*Kania*, BetrVG, § 77 Rn. 71; *Adomeit*, BB 1972, 53, 53; *Haug*, BB 1986, 1921, 1929; *Heinze*, NZA 1995, 5, 5; *Hromadka*, DB 1987, 1991, 1993; *Moll*, Tarifvorrang im Betriebsverfassungsgesetz, S. 54 ff.; *Waltermann*, Rechtsetzung durch Betriebsvereinbarung zwischen Privatautonomie und Tarifautonomie, S. 269 ff.; *ders.*, RdA 1996, 129, 132; *Wank*, RdA 1991, 129, 133; *Zöllner*, ZfA 1988, 265, 281; *Kort*, NJW 1997, 1476, 1480; *Wiese*, FS BAG, S. 661, 664; *Wiedemann*, TVG, § 4 Rn. 577; *Galperin / Löwisch*, BetrVG, § 77 Rn. 90; anders *Berg*, in: Däubler / Kittner / Klebe, BetrVG, § 77 Rn. 78; *ders.*, FS Kehrmann, S. 276; *Galperin / Löwisch*, BetrVG; § 77 Rn. 91; *Matthes*, in: Richardi / Wlotzke (Hrsg.), MünchArbR, § 327 Rn. 58; *Gamillscheg*, FS Stahlhacke, S. 145; *Hanau*, BB 1977, 350, 350; *Zachert*, RdA 1996, 140, 145.

[79] BAG 20.04.1999 AP Nr. 89 zu Art. 9 GG; GK-*Kreutz*, BetrVG, § 77 Rn. 135; ErfK-*Kania*, BetrVG, § 77 Rn. 71; *Adomeit*, BB 1972, 53, 53; *Haug*, BB 1986, 1921, 1929; *Heinze*, NZA 1995, 5, 5; *Hromadka*, DB 1987, 1991, 1993; *Moll*, Tarifvorrang im Betriebsverfassungsgesetz, S. 54 ff.; *Waltermann*, Rechtsetzung durch Betriebs-vereinbarung zwischen Privatautonomie und Tarifautonomie, S. 269 ff.; *ders.*, RdA

Regelungen, die keinen normativen Charakter haben, soll hingegen unberührt bleiben.[80] Sie sollen trotz bestehenden Tarifvorbehalts weiterhin zulässig sein. Nach anderer Auffassung bedarf der Schutzzweck des § 77 Abs. 3 TVG noch weitergehender Sicherung, so dass auch sonstige Vereinbarungen ohne normativen Charakter, insbesondere Regelungsabreden[81], durch § 77 Abs. 3 TVG ausgeschlossen sein sollen.[82]
Solange die Tarifvertragsparteien einen bestimmten Fragebereich ungeregelt lassen, wird die Tarifautonomie durch entsprechende betriebliche Regelungen nicht berührt. Dies gilt auch dann, wenn die Tarifvertragsparteien einen bestimmten Bereich ausdrücklich nicht tariflich regeln wollen. Der ausdrückliche Verzicht auf eine Regelung bestimmter Arbeitsbedingungen stellt keine Regelung dieser Arbeitsbedingungen dar und kann deshalb auch keine Sperrwirkung auslösen.[83] Dies gilt selbst dann, wenn mit dem Verweis auf eine einzelvertragliche Regelung zugleich der Ausschluss einer kollektivrechtlichen Regelung durch Betriebsvereinbarung beabsichtigt sein sollte. Der Normzweck der Regelungssperre des § 77 Abs. 3 BetrVG rechtfertigt es nicht, den Tarifvertragsparteien die Möglichkeit einzuräumen, unter Verzicht auf eine eigene Regelung auch eine kollektive Gestaltung durch Betriebsvereinbarung zu unterbinden. Insoweit unterliegt die durch das Betriebsverfassungsgesetz den Betriebsverein-

---

1996, 129, 132; *Wank*, RdA 1991, 129, 133; *Zöllner*, ZfA 1988, 265, 281; *Kort*, NJW 1997, 1476, 1480; *Wiese*, FS BAG, S. 661, 664; *Wiedemann*, TVG, § 4 Rn. 577; anders *Berg*, in: Däubler / Kittner / Klebe, BetrVG, § 77 Rn. 78; *ders.*, FS Kehrmann, S. 276; *Galperin / Löwisch*, BetrVG, § 77 Rn. 91; *Matthes*, in: Richardi / Wlotzke (Hrsg.), MünchArbR, § 327 Rn. 58; *Gamillscheg*, FS Stahlhacke, S. 145; *Hanau*, BB 1977, 350, 350; *Zachert*, RdA 1996, 140, 145.

[80] BAG 24.07.1958 AP Nr. 6 zu § 611 BGB Akkordlohn; BAG 24.01.1996 AP Nr. 8 zu § 77 BetrVG 1972 Tarifvorbehalt; BAG 13.08.1980 AP Nr. 2 zu § 77 BetrVG 1972; *Galperin / Löwisch*, BetrVG, § 77 Rn. 90; GK-*Kreutz*, BetrVG, § 77 Rn. 134 f.; anders auch für den Ausschluss von Betriebsabsprachen *Däubler*, Tarifvertragsrecht, Rn. 249; *Hanau*, RdA 1973, 281, 285; *Zachert*, RdA 1996, 140, 145; *Galperin / Löwisch*, BetrVG, § 77 Rn. 91.

[81] *Zachert*, RdA 1996, 140, 145; *Hanau*, Betriebsvereinbarung, S. 106; *Däubler*, Tarifvertragsrecht, Rn. 349; *Weiss / Weyand*, BetrVG, § 77 Rn. 36;.

[82] *Berg*, in: Däubler / Kittner / Klebe, BetrVG, § 77 Rn. 78; *Galperin / Löwisch*, § 77 Rn. 91; *Weiss / Weyand*, BetrVG, § 77 Rn. 36; *Matthes*, in: Richardi / Wlotzke (Hrsg.), MünchArbR, § 327 Rn. 58; *Berg*, FS Kehrmann, S. 276; *Gamillscheg*, FS Stahlhacke, S. 145; *Hanau*, BB 1977, 350, 350; für den Ausschluss von Betriebsabsprachen *Däubler*, Tarifvertragsrecht, Rn. 249; *Hanau*, RdA 1973, 281, 285; *Zachert*, RdA 1996, 140, 145.

[83] BAG, NZA 1993, 613, 614; BAGE 32, 350, 361 f.; *Richardi*, BetrVG, § 77 Rn. 249; GK-*Kreutz*, BetrVG, § 77 Rn. 107 ff.; *Fitting / Engels / Schmidt / Trebinger / Linsenmaier*, BetrVG, § 77 Rn. 84; *Galperin / Löwisch*, BetrVG, § 77 Rn. 83b.

barungsparteien eingeräumte kollektive Regelungsmacht nicht der Disposition der Tarifvertragsparteien.[84]

(3) Die Ausnahmen vom allgemeinen Tarifvorbehalt des § 77 Abs. 3 BetrVG

Vom allgemeinen Tarifvorbehalt des § 77 Abs. 3 BetrVG bestehen indes zwei Ausnahmen.

(a) Der spezielle Tarifvorbehalt des § 87 Abs. 1 BetrVG

Im Anwendungsbereich des speziellen Tarifvorbehalts des § 87 Abs. 1 BetrVG, also soweit die dort genannten Materien in Rede stehen, gilt ein reduziertes Schutzniveau gegenüber Betriebsvereinbarungen. Im Unterschied zum allgemeinen Tarifvorbehalt des § 77 Abs. 3 BetrVG tritt hier die Sperrwirkung nicht schon bei Tarifüblichkeit ein,[85] sondern erst bei Bestehen einer entsprechenden tarifvertraglichen Regelung.[86] Sofern aber eine tarifliche Regelung besteht, sind auch hier erzwingbare Betriebsvereinbarungen ausgeschlossen.[87]
Neben den im Rahmen des § 77 Abs. 3 BetrVG allein maßgeblichen Normzweck des Schutzes der Tarifautonomie[88] tritt im Falle des § 87 Abs. 1 BetrVG ein weiterer Gesichtspunkt, dessen Schutz intendiert ist und eine Anwendung des allgemeinen Tarifvorbehalts des § 77 Abs. 3 BetrVG im Anwendungsbereich des § 87 Abs. 1 BetrVG ausschließt:
Die Mitbestimmungsrechte des § 87 Abs. 1 Nr. 1 - 12 BetrVG sollen die Arbeitnehmer vor der alleinigen Regelungsmacht des Arbeitgebers, insbesondere

---

[84] BAG; NZA 1993, 613, 615; *Fitting / Engels / Schmidt / Trebinger / Linsenmaier*, BetrVG, § 77 Rn. 84 ff.; *Galperin / Löwisch*, BetrVG, § 77 Rn. 83b; GK-*Kreutz*, BetrVG, § 77 Rn. 90; *Bittner*, DB 1979, 695, 696; *Coester*, SAE 1986, 288, 289; *Moll*, Tarifvorrang im Betriebsverfassungsgesetz, S. 74, 75; *Wiedemann*, GS Kahn-Freund, S. 343, 350 f.; teilweise a.A. *Lieb*, ZfA 1978, 179, 204 ff.; *Conze*, DB 1978, 490, 494.

[85] BAG 24.02.1987 AP Nr. 21 zu § 77 BetrVG 1972; BAG 24.11.1987 AP Nr. 6 zu § 87 BetrVG 1972 Auszahlung; BAG GS, DB 1992, 1582 f.; BAG, DB 1993, 443; *Weiss / Weyand*, BetrVG, § 87 Rn. 12; *Kempen*, RdA 1994, 140, 151; *Reuter*, RdA 1994, 152, 166.

[86] BAG 06.07.1962 AP Nr. 7 zu § 37 BetrVG 1952; BAG 08.02.1963, 15.05.1964 AP Nr. 4 und AP Nr. 5 zu § 56 BetrVG 1953 Akkord; BAG 05.03.1974 AP Nr. 1 zu § 87 BetrVG 1972 Kurzarbeit; BAG 31.08.1982 AP Nr. 2 zu § 87 BetrVG Auszahlung; BAG 04.07.1989 AP Nr. 20 zu § 87 BetrVG 1972 Tarifvorrang; *Fitting / Engels / Schmidt / Trebinger / Linsenmaier*, BetrVG, § 87 Rn. 40 ff.; *Wiedemann*, TVG, § 4 Rn. 603.

[87] *Berg*, in: Däubler / Kittner / Klebe, BetrVG, § 87 Rn. 29; *Fitting / Engels / Schmidt / Trebinger / Linsenmaier*, BetrVG, § 87 Rn. 36 ff.

[88] BAG, NZA 1987, 639; *Stelling*, NZA 1998, 920, 923 m.w.N.

dessen Direktionsrecht in sozialen Angelegenheiten schützen, weil diese Angelegenheiten regelmäßig und zumeist in den Einzelarbeitsverträgen keine Regelung finden und auch nur schwer oder gar nicht finden können. Das Mitbestimmungsrecht in sozialen Angelegenheiten dient damit dem Schutz der Arbeitnehmer vor einem Alleinentscheidungsrecht des Arbeitgebers in diesen Angelegenheiten.[89] Regelungsziel der Erzwingbarkeit von Betriebsvereinbarungen im Bereich des § 87 BetrVG ist daher die Vermeidung von Schutzlücken hinsichtlich der Gegenstände sozialer Mitbestimmung des § 87 Abs. 1 BetrVG.[90]
Das Schutzbedürfnis des Arbeitnehmers vor dem Alleinentscheidungsrecht des Arbeitgebers entfällt erst, wenn kollektivrechtliche Vorschriften die Angelegenheit abschließend und zwingend regeln, weil dann dem Schutz der Arbeitnehmer durch die zwingende und unmittelbar geltende Regelung genügt ist.[91]
Soweit ein die Gegenstände sozialer Mitbestimmung regelnder Tarifvertrag besteht, sieht der Gesetzgeber die weitere Regelung durch Betriebsvereinbarung als überflüssig an. Besteht ein solcher Schutz durch tarifliche Regelungen nicht, besteht weiterhin ein Schutzbedürfnis der Arbeitnehmer vor dem Alleinentscheidungsrecht des Arbeitgebers.
Daher stellt der Tarifvorbehalt des § 87 Abs. 1 BetrVG nach herrschender Meinung eine gegenüber dem Tarifvorbehalt des § 77 Abs. 3 BetrVG speziellere Norm dar und verdrängt diesen im Bereich der Mitbestimmungsrechte des § 87 BetrVG. Demzufolge ist in Fällen, in denen für den Betrieb keine entsprechende, Schutz entfaltende tarifliche Regelung besteht, der Abschluss entsprechender Betriebsvereinbarungen in den mitbestimmungspflichtigen Angelegenheiten des § 87 BetrVG zulässig.[92]

---

[89] *Ehmann / Schmidt*, NZA 1995, 193, 195; BAG GS, NZA 1992, 749; BAG, NZA 1987, 639.

[90] BAG 17.12.1985 AP Nr. 5 zu § 87 BetrVG 1972 Tarifvorrang; BAG GS 03.12.1991, DB 1992, 1582 f.; BAG, NZA 1999, 663; BAG 25.01.2000, DB 2000, 1130; vgl. auch *Berg*, in: Däubler / Kittner / Klebe, BetrVG, § 87 Rn. 29 f.; *Fitting / Engels / Schmidt / Trebinger / Linsenmaier*, BetrVG, § 87 Rn. 37 ff.; GK-*Wiese*, BetrVG, § 87 Rn. 56; *Galperin / Löwisch*, BetrVG, § 87 Rn. 48; *Weiss / Weyand*, BetrVG, § 87 Rn. 14; anders: Schutz der ausgeübten Tarifautonomie und der Funktionsfähigkeit der Koalitionen *Däubler*, Tarifvertragsrecht, Rn. 239.

[91] *Ehmann / Schmidt*, NZA 1995, 193, 195.

[92] So die sog. Vorrangtheorie: BAG 24.02.1987 AP Nr. 21 zu § 77 BetrVG 1972; BAG 24.11.1987 AP Nr. 6 zu § 87 BetrVG 1972 Auszahlung; BAG 10.02.1988, 03.12.1991 AP Nr. 33 und 51 zu § 77 BetrVG 1972; BAG 10.08.1991, 24.01.1996 AP Nr. 2 und 8 zu § 77 BetrVG 1972 Tarifvorbehalt; BAG 22.06.1993 AP Nr. 22 zu § 23 BetrVG 1972; ErfK-*Kania*, BetrVG, § 77Rn. 53 ff.; *Löwisch / Kaiser*, BetrVG, § 77 Rn. 46; *Weiss / Weyand*, BetrVG, § 77 Rn. 29; *Matthes*, in: Richardi / Wlotzke (Hrsg.), MünchArbR, § 327 Rn. 70 f.; *Farthmann*, RdA 1974, 65, 71; *Reuter*, SAE 1976, 17, 17; *Ehmann / Schmidt*, NZA 1995, 193, 197; *Gast*, BB 1987, 1249, 1249; *Säcker*, ZfA 1972, Sonderheft, 41, 64; *Kempen / Zachert*, TVG, Grundlagen Rn. 347;

(i) Exkurs: Freiwillige Betriebsvereinbarungen im Bereich des speziellen Tarifvorbehalts des § 87 Abs. 1 BetrVG

Auch freiwillige Betriebsvereinbarungen bleiben nach herrschender Ansicht im Anwendungsbereich des § 87 BetrVG möglich.[93] Sie unterliegen in diesem Falle jedoch dem Tarifvorbehalt des § 77 Abs. 3 BetrVG sowie dem Tarifvorrang des § 4 Abs. 3 BetrVG.[94] Demnach sind sie ebenfalls ausgeschlossen, sofern eine tarifliche Regelung besteht oder üblich ist (§ 77 Abs. 3 BetrVG). Ist dies nicht der Fall, so sind sie auch dann nur zulässig, sofern sie nach dem Günstigkeitsprinzip gegenüber dem Tarifvertrag für die Arbeitnehmer günstigere Bestimmungen enthalten, ungünstigere allenfalls dann, wenn der Tarifvertrag eine entsprechende Öffnungsklausel enthält (§ 4 Abs. 3 TVG).[95]

(b) Tarifliche Öffnungsklauseln nach § 77 Abs. 3 S. 2 BetrVG

Die zweite Ausnahme statuiert § 77 Abs. 3 S. 2 BetrVG selbst. Danach sind Betriebsvereinbarungen zulässig, sofern der einschlägige Tarifvertrag selbst den Abschluss ergänzender Betriebsvereinbarungen durch sog. Öffnungsklauseln ausdrücklich zulässt.[96] In diesem Fall bedarf es des Schutzes der Tarifvertrags-

---

Zachert, RdA 1996, 140, 140 ff.; anders die sog. Zwei-Schranken-Theorie: LAG Hamm LAGE § 77 BetrVG 1972 Nr. 3; LAG Schleswig-Holstein, BB 1987, 2298; *Fitting / Engels / Schmidt / Trebinger / Linsenmaier*, BetrVG, § 77 Rn. 109 ff.; *Galperin / Löwisch*, BetrVG, § 77 Rn. 76; *Hess / Schlochauer / Worzalla / Glock*, BetrVG, § 77 Rn. 136; *Richardi*, BetrVG, § 77 Rn. 233 ff.; *Stege / Weinspach*, BetrVG, § 87 Rn. 35 ff.; *Hanau*, RdA 1973, 281, 284; *ders.*, BB 1977, 350, 350; *Haug*, BB 1986, 1921, 1925; *Heinze*, NZA 1989, 41, 44; *ders.*, NZA 1995, 5, 6; *Heither*, FS Dieterich, S. 229, 229 ff.; *Hromadka*, DB 1987, 1991, 1994; *Joost*, ZfA 1993, 257, 267; *Konzen*, BB 1977, 1307, 1311; *Kraft*, FS Molitor, S. 207, 213; *Lieb*, NZA 1994, 337, 341; *Moll*, Tarifvorrang im Betriebsverfassungsgesetz, S. 34 ff.; *Richardi*, ZfA 1976, 1, 4: *Waltermann*, NZA 1995, 1177, 1183; *ders.*, RdA 1996, 129, 138; *ders.*, Rechtsetzung durch Betriebsvereinbarung zwischen Privatautonomie und Tarifautonomie, S. 285 ff.; *Wiese*, FS BAG, S. 661, 661; *Wiedemann*, TVG, § 4 Rn. 620; *Heisig*, Arbeitsentgelt- und Arbeitszeitregelungen, S. 185.

93 *Fitting / Engels / Schmidt / Trebinger / Linsenmaier*, BetrVG, § 87 Rn. 39; *Ehmann / Schmidt*, NZA 1995, 193, 198; *Galperin / Löwisch*, BetrVG, § 87 Rn. 43; GK-*Wiese*, BetrVG, § 87 Rn. 65; *Löwisch*, JZ 1996, 812, 814; *Matthes*, in: Richardi / Wlotzke (Hrsg.), MünchArbR, § 327 Rn. 72; *Richardi*, BetrVG, § 87 Rn. 169 f.; anders *Berg*, in: Däubler / Kittner / Klebe, BetrVG, § 87 Rn. 30.

94 LAG Baden-Württemberg, ArbuR 1999, 157.

95 BAG 17.10.1962 AP Nr. 16 zu § 611 BGB Akkordlohn; *Fitting / Engels / Schmidt / Trebinger / Linsenmaier*, BetrVG, § 87 Rn. 39; *Hess / Schlochauer / Worzalla / Glock*, BetrVG, § 87 Rn. 61; *Wiese*, FS BAG, S. 661, 664, 669.

96 *Möschel*, BB 2002, 1314, 1314.

parteien vor der konkurrierenden Regelungsmacht der Betriebsvereinbarungsparteien nicht, da sich die Tarifparteien freiwillig dieses Schutzes entäußern.[97]

(c) Das Günstigkeitsprinzip des § 4 Abs. 3 TVG als dritte Ausnahme zum Tarifvorbehalt des § 77 Abs. 3 BetrVG?

Bisweilen wird als dritte Ausnahme zum Tarifvorbehalt des § 77 Abs. 3 BetrVG auch die Anwendbarkeit des Günstigkeitsprinzips nach § 4 Abs. 3 TVG im Verhältnis zwischen Tarifvertrag und Betriebsvereinbarung befürwortet.[98] Demnach wären über die genannten Ausnahmen hinaus Regelungen durch Betriebsvereinbarungen zulässig, sofern die Regelungen für den Arbeitnehmer günstiger sind als diejenigen des Tarifvertrags. Die ganz herrschende Meinung verweist aber zu Recht darauf, dass § 77 Abs. 3 BetrVG sowohl als lex posterior als auch als lex specialis § 4 Abs. 3 TVG verdrängt.[99] Damit sind selbst günstigere Betriebsvereinbarungen im Anwendungsbereich des § 77 Abs. 3 BetrVG unzulässig und unwirksam. Ungünstigere Betriebsvereinbarungen sind ebenfalls unzulässig und zwar unabhängig davon, ob sie für tarifgebundene Arbeitnehmer oder lediglich für Außenseiter Geltung entfalten sollen.[100]

ii. Der Tarifvorrang des § 4 Abs. 1, 3 TVG und das Günstigkeitsprinzip nach § 4 Abs. 3 TVG

Außerhalb des Anwendungsbereichs des § 77 Abs. 3 BetrVG findet das Günstigkeitsprinzip des § 4 Abs. 3 TVG Anwendung auf das Verhältnis von Tarifvertrag und Betriebsvereinbarung.

---

[97] *Wiedemann*, TVG, § 4 Rn. 587; *Federlin*, JbArbR 41, 71, 78.

[98] *Ehmann / Schmidt*, NZA 1995, 193, 199 f.; *Ehmann*, ZRP 1996, 314, 315.

[99] BAG 26.02.1986 AP Nr. 12 zu § 4 TVG Ordnungsprinzip; *Berg*, in: Däubler / Kittner / Klebe, BetrVG, § 77 Rn. 11; *Galperin / Löwisch*, BetrVG, § 77 Rn. 71; GK-*Kreutz*, BetrVG, § 77 Rn. 129; *Hess / Schlochauer / Worzalla / Glock*, BetrVG, § 77 Rn. 154; *Richardi*, BetrVG, § 77 Rn. 278; *Schaub*, ArbRHb § 231 Rn. 34; *Däubler*, Tarifvertragsrecht, Rn. 234; *Neumann*, RdA 1990, 257, 259; *Rieble*, RdA 1996, 151, 151 ff.; *Schlachter*, RdA 1993, 313, 314; *Walker*, ZfA 1996, 353, 373; *Waltermann*, Rechtsetzung durch Betriebsvereinbarung zwischen Privatautonomie und Tarifautonomie, S. 260 ff.; *Zachert*, RdA 1996, 140, 146; anders *Blomeyer*, NZA 1996, 337, 344 ff.; *Müller*, ArbuR 1992, 257, 261; *Schmidt*, Das Günstigkeitsprinzip im Tarifvertrags- und Betriebsverfassungsrecht, S. 56 ff., 106 ff.; *Ehmann / Schmidt*, NZA 1995, 193, 199; *Ehmann / Lambrich*, NZA 1996, 346, 346; *Linnenkohl*, BB 1994, 2077, 2079; *Möschel*, BB 2002, 1314; *Walker*, ZfA 1996, 353, 373; *Wank*, NJW 1996, 2273, 2274 f.; *Zachert*, ArbuR 1997, 11, 12; *ders.*, RdA 1996, 140, 145 f.

[100] BAG 17.10.1962 AP Nr. 16 zu § 611 BGB Akkordlohn; *Fitting / Engels / Schmidt / Trebinger / Linsenmaier*, BetrVG, § 77 Rn. 97; GK-*Kreutz*, BetrVG, § 77 Rn. 129; unklar insoweit BAG, DB 1999, 1555, 1558 ff.

Grundsätzlich gelten gemäß § 4 Abs. 1 TVG die Regelungen eines Tarifvertrags unmittelbar und zwingend zwischen den beiderseits Tarifgebundenen, d.h. zwischen einem Arbeitgeber, der Mitglied des vertragsschließenden Arbeitgeberverbands ist, und den Arbeitnehmern, die Mitglieder der vertragsschließenden Gewerkschaft sind.
Von diesem Grundsatz der zwingenden Geltung tariflicher Regelungen macht das Günstigkeitsprinzip des § 4 Abs. 3 TVG eine wichtige Ausnahme. Danach sind abweichende Abmachungen zulässig, soweit sie eine Änderung der tarifvertraglichen Regelungen zugunsten des Arbeitnehmers enthalten. Obwohl nicht ausdrücklich erwähnt, zählen zu diesen abweichenden Abmachungen auch Betriebsvereinbarungen.[101]
Normzweck des § 4 Abs. 3 TVG ist die Statuierung eines prinzipiellen Tarifvorrangs gegenüber Betriebsvereinbarungen innerhalb des Geltungsbereichs eines Tarifvertrags. Diese Regelung dient ebenso wie § 77 Abs. 3 BetrVG dem Schutz der ausgeübten Tarifautonomie vor Aushöhlung durch die betriebliche Regelungsmacht der Betriebsvereinbarungsparteien. Demzufolge gehen Tarifbestimmungen, die für den Inhalt eines Arbeitsverhältnisses Tarifgeltung beanspruchen, abweichenden Betriebsvereinbarungen vor.[102]
Dieser Tarifvorrang bezieht sich indessen ausschließlich auf beiderseits Tarifgebundene (§§ 3 Abs. 1, 2, 4 Abs. 1 TVG). Sog. Tarifaußenseiter werden nicht erfasst. § 4 Abs. 1 S. 1 TVG verhindert daher nicht, dass die Betriebsvereinbarung die Funktion eines „Ersatztarifvertrags“ für die nichtorganisierten Arbeitnehmer übernimmt.[103]
Somit gewährleistet der Tarifvorrang des § 4 Abs. 3 TVG - neben dem Schutz der Tarifautonomie durch die Begrenzung der Tarifgeltung auf die Mitglieder der Tarifvertragsparteien - auch den Außenseiterwettbewerb nichtorganisierter Arbeitnehmer und Arbeitgeber.

b. Die Abgrenzung von Regelungskompetenzen zwischen Tarifvertragsparteien und Arbeitsvertragsparteien

i. Das Günstigkeitsprinzip

Das Günstigkeitsprinzip des § 4 Abs. 3 TVG ist auch für das Verhältnis zwischen Tarifvertrag und Individualvereinbarung maßgeblich, da § 77 Abs. 3 BetrVG in diesem Verhältnis keine Anwendung findet.[104]

---

[101] *Wiedemann*, TVG, § 4 Rn. 621; *Löwisch*, JZ 1996, 812, 814.
[102] *Richardi*, NZA 2000, 617, 618.
[103] *Richardi*, NZA 2000, 617, 618.
[104] BAG, DB 1999, 1555, 1557; *Linnenkohl*, BB 1994, 2077, 2079; *Möschel*, BB 2002, 1314, 1315; *Waltermann*, RdA 1996, 129, 132.

Hinter dieser Regelung steht der Gedanke, dass das kollektive Schutzsystem des Tarifvertrags für möglichst günstige Arbeitsbedingungen sorgen, jedoch zugunsten individualvertraglicher Regelungen zwischen Arbeitgeber und einzelnem Arbeitnehmer zurücktreten soll, wenn es dem einzelnen Arbeitnehmer möglich ist, im Wege des Einzelarbeitsvertrags mit dem Arbeitgeber günstigere als die tariflichen Regelungen auszuhandeln.[105] Die Tarifautonomie soll die einzelnen Arbeitnehmer nicht ihrer privatautonomen Regelungsbefugnisse berauben, sondern lediglich mit zwingender Wirkung Mindestarbeitsbedingungen festlegen.
Das Günstigkeitsprinzip findet indessen nur dann zwischen Tarifvertrag und Individualarbeitsvertrag Anwendung, wenn sowohl Arbeitgeber als auch Arbeitnehmer tarifgebunden sind. In diesem Fall dürfen die Arbeitsvertragsparteien vom Tarifvertrag abweichende Vereinbarungen nur dann treffen, wenn sie für den Arbeitnehmer günstiger sind. Andere vom Tarifvertrag abweichende, d.h. ungünstigere Abmachungen sind bei beiderseitiger Tarifgebundenheit daher auch privatautonom nicht zu vereinbaren.

ii. Bei fehlender beidseitiger Tarifgebundenheit

Nur wenn keine beiderseitige Tarifgebundenheit von Arbeitnehmer und Arbeitgeber vorliegt, ist auch das Günstigkeitsprinzip nicht zu beachten mit der Folge, dass individualvertraglich auch untertarifliche Bedingungen vereinbart werden können.

II. Die Rechtsfolgen der Deregulierungsbestrebungen

Betrachtet man die derzeitigen Bestrebungen zur Öffnung des bisher den Koalitionen vorbehaltenen Regelungsbereiches der Arbeits- und Wirtschaftsbedingungen für die Betriebsvereinbarungsparteien, so werden insbesondere die Aufhebung des Tarifvorbehalts der §§ 77 Abs. 3, 87 BetrVG sowie die Aufhebung des Tarifvorrangs des § 4 Abs. 3 TVG als Mittel zur Neubestimmung des Rangverhältnisses zwischen Tarifvertrag und Betriebsvereinbarung gefordert.

1. Die Rechtsfolgen der Aufhebung des Tarifvorbehalts

Analysiert man die Rechtsfolgen einer Aufhebung des Tarifvorbehalts der §§ 77 Abs. 3, 87 BetrVG genauer, so ist der Nutzen dieser Deregulierungsbestrebung doch geringer als wohl allgemein vermutet wird.

---

[105] *Ehmann / Schmidt*, NZA 1995, 193, 195; *Schmidt*, Das Günstigkeitsprinzip im Tarifvertrags- und Betriebsverfassungsrecht, S. 67 ff.

Bei Aufhebung des Tarifvorbehalts bliebe der Vorrang des Tarifvertrags vor der Betriebsvereinbarung des § 4 Abs. 3 TVG unangetastet.[106] Danach würde zwischen beiderseits Tarifgebundenen ein bestehender Tarifvertrag auch weiterhin unmittelbare und zwingende Geltung aufweisen und nur im Falle einer tariflichen Öffnungsklausel (§ 4 Abs. 3 1. Alt. TVG) oder nach dem Günstigkeitsprinzip (§ 4 Abs. 3 2. Alt. TVG) den Erlass abweichender Betriebsvereinbarungen erlauben.
Eine gewisse Erweiterung betrieblicher Regelungskompetenzen für Arbeitgeber und Betriebsrat ergäbe sich insofern, als die im Anwendungsbereich des § 77 Abs. 3 BetrVG bestehende Tarifüblichkeitssperre entfallen würde. Den Betriebsvereinbarungsparteien würde somit der ihnen bisher durch § 77 Abs. 3 BetrVG versperrte Bereich tarifüblicher Regelungen zur Gestaltung durch Betriebsvereinbarungen überlassen.
Eine generelle Befugnis zum Abschluss vom Tarifvertrag abweichender, d.h. insbesondere verschlechternder Betriebsvereinbarungen ergäbe sich - allein durch die Aufhebung des Tarifvorbehalts - indessen nicht. Allenfalls in Kombination mit einer hier nicht weiter zu erörternden Neuinterpretation des Günstigkeitsprinzips durch eine Versubjektivierung des Vergleichsmaßstabes zwischen Tarifvertrag und Betriebsvereinbarung könnte im Hinblick auf Einzelregelungen die Vereinbarung untertariflicher Regelungen zulässig sein.
Durch die Aufhebung des Tarifvorbehalts wird daher das vordringliche Ziel der propagierten Deregulierungsbestrebungen, auch gegen den Willen der Tarifvertragsparteien abweichende Betriebsvereinbarungen abschließen zu können, (noch) nicht erreicht.[107] Sie würde den Betriebsvereinbarungsparteien keine generelle Kompetenz zur Vereinbarung untertariflicher Bedingungen für beiderseits Tarifgebundene eröffnen.

2. Die Rechtsfolgen der Aufhebung des Tarifvorrangs

Als weitergehender Reformvorschlag wird die Aufhebung des Tarifvorrangs des § 4 Abs. 3 TVG diskutiert.
Der Wegfall des Tarifvorrangs hätte zur Folge, dass von bestehenden Tarifverträgen abweichende Betriebsvereinbarungen nicht nur im Falle tariflicher Öffnungsklauseln und im Falle von für den Arbeitnehmer günstigeren Regelungen zulässig wären, sondern generell, d.h. unabhängig vor der Geltung von Tarifverträgen und davon, ob sie für den Arbeitnehmer günstig sind oder nicht.

---

[106] *Hanau*, FS Börner, S. 729, 736; *Richardi*, Gutachten zum 61. DJT, B 48 f.; *ders.*, NZA 2000, 617, 620.
[107] *Richardi*, Beilage NJW 1996, Heft 23, 13, 15 f.

Diese Aufhebung hätte somit die Aufhebung der Unabdingbarkeit von Tarifnormen gegenüber Betriebsvereinbarungen zur Folge.[108]

[108] *Richardi*, NZA 2000, 617, 620.

KAPITEL 3: DER SCHUTZBEREICH DER KOALITIONSFREIHEIT

Eine Einschränkung des einfachgesetzlichen Schutzes der Tarifautonomie durch Aufhebung des Tarifvorbehalts bzw. des Tarifvorrangs bliebe nicht ohne verfassungsrechtliche Implikationen.
Gegner der Deregulierungsbestrebungen führen das Argument ihrer (vermeintlichen) Verfassungswidrigkeit ins Felde. Die dargestellten Rechtsfolgen würden das Grundrecht der Koalitionsfreiheit in unverhältnismäßiger Weise einschränken und unterlägen daher dem Verdikt der Verfassungswidrigkeit.
Oft beantworten diese Stellungnahmen die von ihnen aufgeworfenen Grundsatzfragen in grundrechtsdogmatischer Hinsicht nur unzureichend. Zum Teil beschränken sie sich zu sehr auf bloße Behauptungen oder stützen sich auf Annahmen, die ihrerseits der Überprüfung bedürfen.
Soll sich diese Diskussion nicht lediglich in der dogmengleichen Verbreitung an Gegensätzlichkeit nicht zu überbietender Thesen erschöpfen, so bedarf es einer schlüssigen Herleitung der institutionellen und funktionellen Gewährleistungen der Tarifautonomie und ihrer Reichweite aus verfassungsrechtlicher Sicht.
Ausgangspunkt der Abgrenzung der Tarifautonomie gegenüber den konkurrierenden Regelungskompetenzen der Arbeitsvertragsparteien, der Betriebsvereinbarungsparteien und des Gesetzgebers kann dabei nur die Rolle der Tarifautonomie bei der Verwirklichung der der Koalitionsfreiheit verfassungsrechtlich zugewiesenen Aufgabe der Wahrung und Förderung der Arbeits- und Wirtschaftsbedingungen sein.

A. Der Gewährleistungsumfang der Koalitionsfreiheit

Ein umfassendes Verständnis der Tarifautonomie erschließt sich nicht ohne vorherige Analyse des Gewährleistungsumfangs der Koalitionsfreiheit, in deren Zentrum[109] nach herrschender Meinung die Tarifautonomie steht.

Die Koalitionsfreiheit wird vom Grundgesetz umschrieben als „das Recht, zur Wahrung und Förderung der Arbeits- und Wirtschaftsbedingungen Vereinigungen zu bilden".

I. Die historischen Wurzeln der Koalitionsfreiheit

Das Bundesverfassungsgericht misst der historischen Auslegung der Koalitionsfreiheit große Bedeutung zu.[110] Will man den Gewährleistungsumfang der

[109] BVerfGE 100, 271, 282.

Koalitionsfreiheit zutreffend erfassen, so erscheint es tunlich, sich die historischen Wurzeln der Koalitionsfreiheit, mithin diejenigen Ideen und Konzepte vor Augen zu führen, die zur Garantie der Koalitionsfreiheit in ihrer heutigen Form geführt haben.

1. Die Hinwendung von ständischer Korporation zum liberalen Assoziationsprinzip

Schon das Mittelalter kannte koalitionsähnliche Vereinigungen von Arbeitnehmern und Arbeitgebern, zum Beispiel in Form von Gilden und Zünften. Sie waren ständisch organisiert und dienten der Korporation innerhalb ihres Standes. Der Gedanke sozialer Solidarität war ihnen fremd. Dies änderte sich mit Aufkommen der Industrialisierung und der damit einhergehenden Verelendungskonkurrenz unter den Arbeitnehmern. In diesem Umfeld gewann die Idee sozialer Interessenauseinandersetzung zwischen Kapital und Arbeit zunehmend an Bedeutung. Anfang des 19. Jahrhunderts entwickelten sich die Gewerkschaften aus den berufsständischen Vereinigungen und formten damit die ersten autonomen Arbeitnehmerverbände.[111]

Diese Entwicklung markierte eine Abkehr vom Gedanken ständischer Korporation hin zu einem liberalen Assoziationsprinzip.[112]

Dieses liberale Assoziationsprinzip war Teil des politischen Liberalismus des Vormärz im 19. Jahrhundert, der insbesondere in der Paulskirchenverfassung von 1849 seinen Ausdruck fand.[113] Die Paulskirchenverfassung gewährleistete in § 162, dass das Recht der Deutschen, Vereine zu bilden, durch „keine vorbeugende Maßregel beschränkt werden soll". Diese Entwicklung fand ihre Fortsetzung in der Gewerbeordnung für den Norddeutschen Bund, die alle „Verbote und Strafbestimmungen [...] wegen Verabredungen und Vereinigungen zum Behufe der Erlangung günstiger Lohn- und Arbeitsbedingungen" aufhob.

Das liberale Assoziationsprinzip und die Idee sozialer Solidarität und Interessenauseinandersetzung wurde damit zu Grundpfeilern der Koalitionsbildung und -betätigung.

---

[110] BVerfGE 50, 290, 367; BVerfGE 4, 96, 101, 106 f.; BVerfGE 18, 18, 27 ff.; BVerfGE 19, 303, 314; BVerfGE 38, 386, 394; BVerfGE 44, 322, 347 f.

[111] *Dietz*, Die Grundrechte, III/1, S. 417, 422 ff.; *Höfling*, in: Sachs, GG, Art. 9 Rn. 48.

[112] *Müller*, Korporation und Assoziation, S. 15 ff., 18 ff.; *Scholz*, Die Koalitionsfreiheit als Verfassungsproblem, S. 22 ff.; *Bauer*, in: Dreier, GG, Art. 9 Rn. 1; *Scholz*, in: Maunz / Dürig, GG, Art. 9 Rn. 2.

[113] *Bauer*, in: Dreier, GG, Art. 9 Rn. 4; *Scholz*, in: Maunz / Dürig, GG, Art. 9 Rn. 2.

2. Die Bipolarität von organisierter Arbeitnehmer- und Arbeitgeberschaft als zentraler Ordnungsfaktor des Arbeitslebens und Element assoziativer Selbsthilfe

Die erste verfassungsrechtliche Garantie als Grundrecht erhielt die Koalitionsfreiheit in den Art. 159, 165 WRV. Unter dem Abschnitt „Wirtschaftsleben" wurde dort die Koalitionsfreiheit gewährleistet und die Organisationen von Arbeitnehmern und Arbeitgebern ausdrücklich anerkannt. Dadurch wurde die Koalitionsfreiheit in den funktionellen Kontext des Wirtschaftslebens eingeordnet und erfuhr eine stark objektiv-rechtliche Einbettung. Art. 165 WRV stellte ausdrücklich klar, dass die Arbeitnehmer dazu berufen seien, „gleichberechtigt in Gemeinschaft mit den Unternehmen an der Regelung der Lohn- und Arbeitsbedingungen sowie an der gesamten wirtschaftlichen Entwicklung der produktiven Kräfte mitzuwirken". Indem der Räteartikel 165 WRV in seinem Abs. 1 die Anerkennung der Koalitionen und ihrer Vereinbarungen an die Spitze stellte, wurde diesen ein Verfassungsvorrang vor der Wirtschaftsdemokratie der folgenden Absätze eingeräumt: Kein Rat, weder der Betriebsrat noch der Bezirks- oder Reichsarbeitsrat sollte nach der WRV für die Vereinbarung der Arbeits- und Lohnbedingungen zuständig sein; die Tarifautonomie blieb den Gewerkschaften und Arbeitgebern vorbehalten.[114] Durch Zuweisung dieser Gestaltungsverantwortung an die Koalitionen wurde der Gedanke der sozialen Partnerschaft und des sozialen Interessenausgleich zwischen Arbeitnehmer- und Arbeitgeberschaft verfassungsrechtlich manifestiert. Die Arbeitsmarktteilnehmer wurden dazu berufen, ihr wirtschaftliches und soziales Umfeld in bedeutendem Maße selbst zu gestalten und Mindestarbeitsbedingungen festzulegen. Die Koalitionsfreiheit, d.h. die Bipolarität von organisierter Arbeitnehmer- und Arbeitgeberschaft, wurde als zentraler Ordnungsfaktor des Arbeitslebens institutionalisiert.[115]

Das liberale Assoziationsprinzip sowie der Gedanke sozialer Partnerschaft und sozialen Interessenausgleichs haben die Bildung der Koalitionen in ihrer heutigen Form geprägt und strahlen so auch auf die Auslegung der Gewährleistung der Koalitionsfreiheit aus. Art. 9 Abs. 3 GG statuiert somit historisch gesehen für das Arbeits- und Wirtschaftsrecht verfassungsrechtlich ein Element assoziativer Selbsthilfe.

---

[114] *Löwisch / Rieble*, in: Richardi / Wlotzke (Hrsg.), MünchArbR, § 242 Rn. 9 m.w.N.
[115] *Höfling*, in: Sachs, GG, Art. 9 Rn. 50; *Scholz*, HStR VI, § 151 Rn. 4.

II. Die Koalitionsfreiheit als Ausfluss des Prinzips freier sozialer Gruppenbildung, liberales Freiheitsrecht und soziales Schutzrecht

Art. 9 Abs. 3 GG vereint in seiner heutigen Form als Ausfluss des Prinzips freier sozialer Gruppenbildung zwei Komponenten: die des liberalen Freiheitsrechts und auch die des sozialen Schutzrechts.

1. Das Prinzip freier sozialer Gruppenbildung

Mit dem Grundgesetz wurde die Koalitionsfreiheit als besondere Form der Vereinigungsfreiheit wieder mit der allgemeinen Vereinigungsfreiheit in einer Verfassungsnorm zusammengeführt.

Während die Koalitionsfreiheit unter der Weimarer Reichsverfassung aus dem unmittelbaren systematischen Zusammenhang mit dem liberalen Freiheitsrecht der allgemeinen Vereinigungsfreiheit herausgelöst und durch Art. 165 WRV als zentraler Ordnungsfaktor der Arbeitsordnung etabliert und damit tendenziell auf diese funktionelle Ausrichtung reduziert worden war,[116] wurde die Koalitionsfreiheit unter dem Grundgesetz aus dieser stark objektiv-rechtlichen Einbettung systematisch wieder in das System der liberalen Freiheitsrechte zurückgeführt.[117]

Diese (Re-)Integration der Koalitionsfreiheit in die allgemeine Vereinigungsfreiheit hebt die subjektiv-grundrechtliche Komponente des Grundrechts hervor. Sie steht insoweit in Einklang mit unserer liberal-freiheitlichen Grundrechtsordnung.[118]

Diese Abkehr vom Gedanken ständischer Korporation hat das Bundesverfassungsgericht explizit im Zusammenhang mit der allgemeinen Vereinigungsfreiheit festgestellt:

„Das soziale System des durch das Grundgesetz verfassten Gemeinwesens soll weder in ständisch-korporativen Ordnungen, wie sie namentlich das Kennzeichen älterer Sozialordnungen waren, Gestalt gewinnen, noch in der planmäßigen Formung und Organisation durch den Staat nach den Maßstäben eines von der herrschenden Gruppe diktierten Wertsystems, wie sie den totalitären Staat der Gegenwart kennzeichnet."[119]

Das „Prinzip freier sozialer Gruppenbildung"[120] ist somit „konstituierendes Prinzip der demokratischen und rechtsstaatlichen Ordnung des Grundgeset-

---

116 *Scholz*, HStR VI, § 151 Rn. 4; *Höfling*, in: Sachs, GG, Art. 9 Rn. 50.
117 BVerfGE 84, 212, 224; *Höfling*, in: Sachs, GG, Art. 9 Rn. 50.
118 *Scholz*, in: Maunz / Dürig, GG, Art. 9 Rn. 2.
119 BVerfGE 50, 290, 352.
120 BVerfGE 50, 290, 352.

zes“[121] und damit auch Ausgangspunkt verfassungsrechtlicher Interpretation der Koalitionsfreiheit.

2. Die Koalitionsfreiheit als liberales Freiheitsrecht

Art. 9 Abs. 3 GG schützt „das Recht, zur Wahrung und Förderung der Arbeits- und Wirtschaftsbedingungen Vereinigungen zu bilden“.
Die Koalitionsfreiheit stellt damit eine besondere Form der Vereinigungsfreiheit dar.[122] Die Koalitionsfreiheit gewährleistet die Freiheit des Zusammenschlusses zu Vereinigungen, die den Zweck der Förderung der Arbeits- und Wirtschaftsbedingungen verfolgen, und ist damit in erster Linie liberales Freiheitsrecht.[123] Elemente dieser Freiheit sind die Gründungs- und Beitrittsfreiheit, die Freiheit des Austritts und des Fernbleibens sowie der Schutz der Koalition als solcher.[124] Die Gewährleistung dieser wirtschaftsrechtlich orientierten Vereinigungsfreiheit verfolgt den Zweck, den Mitgliedern die Möglichkeit zu eröffnen und zu erhalten, durch Assoziation zu einer gemeinsamen Meinungs- und Willensbildung zu gelangen und diese mit koalitionsspezifischen Mitteln gegenüber dem sozialen Gegenspieler durchzusetzen. Die spezifische Zielsetzung der Koalitionsfreiheit besteht mithin in der Sicherung freier gesellschaftlicher Meinungs- und Willensbildung im Bereich des Arbeits- und Wirtschaftslebens und darüber hinaus in der Möglichkeit zur Selbstorganisation in diesem Bereich.[125]

3. Die Koalitionsfreiheit als soziales Schutzrecht

Die Vereinigungsfreiheit und das Recht zu koalitionsspezifischer Betätigung bestehen zu dem Zweck der „Wahrung und Förderung der Arbeits- und Wirtschaftsbedingungen“. Vor allem durch diese explizite Zweckbestimmung unterscheidet sich die Koalitionsfreiheit von der allgemeinen Vereinigungsfreiheit. Sie qualifiziert die Rechtsnatur der Koalitionsfreiheit als über ein bloßes Abwehrrecht gegenüber dem Staat hinausgehendes Recht mit sozialer Gestaltungsbefugnis.[126]

---

[121] BVerfGE 50, 290, 352.

[122] *Scholz*, Die Koalitionsfreiheit als Verfassungsproblem, S. 286 ff.; *Scholz*, in: Maunz / Dürig, GG, Art. 9 Rn. 8; a.A. *Hromadka*, NJW 2003, 1273, 1277, der Art. 9 Abs. 3 GG als Hilfsgrundrecht der Berufsfreiheit interpretiert.

[123] BVerfGE 50, 290, 367; BVerfGE 4, 96, 106; BVerfGE 38, 386, 393.

[124] BVerfGE 50, 290, 367; BVerfGE 4, 96, 101 f.; BVerfGE 19, 303, 312, 319; BVerfGE 28, 295, 304.

[125] *Scholz*, in: Maunz / Dürig, GG, Art. 9 Rn. 7.

[126] BVerfGE 84, 212, 224; vgl. auch *Höfling*, in: Sachs, GG, Art. 9 Rn. 52; *Scholz*, HStR VI, § 151 Rn. 26; *Kittner / Schiek*, AK GG, Art. 9 Abs.3 Rn. 80; *Kempen / Zachert*, TVG, Grundlagen Rn. 56 ff.

Nach herrschender Auffassung offenbart die Aufnahme des Vereinigungs- und Betätigungszwecks in den Verfassungstext die Begründung gesellschaftlicher und insbesondere wirtschaftspolitischer Gestaltungsverantwortung der Koalitionen bzw. der Gesamtheit ihrer Mitglieder.[127] Danach betraut die Koalitionsfreiheit die Koalitionen mit zentralen Zuständigkeiten innerhalb der gesellschaftlichen Arbeitsordnung und der rechtlichen Arbeitsverfassung.[128] Sie schafft einen besonderen Bereich verbandsmäßig organisierter gesellschaftspolitischer Eigenverantwortung im Sinne sozialer Selbstverwaltung.[129]
Demnach statuiert Art. 9 Abs. 3 GG nicht nur eine Gestaltungsbefugnis zugunsten der Koalitionen, sondern als Reflex dieses Rechts eine Gestaltungsverantwortung, die sich insbesondere in ihrer Verantwortung zur Festsetzung sozialverträglicher Mindestarbeitsbedingungen für ihre Mitglieder offenbart. Daher ist den Koalitionen von Verfassungs wegen „die Aufgabe zugewiesen, im Prozeß freiheitlicher Interessenauseinandersetzung und autonomer Interessenausgleichung das Arbeitsleben [...] zu ordnen und zu gestalten“[130].
Gegenstand der Garantien der Koalitionsfreiheit müssen daher institutionelle wie auch insbesondere funktionelle Gewährleistungen sein, die es den Koalitionen ermöglichen, ihrer sozialen Gestaltungsverantwortung gerecht zu werden. Zu diesem Zweck gewährleistet die Koalitionsfreiheit die Freiheit zu koalitionsspezifischer Betätigung.[131]

III. Die Koalitionsfreiheit als Form der Privatautonomie

Die Koalitionsfreiheit des Art. 9 Abs. 3 GG ist Ausdruck und Element der liberal-offenen Grundrechtsordnung. Ihr liegt die Vorstellung vom „Menschen als

---

[127] Vgl. BVerfGE 18, 18, 27; *Lerche*, Verfassungsrechtliche Zentralfragen des Arbeitskampfes, S. 27; *Scholz*, in: Maunz / Dürig, GG, Art. 9 Rn. 10; *Bulla*, FS Nipperdey, S. 79 ff.; *Gamillscheg*, Koalitionsfreiheit und soziale Selbstverwaltung; *Biedenkopf*, Grenzen der Tarifautonomie, S. 47 ff.; zu weitgehend in der Interpretation als soziales Grundrecht *v.Münch*, BK GG, Art. 9 Rn. 113; *Badura / Rittner / Rüthers*, Mitbestimmungsgesetz, S. 235.

[128] BVerfGE 18, 18, 26 ff.; BVerfGE 28, 295, 301 ff.; BVerfGE 50, 290, 366 ff.; *Scholz*, in: Maunz / Dürig, GG; Art. 9 Rn. 10; *Badura*, ArbRdG, Bd. 15, S. 17, 17 ff., 29 ff.; *ders.*, RdA 1976, S. 275, 281 f.

[129] *Scholz*, in: Maunz / Dürig, GG, Art. 9 Rn. 159 f.; *Lerche*, Verfassungsrechtliche Zentralfragen des Arbeitskampfes, S. 27.

[130] *Scholz*, in: Maunz / Dürig, GG, Art. 9 Rn. 161; vgl. auch *ders.*, Die Koalitionsfreiheit als Verfassungsproblem, S. 12 f.; *Zacher*, Staat und Gewerkschaften, S. 39.

[131] BVerfGE 4, 96, 101 f.; BVerfGE 19, 303, 312; BVerfGE 50, 290, 367; BVerfGE 51, 77, 87 f.; BVerfGE 84, 212, 224; BVerfGE 88, 103, 114; BVerfGE 92, 26, 38; BVerfGE 92, 365, 393.

einem geistig-sittlichen Wesen, das darauf angelegt ist, in Freiheit sich selbst zu bestimmen“[132], zugrunde.

1. Die Privatautonomie als richtigkeitsgewährleistendes Konfliktlösungsprinzip

Im Zentrum der freiheitlichen Grundrechtsordnung steht die Entscheidung des Verfassungsgebers für die Privatautonomie als Konzept zur Regelung des Verhältnisses von Grundrechtssubjekten zueinander.[133] Die Privatautonomie ist mithin „Strukturelement einer freiheitlichen Gesellschaftsordnung“[134].

Durch die beiderseitige Freiheitsausübung von Grundrechtssubjekten kommt es zu Interessengegensätzen, die einem Ausgleich zugeführt werden müssen. Ratio des Regelungs- und Konfliktslösungsprinzips der Privatautonomie ist, dass davon ausgegangen werden kann, dass die Grundrechtssubjekte als Beteiligte dieses Interessenkonfliktes die kollidierenden Interessen am besten einem sach- und interessengerechten Ausgleich zuführen können.[135] Kommt es dementsprechend zu einer privatautonomen Einigung zwischen den Parteien, so soll der so erzielte Interessenausgleich - im Vergleich zu staatlicher, d.h. drittseitiger Schlichtung - die Vermutung der Richtigkeit in sich bergen.

Die Privatautonomie institutionalisiert damit ein Strukturprinzip der Verfassung für den Ausgleich zivilrechtlicher Interessenkollisionen und die Gestaltung von nicht öffentlich-rechtlichen Beziehungen. Sie ist eine Grundentscheidung des Verfassungsgebers zugunsten des freiheitlich-demokratischen Rechtsstaats[136] und wird als Ausfluss der allgemeinen Handlungsfreiheit durch Art. 2 Abs. 1 GG gewährleistet.[137]

2. Der grundrechtliche Anspruch auf privatautonome Gestaltung der Privatrechtsordnung

Das Bundesverfassungsgericht nimmt angesichts der Bedeutung privatautonomer Konfliktlösung zu Recht einen konkreten grundrechtlichen Anspruch auf eine privatautonome Gestaltung der Privatrechtsordnung an: Aus der Gewähr-

---

[132] BVerfGE 45, 187, 227 f.

[133] *Richardi*, Gutachten zum 61. DJT, B 25; *Picker*, NZA 2002, 761, 763; *Ehmann / Schmidt*, NZA 1995, 193, 198.

[134] BVerfGE 81, 242, 254.

[135] Vgl. BVerfGE 34, 307, 317; BVerfGE 94, 268, 285.

[136] Vgl. BVerfGE 34, 307, 317.

[137] BVerfGE 8, 274, 328; BVerfGE 65, 196, 210; BVerfGE 70, 115, 123; BVerfGE 74, 129, 151 f.; *Murswiek*, in: Sachs, GG, Art. 2 Rn. 54 ff.

leistung der Privatautonomie gemäß Art. 2 Abs. 1 GG und dem Sozialstaatsprinzip des Art. 20 Abs. 1 GG folge ein derartiger Anspruch gegenüber dem Gesetzgeber.[138]
Diese verfassungsrechtliche Grundentscheidung zugunsten der Privatautonomie fordert daher auch für den Bereich des Arbeitslebens bzw. des Arbeitsrechts gebührende Beachtung.

3. Die Privatautonomie im Arbeitsleben

a. Die Interessenkonflikte in der Arbeits- und Wirtschaftsverfassung

Insbesondere im Bereich der Arbeits- und Wirtschaftsverfassung kommt es zwischen Arbeitnehmer und Arbeitgeber im Rahmen der Ausübung ihrer Berufs- bzw. Unternehmerfreiheit zu Interessenkonflikten. Gerade im Bereich des Arbeits- und Wirtschaftslebens sind diese Konflikte von besonderer Brisanz:
Zum einen beansprucht das Arbeitsleben sowohl für den Unternehmer als auch gerade für den Arbeitnehmer erheblichen Raum und ist von großer Bedeutung für die persönliche Entfaltung des Einzelnen.
Zum anderen spielt das Arbeitsleben auch im Hinblick auf das Gemeinwesen aufgrund seiner ökonomischen Bedeutung für die Gesamtwirtschaft eine überragend wichtige Rolle.
Daher bedürfen die gegensätzlichen Interessen der Arbeitnehmer und der Arbeitgeber - nicht zuletzt auch im Hinblick auf das Sozialstaatsprinzip - des sozialverträglichen Ausgleichs.[139]

b. Das strukturelle Problem der Privatautonomie im Arbeitsleben

Die Geschichte hat indessen gezeigt, dass im Bereich des Arbeitsrecht der einzelne Arbeitnehmer im Regelfall nicht in der Lage ist, mit dem Unternehmer zu einem gerechten, d.h. sozialverträglichen Ausgleich der widerstreitenden Interessen zu kommen.[140] Daher gilt im Arbeitsrecht die grundsätzliche Vermutung nicht, die Privatautonomie werde den Abschluss gerechter Verträge garantieren und somit im Sinne des Sozialstaatsprinzips[141] zur „Verwirklichung einer sozial gerechten Ordnung für alle“[142] beitragen.

---

[138] BVerfGE 88, 214, 232; BVerfG, NJW 1996, 2021.
[139] *Ehmann / Schmidt*, NZA 1995, 193, 198; *Kissel*, NZA 1986, 73, 74.
[140] BVerfGE 34, 307, 316; BVerfGE 59, 231, 266; *Stern*, Staatsrecht, Bd. I, § 21 II 4, S. 911; *Ehmann / Schmidt*, NZA 1995, 193, 198; *Heinze*, DB 1996, 729, 732.
[141] BVerfGE 59, 231, 266; *Stern*, Staatsrecht, Bd. I, § 21 II 4, S. 911; *Ehmann / Schmidt*, NZA 1995, 193, 198.
[142] BVerfGE 59, 231, 266.

Sie gilt deshalb nicht, weil die Richtigkeitsgewähr privatautonomer Rechtsgestaltung stets unter dem Vorbehalt annähernd gleichstarker Verhandlungspartner steht. Dieses Gleichgewicht fehlt zwischen Arbeitgeber und Arbeitnehmer typischerweise.[143] Vielmehr zeichnet den einzelnen Arbeitnehmer im Vergleich zum wirtschaftlich übermächtigen Arbeitgeber eine strukturelle Unterlegenheit aus.[144]

c. Die verfassungsgeberische Grundentscheidung zugunsten der Privatautonomie im Arbeitsleben nach Art. 12 Abs. 1 GG

Trotz der strukturellen Unterlegenheit des Arbeitnehmers hat sich der Verfassungsgeber auch im Bereich der Arbeits- und Wirtschaftsverfassung zum Zwecke der Gewährleistung eines gerechten und damit sozialverträglichen Interessenausgleichs zwischen Arbeitnehmer und Arbeitgeber für das Instrument der richtigkeitsgewährleistenden Privatautonomie entschieden und dem Gesetzgeber damit Vorgaben für eine verfassungskonforme Gestaltung der Arbeits- und Wirtschaftspolitik erteilt.[145]
Auch wenn das Grundgesetz wirtschaftspolitisch neutral ist,[146] d.h. keine explizite Garantie der bestehenden Wettbewerbsordnung vermittelt, so manifestiert sich in der Gewährleistung der Berufsfreiheit des Art. 12 Abs. 1 GG die grundlegende Entscheidung des Verfassungsgebers für die Marktwirtschaft und daher auch für die individuelle Vertragsfreiheit als Gestaltungsfaktor des Arbeitsverhältnisses zwischen Arbeitnehmer und Arbeitgeber.[147]

i. Die Bedeutung der Grundrechte und ihrer objektiven Wertentscheidungen

Für die Frage der Verfassungskonformität gesetzgeberischen Wirkens im Bereich der Arbeits- und Wirtschaftspolitik haben die Grundrechte besondere Bedeutung: Nach der Rechtsprechung des Bundesverfassungsgerichts ist der Gesetzgeber berechtigt, jede ihm sachgemäß erscheinende Wirtschaftspolitik zu verfolgen, „sofern er dabei das Grundgesetz, insbesondere die Grundrechte beachtet“[148].

---

143 *Ehmann / Schmidt*, NZA 1995, 193, 198.

144 *Ehmann / Schmidt*, NZA 1995, 193, 198.

145 *Richardi*, Gutachten zum 61. DJT, B 25 f.

146 BVerfGE 4, 7, 17 f.; BVerfGE 7, 377, 400; BVerfGE 32, 311, 317; BVerfGE 50, 290, 338; BVerfGE 71, 183, 189; *Scholz*, in: Maunz / Dürig, GG, Art. 12 Rn. 77; a.A. *Rupp*, Grundgesetz und „Wirtschaftsverfassung“, S. 5 ff.; *Ossenbühl*, AöR 115 (1990), 1, 2 ff.

147 *Richardi*, Beilage NJW 1996, Heft 23, 13, 14; *Löwisch*, JZ 1996, 812, 817.

148 BVerfGE 50, 290, 338 unter Hinweis auf BVerfGE 4, 7, 17 f.

Diese Grenzziehung wirtschaftspolitischer Freiheit durch das Grundgesetz erfolgt durch die in den Grundrechten getroffenen objektiven Wertentscheidungen: „Das Grundgesetz will keine wertneutrale Ordnung sein, sondern hat in seinem Grundrechtsabschnitt objektive Wertentscheidungen getroffen, die für alle Bereiche des Rechts, also auch für das Zivilrecht gelten.“[149]

ii. Die objektive Wertentscheidung des Art. 12 Abs. 1 GG zugunsten der Privatautonomie im Arbeitsleben

Eine solche objektive Wertentscheidung hat Art. 12 Abs. 1 GG getroffen. Die Konzeption privatautonomer Regelungssysteme im Bereich des Arbeits- und Wirtschaftsrechts ist durch die in Art. 12 Abs. 1 GG gewährleistete Berufsfreiheit verfassungsrechtlich abgesichert.[150] Art. 12 Abs. 1 GG bildet für die Wirtschafts- und Gesellschaftsordnung eine materielle Grund- und Wertentscheidung, eine „wertentscheidende Grundsatznorm“[151], der eine „grundsätzliche Freiheitsvermutung“[152] zu entnehmen ist.

„Berufliche Tätigkeit, für die Art. 12 Abs. 1 GG den erforderlichen Freiraum gewährleistet, dient nicht nur der personalen Entfaltung des arbeitenden Menschen in der Gesellschaft, den meisten Bürgern gewährleistet sie vor allem die Möglichkeit, sich eine wirtschaftliche Grundlage ihrer Existenz zu schaffen. Dazu ist es regelmäßig erforderlich, Bindungen auf Zeit einzugehen. Im Rahmen des Zivilrechts geschieht das typischerweise durch Verträge, in denen sich beide Vertragsteile wechselseitig in ihrer beruflichen Handlungsfreiheit beschränken, und zwar im Austausch mit der ausbedungenen Gegenleistung. Auf der Grundlage der Privatautonomie, die Strukturelement einer freiheitlichen Gesellschaftsordnung ist, gestalten die Vertragspartner ihre Rechtsbeziehungen eigenverantwortlich. Sie bestimmen selbst, wie ihre gegenläufigen Interessen angemessen auszugleichen sind, und verfügen damit zugleich über ihre grundrechtlich geschützten Positionen ohne staatlichen Zwang. Der Staat hat die im Rahmen der Privatautonomie getroffenen Regelungen grundsätzlich zu respektieren.“[153]

Die Vertragsfreiheit ist damit Grundelement einer freiheitlich-sozialen Ordnung des Arbeitslebens[154] und das Recht des freien Arbeitsvertrags Grundlage der gesamten marktwirtschaftlichen Gestaltung des Arbeitslebens.[155]

---

[149] BVerfGE 81, 242, 254.
[150] *Richardi*, Beilage NJW 1996, Heft 23, 13, 14.
[151] BVerfGE 7, 377, 404; *Tettinger*, in: Sachs, GG, Art. 12 Rn. 14.
[152] BVerfGE 63, 266, 286; vgl. auch BVerfGE 7, 377, 404.
[153] BVerfGE 81, 242, 254.
[154] *Richardi*, Gutachten zum 61. DJT, B 25.

iii. Die verfassungsrechtliche Grundentscheidung für die Privatautonomie im Arbeitsleben und ihre Folgen für die Auslegung des Art. 9 Abs. 3 GG

Die Institutionalisierung des freien Arbeitsvertrags und der Marktwirtschaft als zentrale Gestaltungsfaktoren der Arbeits- und Wirtschaftsverfassung durch Art. 12 Abs. 1 GG stellt zugleich eine Entscheidung für die Privatautonomie als primäre Legitimationsgrundlage für die Regelung von Arbeits- und Wirtschaftsbedingungen dar.[156] Als objektive Grundentscheidung ist sie daher auch Richtlinie für die Auslegung anderer arbeits- und wirtschaftspolitisch relevanter Grundrechte, wie etwa der Koalitionsfreiheit.[157]

d. Die verfassungsgeberische Grundentscheidung zugunsten der Privatautonomie im Arbeitsleben nach Art. 9 Abs. 3 GG

Ist die verfassungsgeberische Grundentscheidung zugunsten der Privatautonomie im Arbeitsleben identifiziert, so gilt es, diese Erkenntnis mit der Problematik der strukturellen Unterlegenheit des Arbeitnehmers zu harmonisieren und die Interpretation der Koalitionsfreiheit hiermit in Einklang zu bringen.

i. Die strukturelle Unterlegenheit des Arbeitnehmers

Voraussetzung privatautonomen Interessenausgleichs und der mit ihm verbundenen Richtigkeitsgewähr ist die Parität der Verhandlungspartner. Nur diese Parität gewährleistet, dass die entgegenstehenden Interessen einem für beide Seiten angemessenen Ausgleich zugeführt werden. Das Verhältnis zwischen einzelnem Arbeitnehmer und Arbeitgeber ist indessen aufgrund der wirtschaftlichen Übermacht des Arbeitgebers durch eine strukturelle Unterlegenheit des Arbeitnehmers gekennzeichnet,[158] die einen angemessenen Interessenausgleich der Beteiligten nicht hinreichend gewährleistet.

---

155 *Richardi*, NZA 2000, 617, 621; a:A. *Reuter*, RdA 1991, 193, 193 ff.; *ders.*, ZfA 1993, 221, 226 ff., der das Arbeitsverhältnis nicht mehr als Austauschverhältnis, sondern als Verbandsbeziehung deutet.

156 *Richardi*, NZA 2000, 617, 619; *ders.*, Beilage NJW 1996, Heft 23, 13, 14.

157 BVerfGE 81, 242, 254; vgl. auch *Hromadka*, NJW 2003, 1273, 1277, der Art. 9 Abs. 3 GG lediglich die Funktion eines Hilfsgrundrechts für die Berufsfreiheit zuweist.

158 BVerfGE 58, 233, 242 f.; BVerfGE 84, 212, 229; BVerfGE 92, 365, 394 f.; *Dieterich*, RdA 2002, 1, 2; *Wlotzke*, Das Günstigkeitsprinzip im Verhältnis des Tarifvertrags zum Einzelarbeitsvertrag und zur Betriebsvereinbarung, S. 103; *Federlin*, JbArbR 41, 71, 72; *Wendeling-Schröder*, FS Wissmann, S. 174, 175; *Raab*, ZfA 2004, 371, 382.

(1) Die strukturelle Unterlegenheit als Ausfluss existentieller Not?

Das Vorliegen eines strukturellen Machtungleichgewichts zwischen individuellem Arbeitnehmer auf der einen Seite und dem Arbeitgeber auf der anderen Seite wird heutzutage zum Teil in Frage gestellt.[159]
Die Argumentation dieser Auffassung geht dahin, dass die Vorstellung überholt sei, Arbeitnehmer müssten aus existentieller Not heraus sinkende Löhne mit vermehrter Arbeitsleistung beantworten.[160] Diese Vorstellung setze als Arbeitnehmer Personen voraus, die ohne anderweitigen Rückhalt zu Löhnen am Existenzminimum arbeiteten; dies treffe aber heute nicht mehr auf die Arbeitnehmerschaft zu.[161] Das durch die Sozialhilfe garantierte Existenzminimum begrenze die Verelendungskonkurrenz der Arbeitnehmer nach unten hin; in der Realität liege die maßgebliche Lohnuntergrenze dank der Arbeitslosenversicherung und eigener Ersparnisse des Arbeitnehmers regelmäßig sogar deutlich höher.[162]

(2) Die strukturelle Unterlegenheit als Ausfluss der Notwendigkeit zur freien Entfaltung der Persönlichkeit im Arbeitsleben

Dieser Argumentationsansatz einer nicht mehr drohenden Verelendungskonkurrenz verkennt jedoch die Bedeutung des Arbeitsverhältnisses für den Einzelnen. Das Arbeitsverhältnis in seiner heutigen Form lässt sich nicht allein auf seine Funktion der Existenzsicherung reduzieren.
Art. 12 Abs. 1 GG stellt ein zentrales Freiheitsrecht unserer Wirtschaftsverfassung dar und soll als solches dem Einzelnen die freie Entfaltung seiner Persönlichkeit zur materiellen Absicherung seiner individuellen Lebensgestaltung ermöglichen.[163] In dieser Form stellt es eine Konkretisierung des Grundrechts auf freie Entfaltung der Persönlichkeit dar.[164]
Der Hinweis, dass eine strukturelle Unterlegenheit des Arbeitnehmers gegenüber dem Arbeitgeber nicht vorläge, weil die Gefahr einer Verelendungskonkurrenz nicht drohe und der Arbeitnehmer daher nicht zur Annahme einseitig vom Arbeitgeber gestellter Arbeitsbedingungen gezwungen sei, banalisiert die in der

---

[159] *Monopolkommission*, 10. Hauptgutachten, S. 61 f.; *Reuter*, RdA 1991, 193, 194 f.
[160] *Reuter*, RdA 1991, 193, 194 f.
[161] *Reuter*, RdA 1991, 193, 194 f.
[162] *Reuter*, RdA 1991, 193, 195.
[163] BVerfGE 30, 292, 334; BerlVerfGH JR 1996, 146, 148; *Jarass*, in: Jarass / Pieroth, GG, Art. 12 Rn. 2; *Tettinger*, in: Sachs, GG, Art. 12 Rn. 9.
[164] BVerfGE 54, 301, 313; BVerfGE 75, 284, 292; BVerfGE 81, 242, 254; BVerfGE 97, 12, 25; *Gubelt*, in: v.Münch / Kunig, GG, Art. 12 Rn. 2; *Tettinger*, in: Sachs, GG, Art. 12 Rn. 28.

Auseinandersetzung zwischen Arbeitnehmern und Arbeitgebern bestehenden Konflikte.
In der Tat ist der Hinweis richtig, dass die sozialen Sicherungssysteme die unmittelbare Gefahr einer Verelendungskonkurrenz zwischen den Arbeitnehmern bannen.
Daher resultiert die strukturelle Unterlegenheit des Arbeitnehmers nicht aus dem Zwang zur Existenzsicherung durch „Verkauf" der eigenen Arbeitskraft. Dennoch ist sie gegeben.

(a) Der Wandel der Bedeutung des Arbeitsverhältnisses

Beschränkt man die Herleitung der strukturellen Unterlegenheit des individuellen Arbeitnehmers gegenüber dem Arbeitgeber auf den Aspekt der Angewiesenheit auf die Verwertung der eigenen Arbeitskraft zur Existenzsicherung, so greift diese Herleitung zu kurz und vernachlässigt das Wesen und die Bedeutung des Arbeitsverhältnisses in der heutigen Zeit.
Ursprünglich entstanden die ersten autonomen Arbeitnehmerverbände mit Beginn der Industriegesellschaft des 19. Jahrhunderts, um dem wirtschaftlichen Übergewicht der Arbeitgeber durch ein Angebotskartell zu begegnen und der Verelendungskonkurrenz unter den Arbeitnehmern Einhalt zu gebieten. Im Laufe der Zeit entwickelte sich aus dieser Auseinandersetzung der sozialen Gegenspieler das Arbeitsrecht in seiner heutigen Form. Das Arbeitsverhältnis stellt heutzutage nicht mehr allein den „Verkauf der eigenen Arbeitskraft" dar und sieht den Arbeitnehmer auch nicht mehr als rechtloses Objekt der arbeitgeberischen Willkür an, sondern es erhält seine Prägung durch den Gedanken des Arbeitnehmerschutzes, der dem einzelnen Arbeitnehmer insbesondere die Möglichkeit zur freien Entfaltung der eigenen Persönlichkeit innerhalb eines sozialverträglichen Beziehungsgeflechts wechselseitiger Arbeitnehmer- und Arbeitgeberpflichten und -rechte ermöglichen soll.
Dementsprechend darf die Frage danach, ob das Verhältnis von Arbeitnehmer zu Arbeitgeber heutzutage immer noch von einer strukturellen Unterlegenheit gekennzeichnet ist, nicht auf die Problematik einer drohenden bzw. nicht mehr drohenden Verelendungskonkurrenz reduziert werden, sondern muss vielmehr diesen Bedeutungswandel des Arbeitverhältnisses für die Arbeitsvertragsparteien nachvollziehen.

(b) Das Arbeitsleben als freie Entfaltung der Persönlichkeit

Strukturelle Unterlegenheit verneinende Argumentationsansätze verkennen, dass die durch Art. 12 Abs. 1 GG gewährleistete Möglichkeit der freien Entfaltung des Einzelnen im Arbeitsleben mehr verlangt als die bloße Möglichkeit zur materiellen Existenzsicherung. Heutzutage gehört zu den Anforderungen an die

freie Entfaltung im Arbeitsverhältnis ebenso der Grundsatz der Lohngerechtigkeit und der Angemessenheit der Arbeitsbedingungen, also der Angemessenheit von Arbeitsleistung, Entgelt und Arbeitsbedingungen, da nur ein angemessenes Arbeitsentgelt und entsprechende Arbeitsbedingungen die erforderliche Achtung der persönlichen Leistung des Arbeitnehmers seitens des Arbeitgebers ausdrücken. Auch diese Angemessenheit von Arbeitsleistung, Arbeitsbedingungen und Entgelt ist daher für den Arbeitnehmer zu gewährleisten. Erst wenn zwischen Arbeitnehmer und Arbeitgeber regelmäßig ein Verhandlungsgleichgewicht besteht, das auch diese Angemessenheit gewährleistet, kann man die strukturelle Unterlegenheit von Arbeitnehmern gegenüber dem Arbeitgeber als historisch überwunden betrachten.
Es kann indessen nicht ohne weiteres angenommen werden, dass das erforderliche Verhandlungsgleichgewicht schon durch die materielle Existenzsicherung im Rahmen der bestehenden Sozialversicherungssysteme hergestellt wird. Zur Erhaltung ihres Lebensstandards und ebenso zur freien Entfaltung ihrer Persönlichkeit sind die Arbeitnehmer auch heutzutage regelmäßig auf ein bestehendes Arbeitsverhältnis angewiesen. Die Beschränkung auf das durch die Sozialhilfe gesicherte Existenzminimum kann - insbesondere im Hinblick auf derzeitige Tendenzen zum Rückbau sozialer Sicherungssysteme - nicht als ernsthafte Alternative hierzu angesehen werden.
Insoweit vermag der bloße Hinweis auf die Existenzsicherung durch die bestehenden Sozialversicherungssysteme nicht den Rückschluss auf ein vermeintliches Verhandlungsgleichgewicht zwischen individuellem Arbeitnehmer und Arbeitgeber zu tragen.
Vielmehr verbleibt es trotz der derzeit gebannten Gefahr einer Verelendungskonkurrenz bei der historischen Erkenntnis, dass der individuelle Arbeitnehmer bei der Aushandlung angemessener Entgelte und Arbeitsbedingungen dem wirtschaftlich stärkeren Arbeitgeber strukturell unterlegen ist.

(3) Die strukturelle Unterlegenheit als Ausfluss eines Arbeitsnachfragemonopols der Arbeitgeber

Darüber hinaus wird die These von der strukturellen Unterlegenheit des Arbeitnehmers unter wettbewerbstheoretischen Gesichtspunkten in Frage gestellt.[165] Der Arbeitgeberseite fehle es nämlich an dem nach der Wettbewerbstheorie erforderlichen Arbeitsnachfragemonopol, da auch auf Arbeitgeberseite ein Wett-

---

[165] *Monopolkommission*, 10. Hauptgutachten, S. 61 f.; *Reuter*, RdA 1991, 193, 195.

bewerb um Arbeitskräfte herrsche.[166] Außerdem stehe den Arbeitnehmern der Ausweg eines Wechsels in fachlich oder regional andere Arbeitsmärkte offen.[167]

(a) Permanentes Überangebot an Arbeitskräften

Gerade wettbewerbstheoretische Erwägungen streiten jedoch für die Annahme einer strukturellen Unterlegenheit des Arbeitnehmers.
Angesichts von annähernd fünf Millionen Arbeitslosen[168] herrscht auf dem Arbeitsmarkt ein permanentes Überangebot an Arbeitskräften. Dieses verschiebt entsprechend marktwirtschaftlicher Funktionsprinzipien die Machtverhältnisse bei der Verhandlung von Lohn und Arbeitsbedingungen entscheidend zugunsten des Arbeitgebers. Soweit hiergegen eingewandt wird, der Arbeitgeber sei an der Ausnutzung seines Nachfragemonopols insofern gehindert, als billige Arbeitskräfte Nachfragekonkurrenz anlocke und der Arbeitgeber sein Nachfragemonopol um so stärker gefährde, je mehr er es ausnütze,[169] wird verkannt, dass die Arbeitslosigkeit ein nicht lediglich temporäres Massenphänomen darstellt, das eine marktbeeinflussende Nachfragekonkurrenz auf Arbeitgeberseite aufgrund eines permanenten Arbeitskräfteüberangebots gar nicht erst aufkommen lässt.
Seit den 70er Jahren hat sich die Dauerarbeitslosigkeit stetig verfestigt.[170] Die Massenarbeitslosigkeit stellt mittlerweile das drängendste wirtschaftspolitische Problem dieses Jahrzehnts dar.[171] Auch unter Experten ist (fast) unstreitig, dass allein die Kräfte des wirtschaftlichen Wachstums kaum in der Lage sein werden, dieser Problematik Herr zu werden.[172] Die Massenarbeitslosigkeit stellt vielmehr in der heutigen Zeit ein strukturelles Problem dar.
Als strukturelles Problem stellt die Massenarbeitslosigkeit kein alleiniges Problem von Angebot und Nachfrage mehr dar, sondern weist eine Permanenz auf, die ein Aufkommen von marktbeeinflussender Nachfragekonkurrenz auf Arbeitgeberseite hindert. Aufgrund dessen entsteht kein Nachfragedruck auf Seiten der Arbeitgeber, der allein ein Verhandlungsgleichgewicht mit den wirt-

---

166 *Reuter*, RdA 1991, 193, 195; *Soltwedel.*, Regulierungen auf dem Arbeitsmarkt der Bundesrepublik, S. 162 ff.

167 *Monopolkommission*, 10. Hauptgutachten, S. 61 f.; *Reuter*, RdA 1991, 193, 195; *Soltwedel*, Regulierungen auf dem Arbeitsmarkt der Bundesrepublik, S. 162 ff.

168 *Wiss. Beirat BMWA*, Tarifautonomie auf dem Prüfstand, Rn. 1, der darauf hinweist, dass nicht viel weniger als zwei weitere Millionen verdeckt Arbeitslose hinzugezählt werden müssten.

169 *Reuter*, RdA 1991, 193, 195.

170 *Kleinhenz*, Gutachten zum 63. DJT, B 18; *Monopolkommission*, 10. Hauptgutachten, S. 61; *Wiss. Beirat BMWA*, Tarifautonomie auf dem Prüfstand, Rn. 3 ff.

171 *Kleinhenz*, Gutachten zum 63. DJT, B 9; *Monopolkommission*, 10. Hauptgutachten, S. 61.

172 *Kleinhenz*, Gutachten zum 63. DJT, B 9; *Monopolkommission*, 10. Hauptgutachten, S. 61.

schaftlich unterlegenen Arbeitnehmern dergestalt herstellen würde, dass ein interessengerechtes Aushandeln der Arbeits- und Wirtschaftsbedingungen gewährleistet wäre.

(b) Unzureichende Ausweichmöglichkeiten auf andere Arbeitsmärkte

Auch die Annahme einer das Nachfragemonopol der Arbeitgeber umgehenden Ausweichmöglichkeit der Arbeitnehmer auf - fachlich oder regional - andere Arbeitsmärkte ist mehr Theorie denn Realität.[173] Zwar vollziehen sich fachliche und/oder örtliche Arbeitsplatzwechsel von Arbeitnehmern in Deutschland zu Tausenden. Diese beziehen sich aber zumeist auf junge, ungebundene und/oder hochqualifizierte Arbeitnehmer, die ausnahmsweise in der Lage sind, von in vereinzelten Wirtschaftsbereichen oder hinsichtlich bestimmter Qualifikationen partiell bestehenden Nachfragekonkurrenzen zwischen den Unternehmern zu profitieren, und denen ihre Mobilität dementsprechende Verdienstchancen eröffnet. Eine verallgemeinerungsfähige Tendenz in der Arbeitnehmerschaft zu örtlicher und/oder fachlicher Mobilität lässt sich hieraus indessen nicht ableiten. Zu Recht weisen auch Kritiker der These einer strukturellen Unterlegenheit der Arbeitnehmerschaft zum Teil darauf hin, dass „mit dem Erfordernis fachlicher und örtlicher Mobilität Anpassungsschwierigkeiten verbunden [sind], die je nach Alter, Bildungsstand, familiären Verhältnissen und Mentalität der Arbeitnehmer zu unübersteigbaren Barrieren für einen wirksamen marktkonformen Selbstschutz führen können“[174]. „Der homo oeconomicus, der unbeirrt den Marktsignalen folgt, ist - was gerade liberale Ökonomen oft übersehen - ein theoretisches Konstrukt, keine Beschreibung des Menschen in der Realität. Der Erfolg einer marktrationalen Ordnung von Lebensbereichen setzt voraus, dass man es mit Akteuren zu tun hat, die zu marktrationalem Verhalten bereit und fähig sind.“[175] Daran fehlt es in weiten Kreisen der Arbeitnehmerschaft, was das Arbeitsnachfragemonopol der Arbeitgeber verfestigt und die strukturelle Unterlegenheit des individuellen Arbeitnehmers verschärft.[176]

ii. Koalitionsbildung und Kartellbefugnis als Ausgleich struktureller Unterlegenheit

Als probates Mittel zum Ausgleich struktureller Unterlegenheiten auf dem Gebiet des Arbeitsrechts hat sich die Interessenvertretung durch Koalitionsbildung erwiesen. Wo die wirtschaftliche Übermacht des Arbeitgebers das natürliche

---

[173] *Reuter*, FS Wiedemann, S. 449, 449; *Kittner*, FS Dieterich, S. 279, 288 ff.
[174] *Reuter*, RdA 1991, 193, 195.
[175] *Reuter*, DZWir 1991, 221, 222.
[176] *Reuter*, FS Wiedemann, S. 449, 449; *Kittner*, FS Dieterich, S. 279, 288 ff.

Gleichgewicht der Vertragspartner derart stark verschiebt, dass der grundlegende Zweck des Arbeitsvertrags, nämlich die Bestimmung des gerechten Lohns und die Festsetzung sozialverträglicher Arbeitsbedingungen, nachhaltig gefährdet ist, bedarf der einzelne Arbeitnehmer des Schutzes des Kollektivs.

(1) Die Kartellbefugnis

Das zwischen Arbeitnehmer und Arbeitgeber bestehende Verhandlungsungleichgewicht sucht die Koalitionsfreiheit durch Gewährung einer Kartellbefugnis zugunsten beider Beteiligter auszugleichen.[177]
Damit hat sich der Verfassungsgeber das Konzept des Ausgleichs struktureller Unterlegenheit durch Verbandsbildung zunutze gemacht, um das Regelungsprinzip der Privatautonomie auch für das Gebiet des Arbeitslebens und des Arbeitsrechts zu etablieren.[178] Diese Erkenntnis hat auch in der Rechtsprechung des Bundesverfassungsgerichts für das Tarifvertragssystem ausdrückliche Berücksichtigung gefunden:
„Das Tarifvertragssystem ist darauf angelegt, die strukturelle Unterlegenheit der einzelnen Arbeitnehmer beim Abschluß von Arbeitsverträgen durch kollektives Handeln auszugleichen und damit ein annähernd gleichgewichtiges Aushandeln der Löhne und Arbeitsbedingungen zu ermöglichen.“[179]

(2) Die Kartellbefugnis als Wahrung der Privatautonomie

Durch die Gewährung einer Kartellbefugnis zum Ausgleich der strukturellen Unterlegenheit des individuellen Arbeitnehmers gegenüber dem wirtschaftlich übermächtigen Arbeitgeber hat der Verfassungsgeber das vorweggenommen, was das Bundesverfassungsgericht ohnehin als Aufgabe des einfachen Gesetzgebers judiziert hat: Den Gesetzgeber trifft nach Art. 2 Abs. 1 GG eine Verpflichtung zur Wahrung der Privatautonomie.

Das Bundesverfassungsgericht ist der Ansicht, dass eine mit der Gewährleistung der Privatautonomie in Art. 2 Abs. 1 GG nicht zu vereinbarende Fremdbestimmung einer Vertragspartei auch daraus resultieren könne, dass die andere Vertragspartei in einer sozial oder ökonomisch übermächtigen Position ist und den

---

[177] BVerfGE 84, 212, 229; BVerfGE 92, 365, 394 f.; *Richardi*, Beilage NJW 1996, Heft 23, 13, 14; *Heinze*, DB 1996, 729, 732; *Reuter*, DZWir 1991, 221, 222; *Kronke*, Regulierungen auf dem Arbeitsmarkt, S. 205 ff.
[178] *Richardi*, Gutachten zum 61. DJT, B 25.
[179] BVerfGE 92, 365, 394 f.; vgl. auch BVerfGE 84, 212, 229.

Vertragsinhalt faktisch einseitig bestimmen kann.[180] Bei Vorliegen einer solchen Fallkonstellation treffe den Gesetzgeber die Pflicht zur Ausgestaltung der Privatautonomie dahingehend, dass der Selbstbestimmung des Einzelnen im Rechtsleben ein angemessener Betätigungsraum zu eröffnen sei. Da allen Beteiligten der Schutz des Art. 2 Abs. 1 GG gleichermaßen gebühre, dürfe nicht das Recht des Stärkeren gelten. Die kollidierenden Grundrechtspositionen seien in ihrer Wechselwirkung zu sehen und so in Ausgleich zu bringen, dass sie für alle Beteiligten den Schutz der Privatautonomie möglichst umfassend zur Geltung bringen würden. Zwar könne eine Pflicht des Gesetzgebers nicht für alle Situationen angenommen werden, in denen das Verhandlungsgleichgewicht beeinträchtigt sei. Im Falle einer typisierbaren Fallgestaltung, die eine strukturelle Unterlegenheit einer der beiden Vertragsparteien erkennen lasse, sei der Gesetzgeber aber zu entsprechenden Modifikationen der Zivilrechtsordnung verpflichtet.[181] Aufgrund der Schutzbedürftigkeit des unterlegenen Vertragsteils sei es Aufgabe des sozialstaatlichen Gesetzgebers, die schwächere Vertragspartei vor einer einseitigen Vertragsbestimmung zu schützen.

Insbesondere im Hinblick auf das Arbeitsverhältnis, das regelmäßig die wirtschaftliche Grundlage der Existenz des Arbeitnehmers bildet, ist der einzelne Arbeitnehmer aufgrund seiner strukturellen Unterlegenheit gegenüber dem wirtschaftlich übermächtigen Arbeitgeber auf Schutz angewiesen. Der Verfassungsgeber hat diesen Schutz durch die Gewährung der Kartellbefugnis statuiert und damit die Privatautonomie auch für den Bereich des Arbeitsrechts ermöglicht.

(3) Auswirkungen der Kartellbefugnis

Die Kartellbefugnis der Koalitionen bewirkt, dass die Arbeitnehmerschaft in die Lage versetzt wird, dem Nachfragemonopol der Arbeitgeber ein Angebotsmonopol entgegenzusetzen und damit die strukturelle Unterlegenheit des individuellen Arbeitnehmers gegenüber dem Arbeitgeber weitgehend zu kompensieren. Hierdurch wird die für jegliche privatautonome Regelungsform von Interessenkonflikten essentielle Parität der Verhandlungspartner hergestellt und somit kollektiv ausgeübte Privatautonomie im Bereich des Arbeitsrechts durch die Koalitionsfreiheit ermöglicht. Daher stellt die Kartellbefugnis der Koalitionen

---

[180] BVerfGE 81, 242, 255; BVerfGE 89, 214, 232; *Murswiek*, in: Sachs, GG, Art. 2 Rn. 55 a; *Hermes*, NJW 1990, 1764, 1764 ff.; *Jarass*, in: Jarass / Pieroth, GG, Art. 12 Rn. 18; *Wieland*, in: Dreier, GG, Art. 12 Rn. 145 ff.

[181] BVerfGE 89, 214, 232; BVerfGE, NJW 1996, 2021; *Badura*, FS Herschel, S. 21, 34.

keine „ordnungspolitische Anomalie des Arbeitsmarktes“[182] dar, sondern ermöglicht mit der Privatautonomie den grundgesetzlichen Standardtypus zur Regelung von Interessenkonflikten auch für das Verhältnis von Arbeitnehmern und Arbeitgebern.

(4) Die Kartellbefugnis als wettbewerbsverzerrende Machtallokation?

Die Interpretation der Kartellbefugnis als Mittel zur Gewährleistung von Privatautonomie auch auf dem Gebiet des Arbeitslebens wird jedoch nicht durchweg geteilt. Vielmehr bestehen auch Auffassungen, die die Kartellbefugnis gänzlich anders werten, nämlich als Machtallokation zur Verzerrung des Verhandlungsgleichgewichts zulasten des Arbeits- und Wirtschaftsmarkts.[183]

(a) Wettbewerbsverzerrungen zulasten des Sozialpartners?

Fehlentwicklungen und ein Mangel an betriebsnahen Regelungen werden seitens der Befürworter einer Erweiterung von Regelungskompetenzen zugunsten der Betriebsvereinbarungsparteien oft der durch die Freiheit zur Koalitionsbildung gewährten Kartellbefugnis zugeschrieben: Weder ökonomische Theorie noch praktische Erfahrung sprächen dafür, in Kartellen geeignete Garanten einer sinnvollen Ordnung des Arbeitslebens zu sehen.[184] Vielmehr erzeugten Kartelle auch dann, wenn sie ausnahmsweise durch ein unabweisbares Interesse ihrer Mitglieder gerechtfertigt seien, eine bedenkliche Marktmacht.

Diese Interpretation widerspricht indessen der historischen Erfahrung und verkennt die Funktion der Kartellbefugnis im Rahmen der Koalitionsfreiheit. Die historische Erfahrung hat gelehrt, dass auf dem Gebiet der Arbeits- und Wirtschaftsbedingungen keine Verhandlungsparität zwischen Arbeitgeber und Arbeitnehmer besteht, sondern das Verhältnis der Arbeitsvertragsparteien durch eine strukturelle Unterlegenheit des Arbeitnehmers infolge wirtschaftlicher Übermacht des Arbeitgebers gekennzeichnet ist. Gleiches gilt auch heute noch. Diese gleichsam vorrechtliche Gegebenheit verhindert, dass der Arbeitsmarkt allein im Wege privatautonomer Einzelarbeitsverträge zu einer sozial gerechten Ordnung des Arbeitslebens führt. Die durch die Koalitionsfreiheit gewährte Kartellbefugnis auf dem Gebiet des Arbeitsrechts dient daher nicht dazu, eine

---

[182] *Monopolkommission*, 10. Hauptgutachten, S. 61; vgl. auch *Wiss. Beirat BMWA*, Tarifautonomie auf dem Prüfstand, Rn. 3 ff.

[183] *Monopolkommission*, 10. Hauptgutachten, S. 61; *Reuter*, RdA 1991, 193, 195; *Wiss. Beirat BMWA*, Tarifautonomie auf dem Prüfstand, Rn. 14 ff.

[184] *Reuter*, RdA 1991, 193, 195; vgl. auch *Wiss. Beirat BMWA*, Tarifautonomie auf dem Prüfstand, Rn. 3 ff., 14 ff.; *Wolf*, GS Heinze, S. 1095, 1096.

bestehende Gleichgewichtslage zwischen den Verhandlungspartnern zu verzerren und einseitig wettbewerbsverzerrende Verhandlungsmacht zu allozieren. Vielmehr gleicht die den Koalitionen gewährte Kartellbefugnis die bestehende Verhandlungsdisparität aus und stellt das für einen gerechten Interessenausgleich erforderliche Verhandlungsgleichgewicht zwischen Arbeitnehmern und Arbeitgebern erst her. Zu Recht wird daher zum Teil auch von Kritikern der Kartellbefugnis der Koalitionen zugestanden: „Die Bildung von Arbeitsangebotskartellen zur Durchsetzung angemessener Arbeitsbedingungen über den Abschluss von Tarifverträgen ist der historisch und international erfolgreichste Versuch, die Unfähigkeit vieler (wenngleich keineswegs aller!) Arbeitnehmer zur Wahrung ihrer Interessen durch Nutzung des Arbeitgeberwettbewerbs um Arbeitskräfte auszugleichen. Tarifverträge sind folgerichtig in allen westlichen Industrieländern rechtlich anerkannt.“[185]
Einseitige Deutungen der Kartellbefugnis als wettbewerbswidrige Machtallokationen der Gewerkschaften verbieten sich schon allein aus diesem Grund.

Wird auch die Funktion der Kartellbefugnis, die strukturelle Unterlegenheit des Arbeitnehmers auszugleichen, anerkannt, so wird jedoch behauptet, dass sich dieser Schutzzweck zugunsten der Arbeitnehmer ins Gegenteil - nämlich in eine strukturelle Unterlegenheit des einzelnen Arbeitgebers gegenüber den gewerkschaftlich organisierten Arbeitnehmern - verkehrt habe. Es wird argumentiert, dass dann, wenn der Arbeitnehmer durch eine überbetriebliche Gewerkschaft vertreten würde, der einzelne Arbeitgeber in eine schwächere Verhandlungsposition geriete. Die aus einem Streik resultierenden wirtschaftlichen Folgen sowie die Abwanderung von Kunden zur nicht bestreikten Konkurrenz nötigten den einzelnen Arbeitgeber, den Tarifforderungen überbetrieblicher Gewerkschaften nachzugeben.[186]
Indessen steht auch den Arbeitgebern die Freiheit zur Koalitionsbildung in Form von Arbeitgeberverbänden zu. Diese bieten dann dem einzelnen Arbeitgeber den Schutz, den die Gewerkschaften den einzelnen Arbeitnehmern gewähren. Die Kartellbildung auf Arbeitgeberseite ist damit geeignet, einem etwaigen Übergewicht auf Gewerkschaftsseite wirkungsvoll zu begegnen.
Dies offenbart, dass die Kartellbefugnis Arbeitgebern wie Arbeitnehmern gleichermaßen die Möglichkeit der Solidarisierung eröffnen und die Arbeitnehmerseite in Gestalt der Gewerkschaften nicht einseitig - und damit wettbewerbsverzerrend - stärken. Als liberal-offenes Grundrecht ist die Koalitionsfreiheit daher anderweitigen, d.h. paritätswidrigen Interpretationen nicht zugänglich.

---

[185] *Reuter*, DZWir 1991, 221, 222; *Kronke*, Regulierungen auf dem Arbeitsmarkt, S. 205 ff.
[186] *Wiss. Beirat BMWA*, Tarifautonomie auf dem Prüfstand, Rn. 15.

(b) Wettbewerbsverzerrungen zulasten Dritter?

Neben dem Vorwurf, die Kartellbefugnis bewirke eine wettbewerbsverzerrende Machtallokation zulasten des Sozialpartners, wird eingewandt, die durch die Kartellbefugnis der Gewerkschaften bewirkte Marktmacht werde nicht schon dadurch ungefährlich, dass man auch der Marktgegenseite die Kartellierung erlaube. So entstehe lediglich eine Pattsituation, die zwar die Übervorteilung der einen durch die andere Seite verhindere, dafür aber um so mehr die Gefahr von Ausweichlösungen zulasten dritter Marktteilnehmer heraufbeschwöre.[187] Bei zu hohen Löhnen würden Menschen arbeitslos oder blieben es. Diese verdienten dann nicht ein bisschen weniger, sondern im Prinzip gar nichts.[188] Im Ergebnis könne so der soziale Nutzen des Tarifvertrags in einen per Saldo höheren sozialen Schaden umschlagen, nämlich dadurch, dass der Schutz der Arbeitnehmer mit unverhältnismäßig hoher Arbeitslosigkeit bezahlt werde.[189]
Auch wenn diese Gefahr nicht von der Hand zu weisen ist, rechtfertigt sie jedoch nicht, die Gewährung der Kartellbefugnis anders als Privatautonomie im Arbeitsrecht ermöglichendes Mittel, nämlich als Machtmissbrauch intendierendes bzw. begünstigendes Regelungsprinzip, zu werten. Ihre einseitige Pönalisierung als Instrument zur Ausschaltung von Lohnunterbietungswettbewerb auch und insbesondere seitens der Außenseiter[190] verzerrt die Solidarisierung von Arbeitnehmern und Arbeitgebern in den Koalitionen. Eine derartige Auslegung verkennt das Zusammenspiel der Gewährleistung von negativer Koalitionsfreiheit und Außenseiterkonkurrenz und die damit verbundenen Regulierung der Marktmacht der Koalitionen. Der Gefahr des Interessenausgleichs zwischen organisierten Arbeitnehmern und Arbeitgebern zulasten dritter Marktteilnehmer, insbesondere der Arbeitssuchenden, wird auf zweifache Weise begegnet:

(i) Das Offenhalten der Märkte durch Außenseiterkonkurrenz

Die Kartellbefugnis der Koalitionen dient arbeitnehmerseitig dazu, dem Nachfragemonopol der Arbeitgeber ein Angebotsmonopol der Arbeitnehmer entgegenzusetzen und damit die strukturelle Unterlegenheit des individuellen Arbeitnehmers gegenüber dem Arbeitgeber (weitgehend) zu kompensieren. Dadurch soll ein von Arbeitgebern initiierter Lohnunterbietungswettbewerb auf Seiten der Arbeitnehmer unterbunden und den Arbeitnehmern sozialverträgliche Ar-

---

[187] *Reuter*, RdA 1991, 193, 195; *Immenga*, in: Immenga / Mestmäcker, GWB, § 8 Rn. 40; *Biedenkopf*, WuW 1968, 3, 8; *Schuhmacher*, ZHR 140 (1976), 317, 329 f.

[188] *Wiss. Beirat BMWA*, Tarifautonomie auf dem Prüfstand, Rn. 16.

[189] *Reuter*, RdA 1991, 193, 195; *Wenger*, Die Verteilung von Entscheidungskompetenzen im Rahmen von Arbeitsverträgen, S. 199, 203 ff.; *Wiss. Beirat BMWA*, Tarifautonomie auf dem Prüfstand, Rn. 16 ff.

[190] *Wiss. Beirat BMWA*, Tarifautonomie auf dem Prüfstand, Rn. 17 ff.

beitsbedingungen gewährleistet werden. Die Gewerkschaften dienen daher bis zu einem gewissen Maße auch der „Ausschaltung eines Lohnunterbietungswettbewerbs der Arbeitnehmer im Wettstreit um knappe Arbeitsplätze“[191].

Bisweilen wird als Ziel der Koalitionsbildung jedoch weitergehend unterstellt, sie diene insbesondere der Ausschaltung des Wettbewerbs von Außenseitern, um „den Arbeitgebern Löhne abzunötigen, die über den markträumenden Löhnen liegen - mit der Folge, dass Arbeitslosigkeit entsteht oder fortdauert“[192]. Diese Interpretation geht jedoch fehl.

Die Koalitionen stellen keine Zwangskartelle dar, sondern eröffnen Außenseiterkonkurrenz. Das Bestehen von Außenseiterkonkurrenz wird durch die Gewährleistung der negativen Koalitionsfreiheit garantiert.[193] Dabei stellt die Gewährleistung von negativer Koalitionsfreiheit und Außenseiterkonkurrenz nicht nur einen Ausfluss unserer liberal-freiheitlichen Grundrechtsordnung dar, sondern muss darüber hinaus als ein Strukturmerkmal der Koalitionsfreiheit und als solches als verfassungsrechtlich intendiert qualifiziert werden.[194]

Das Arbeitsangebot der Außenseiter bedroht die Kartellwirkung der Koalitionen. Es führt nach kartellrechtlichen Maßstäben zu einem Offenhalten der Märkte, da die Arbeitssuchenden die Möglichkeit haben, die organisierten Arbeitnehmer durch Unterbietung vom Arbeitsmarkt zu verdrängen. Dies schließt es aus, dass die Gewerkschaften ihr Kartellinteresse auf die Erzielung maximal möglicher Löhne richten.

Die Konkurrenzsituation zwischen Gewerkschaften und Außenseitern hindert somit eine die Interessen der Außenseiter verletzende Tarifvertragspraxis bis zu einem gewissen Grade. Die Außenseiterkonkurrenz gewährleistet, dass die Koalitionen das zur Wahrung ihrer Mitgliederinteressen erforderliche und verhältnismäßige Maß nicht überschreiten.[195] Sie beeinflusst die Tarifpolitik der

---

[191] *Wiss. Beirat BMWA*, Tarifautonomie auf dem Prüfstand, Rn. 17.

[192] *Wiss. Beirat BMWA*, Tarifautonomie auf dem Prüfstand, Rn. 17.

[193] In Deutschland machen die Arbeitgeber von etwa 30% der Arbeitnehmer von der Möglichkeit Gebrauch, sich der zwingenden Wirkung von Tarifverträgen zu entziehen und sie nur so weit anzuwenden, wie sie es für angemessen halten (vgl. *Hanau*, FS Wiedemann, S. 283, 293); damit hat die durch die Außenseiter ausgeübte Konkurrenz ein nicht zu vernachlässigendes Gewicht.

[194] Vgl. auch *Buchner*, FS Wiedemann, S. 211, 220;

[195] Vgl. auch *Buchner*, FS Wiedemann, S. 211, 220, der den Konkurrenzdruck durch Außenseiter als notwendig erachtet, um die Tarifvertragsparteien zu arbeitsmarkt-gerechtem Verhalten zu veranlassen; vgl. ferner *Käppler*, NZA 1991, 745, 752; *Reuter*, ZfA 1995, 1, 53 f.

Arbeitnehmer- und Arbeitgeberkoalitionen dahingehend, nicht nur eigene Interessen zu verfolgen, sondern auch auf einen angemessenen Ausgleich zwischen den Interessen der Arbeitnehmer und den Interessen der Arbeitssuchenden zu achten, um nicht durch Außenseiterkonkurrenz unterboten zu werden. Richtigerweise ist daher festzustellen, dass die Außenseiterkonkurrenz „nicht „Schmutzkonkurrenz“ sei, bei deren Unterdrückung das Recht helfen sollte, sondern Garant der „Richtigkeit“ des Tarifvertrags“[196] ist. In diesem Sinne stellt die Außenseiterkonkurrenz ein verfassungsrechtlich intendiertes Regulativ der Kartellmacht der Gewerkschaften dar, das einen Missbrauch zulasten dritter Marktteilnehmer verhindert.[197]

(ii) Das Eigeninteresse der Sozialpartner an der Sozialverträglichkeit ihrer Regelungen

Indessen wird zu Recht darauf hingewiesen, dass die Tätigkeit der Tarifvertragsparteien interessengerichtet ist und (primär) altruistisches Handeln von ihnen aufgrund ihrer Verpflichtetheit auf die Mitgliederinteressen nicht erwartet werden kann.

Aus der Interessengerichtetheit der Tarifvertragsparteien auf eine zwangsläufige Benachteiligung von Drittinteressen, insbesondere der Interessen der Arbeitssuchenden, zu schließen, erscheint jedoch vorschnell, denn sowohl auf Arbeitnehmer- als auch auf Arbeitgeberseite bestehen Interessen, die derartigen Tendenzen entgegenwirken.

Aufgrund des Konkurrenzdrucks auf deutsche Unternehmen im internationalen Vergleich sind die Arbeitgeber naturgemäß an moderaten Tarifabschlüssen interessiert, die ihre Konkurrenzfähigkeit auf den globalisierten Märkten wenn nicht stärken, so doch nicht weiter schwächen. Diese arbeitgeberseitige Tendenz zu möglichst kostengünstigen Tarifabschlüssen und damit zur Stärkung der eigenen Konkurrenzfähigkeit weist einen für die Außenseiter günstigen Reflex auf.[198]

---

196 *Reuter*, RdA 1991, 193, 195; vgl. auch *ders.*, FS Wiedemann, S. 449, 451, 475.

197 Diese verfassungsrechtliche Konzeption verkennt der *Wiss. Beirat BMWA*, Tarifautonomie auf dem Prüfstand, Rn. 31, der ohne Überprüfung der Tauglichkeit der Betriebsvereinbarungsparteien und ohne Infragestellung ihrer verfassungs-rechtlichen Legitimation zur umfassenden Regelung der Arbeits- und Wirtschafts-bedingungen die Rechtsetzung durch die Betriebsvereinbarungsparteien als not-wendiges Korrektiv/Regulativ der Sozialmacht der Tarifvertragsparteien propagiert.

198 Anders wohl *Wiss. Beirat BMWA*, Tarifautonomie auf dem Prüfstand, Rn. 18, der (trotz offensichtlich entgegenstehender Interessen und zu Unrecht) die Arbeitgeberverbände als Gehilfen der Gewerkschaften bei der Ausschaltung von Außenseiterkonkurrenz ansieht.

Der Produktions- und Kostenfaktor Arbeit stellt den kostenintensivsten Faktor für die Tätigkeit der Unternehmen dar. Jegliche Verteuerung der Arbeit führt im internationalen Vergleich zu einem Wettbewerbsnachteil, der den Rationalisierungsdruck auf deutsche Unternehmen erhöht.[199] Eine Erhöhung des Rationalisierungsdrucks wiederum mindert in entscheidendem Maße die Chancen der arbeitssuchenden Außenseiter auf die Erlangung eines Arbeitsplatzes.
Wirtschaftstheoretisch sind daher die von der Arbeitgeberseite angestrebten moderaten Tarifabschlüsse insofern als positiv für Arbeitssuchende zu beurteilen, als sie die Hoffnung auf eine Verbilligung der Arbeitskraft im internationalen Vergleich, einen damit einhergehenden Wettbewerbsvorteil und ein daraus resultierendes wirtschaftliches Wachstum nähren. Infolge eines daraus möglicherweise resultierenden Wirtschaftswachstums könnten Arbeitsplätze entstehen und die Arbeitslosigkeit reduziert werden.
Das Bestreben der Arbeitgeberseite zu kostenmoderaten Tarifabschlüssen wirkt also einem Interessenausgleich der Tarifvertragsparteien zulasten Dritter, insbesondere der Arbeitssuchenden, unmittelbar entgegen.

Das Wirken der Gewerkschaften ist demgegenüber naturgemäß als Folge ihrer Ausrichtung und Verpflichtetheit auf Arbeitnehmerinteressen auf einen möglichst hohen Tarifabschluss gerichtet.
In den Gewerkschaften sind die Mitglieder dominant, die einen Arbeitsplatz haben. Arbeitslose sind meist nicht Mitglieder der Gewerkschaft, und wenn sie es sind, haben sie doch bei den wichtigsten Entscheidungen - über einen Streik oder dessen Beendigung - kein Mitwirkungsrecht.[200]

Demnach soll das Kartellinteresse auf ein Lohnniveau über den markträumenden Löhnen gerichtet sein.[201]
Folge derartiger Tarifabschlüsse wäre eine Verschärfung des Standortnachteils deutscher Unternehmen im internationalen Vergleich, die die Unternehmen zum Zwecke der Erhaltung ihrer Konkurrenzfähigkeit zu weiteren Rationalisierungsmaßnahmen oder einer Standortverlegung zwingen würde.[202] Konsequenz beider Maßnahmen wäre steigende Arbeitslosigkeit, zumindest aber eine weitere Reduzierung der Einstellungschancen für die Arbeitssuchenden.

---

199 *Kleinhenz*, Gutachten zum 63. DJT, B 65; *Wiss. Beirat BMWA*, Tarifautonomie auf dem Prüfstand, Rn. 10.
200 *Wiss. Beirat BMWA*, Tarifautonomie auf dem Prüfstand, Rn. 17.
201 *Wiss. Beirat BMWA*, Tarifautonomie auf dem Prüfstand, Rn. 17.
202 *Wiss. Beirat BMWA*, Tarifautonomie auf dem Prüfstand, Rn. 18.

Daher soll - betrachtet man die Arbeitnehmerseite - die Gefahr von Tarifabschlüssen zulasten von Arbeitssuchenden dem System arbeitnehmerseitiger Interessenvertretung durch die Gewerkschaften immanent sein.[203]

Auch wenn diese Problematik nicht von der Hand zu weisen ist, so geht die ihr zugrunde liegende Theorie doch stillschweigend davon aus, dass ohne das Wirken der Gewerkschaften die Arbeitgeber ihre Arbeitnehmer zu einem (niedrigeren) markträumenden Lohnsatz beschäftigen würden und daher neue Arbeitsplätze geschaffen werden könnten. Diese Theorie entspricht jedoch nicht uneingeschränkt der wirtschaftswissenschaftlichen Deutung der Wirkmechanismen des Arbeitsmarktes. Die Wirtschaftswissenschaft geht davon aus, „auch auf nicht kartellierten Märkten würden ökonomisch rationale Arbeitgeber über dem markträumenden Lohnsatz liegende „Effizienzlöhne" zahlen, um z.B. „Bummelei" (shirking) zu unterbinden, Leistungsanreize zu gewähren und unerwünschte Fluktuationskosten zu senken."[204] Unter anderem aus diesem Grund erachtet sie „die Erfolge einer Öffnung der Lohnskala nach unten eher zweifelhaft"[205]. Demnach kann nicht ohne weiteres davon ausgegangen werden, dass die Betätigung der Gewerkschaften tatsächlich Wirkungen zulasten der Arbeitssuchenden entfaltet.

Darüber hinaus gilt es zu beachten, dass die einer überproportionalem Lohnanhebung widerstreitenden Arbeitgeberinteressen einer - gesamtwirtschaftlich gesehen - schädlichen Tendenz der Gewerkschaften zu übersteigerten Lohnforderungen entgegenwirken und diese in ihrer Entfaltung begrenzen.

Bisweilen wird ein langfristiges Interesse der Arbeitgeber an der Verteidigung guter Investitionsbedingungen für die Zukunft indessen in Frage gestellt. Vielmehr beschränke sich das (kurzfristige) Arbeitgeberinteresse auf die Amortisation von Altinvestitionen, da sich bei Neuinvestitionen Standortalternativen im Ausland böten, die zu den allfälligen Neuinvestitionen genutzt werden würden.[206]

Ist schon die dieser These zugrunde liegende Prämisse von der Beliebigkeit des Neuinvestitionsstandortes angreifbar - man denke nur an bestehende Kunden- und Zuliefererverflechtungen, die Auswirkungen auf schon erfolgte Investitionsentscheidungen, die Kosten für den Neuaufbau von Betriebsstätten, die Ausbildung neuen Personals, etc. -, so ist in vorliegendem Kontext insbesondere

---

[203] *Monopolkommission*, 10. Hauptgutachten, S. 61.
[204] *Kleinhenz*, Gutachten zum 63. DJT, B 64.
[205] *Kleinhenz*, Gutachten zum 63. DJT, B 65.
[206] *Wiss. Beirat BMWA*, Tarifautonomie auf dem Prüfstand, Rn. 18.

zu beachten, dass für den Fall des Schwächerwerdens des Arbeitgeberinteresses, gute Investitionsbedingungen in Deutschland zu verteidigen, gerade die hier kritisierte Interessengerichtetheit gewerkschaftlichen Handelns für moderate Tarifabschlüsse streiten würde. Denn die Nachhaltigkeit der Beschäftigungschancen der Gewerkschaftsmitglieder würde Schaden nehmen, wenn Lohnsteigerungen Neuinvestitionen in großer Breite in Frage stellen würde.[207]

Auch allgemeine sozialpolitische Erwägungen sprechen dafür, Tarifabschlüsse nicht auf Kosten der Arbeitslosen zu treffen.
Die Abschlüsse der Koalitionen haben neben ihrer zwingenden und unmittelbaren Wirkung auf die Tarifgebundenen auch gesamtwirtschaftliche Bedeutung.[208] Negative Auswirkungen auf die gesamtwirtschaftliche Lage in der Bundesrepublik, etwa aufgrund hoher Arbeitslosigkeit, fehlender Konkurrenzfähigkeit im internationalen Vergleich, schwacher Konjunktur, etc. führen regelmäßig zu erhöhten Lasten der Sozialversicherungssysteme, die von den Unternehmen, aber auch von den Arbeitnehmern zu tragen sind.[209]
Zu weitgehend ist daher die Schlussfolgerung, eine fortdauernde Massenarbeitslosigkeit berühre das Kartellinteresse der Gewerkschaften nicht, oder jedenfalls nur dann, wenn ein Maß erreicht werde, das zuviele der Gewerkschaftsmitglieder ängstige.[210]

---

[207] Vgl. *Wiss. Beirat BMWA*, Tarifautonomie auf dem Prüfstand, Rn. 19.

[208] *Kleinhenz*, Gutachten zum 63. DJT, B 29.

[209] Vgl. auch insoweit *Wiss. Beirat BMWA*, Tarifautonomie auf dem Prüfstand, Rn. 12, 21, der insbesondere die Verlagerung der Lasten der sozialen Sicherungssysteme von den Mitgliedern der Koalitionen auf den Staat als kontraproduktiv kritisiert, vielmehr sollten diese Lasten dort bleiben, wo sie hingehörten, „dort also, wo der Konnex zum Handeln derjenigen, die beschäftigungspolitisch die größte Verantwortung tragen, den Tarifvertragsparteien, einigermaßen eng ist, bei der Arbeitslosenversicherung nämlich. Denn diese ist von denen zu finanzieren, die Beschäftigung behalten. Der Selbstverwaltungsgedanke der Arbeitslosenversicherung, der ein Selbst-verantwortungsgedanke sein sollte, wurde ausgehöhlt statt gestärkt. Indem eine un-verzichtbare Rückkopplung geschwächt wurde, verlor die Arbeitsmarktordnung an Balance.“. So berechtigt diese Kritik und so erstrebenswert eine Zurückverlagerung auch sein mag, so untauglich ist sie, um anhand dieses nicht system-immanenten Fehlers das Versagen des Tarifvertragsystems zu begründen; zwar mag die kritisierte Verlagerung den Druck auf die Tarifvertragsparteien mindern; aufgehoben wird er indessen nicht, so dass auch weiterhin ein Eigeninteresse der Tarifvertragsparteien an der Sozialverträglichkeit ihrer Abschlüsse besteht. Will man die Gewähr für den Abschluss derartiger Reglungen erhöhen, so mag man auf eine Rückverlagerung pochen. Ein Versagen des Tarifvertragssystems mag diese gesetzgeberische Fehl-leistung indessen nicht zu begründen.

[210] So aber *Wiss. Beirat BMWA*, Tarifautonomie auf dem Prüfstand, Rn. 17.

Neuere Flexibilisierungstendenzen in der Tarifpolitik[211] belegen, dass sich unter wachsendem wirtschaftlichen und gesellschaftlichen Druck mehr und mehr die Erkenntnis durchsetzt, dass moderate Lohnabschlüsse erforderlich sind, um die Konjunktur zu stärken, die Arbeitslosigkeit zu reduzieren und die Lasten der Sozialversicherungen zu senken. Denn nur unter solchen Bedingungen werden mögliche Lohnzuwächse aus Tarifabschlüssen nicht durch erhöhte Lasten neutralisiert oder sogar überkompensiert. Daher versprechen nur sozialverträgliche Tarifabschlüsse - in Kombination mit einer Erholung der Wirtschaft - mittel- bis langfristig auch wieder effektive Kaufkraftsteigerungen für die Arbeitnehmer. Dementsprechend sind auch die Tarifvertragsparteien naturgemäß daran interessiert, die Tarifabschlüsse in einem sozialverträglichen Rahmen zu halten.

Zutreffend stellt Kleinhenz daher fest: „Allein die Charakterisierung der Arbeitgeberverbände und der Gewerkschaften als Kartelle (die allerdings nur im Arbeitskampf das Arbeitsangebot als Kartell verweigern), die in der Marktform des bilateralen Monopols Mindestbedingungen für Einzelarbeitsverträge aushandeln, kann [...] noch nicht Wohlfahrtsverluste, Mindestlohnarbeitslosigkeit und Verfestigung von Arbeitslosigkeit begründen.“[212]

Zwar mögen die Interessen der Tarifvertragsparteien nicht von vornherein und primär auf die Sozialverträglichkeit ihrer Tarifabschlüsse ausgerichtet sein; dennoch weist ihre Interessenverfolgung unmittelbar wie mittelbar Effekte auf, die der Bekämpfung der Arbeitslosigkeit zugute kommen können, und auch Einsichten in die Notwendigkeit der Sozialverträglichkeit von Tarifabschlüssen sind nicht (mehr) hypothetisch. Daher stellt die Behauptung, der Interessenausgleich mittels der Arbeitgeber- und Arbeitnehmerkartelle/-koalitionen gehe zwangsläufig zulasten der Allgemeinheit - und der Arbeitssuchenden im Besonderen -, eine unzulässige Akzentverschiebung der Interessengerichtetheit tarifparteilicher Tätigkeit dar, die es nicht rechtfertigt, die Koalitionen als wettbewerbsverzerrende Akteure des Arbeitsmarktes zu bewerten.

---

[211] BDA und DGB haben sich schon im Jahre 1999 anlässlich der dritten Gesprächsrunde zum Bündnis für Arbeit in einer gemeinsamen Erklärung dazu bekannt, „betriebs- und praxisnahe Regelungen von Flächentarifverträgen zu stärken“, indem zunehmend „Wahl- und Ergänzungsmöglichkeiten, tarifvertragliche Korridore und Öffnungsklauseln“ vereinbart werden sollen; vgl. *Dieterich*, RdA 2002, 1, 7; *Arlt / Nehls*, Bündnis für Arbeit.

[212] *Kleinhenz*, Gutachten B zum 63. DJT, B 63.

(iii) Die Primärverantwortlichkeit des Staates für die allgemeine Wohlfahrt und die Interessengerichtetheit tarifparteilichen Wirkens

Neben dem Offenhalten der Märkte durch die Außenseiterkonkurrenz und dem Eigeninteresse der Koalitionen an der Sozialverträglichkeit ihrer Regelungen muss gegen die Wertung der Kartellbefugnis als machtmissbräuchlich und daher nicht schutzwürdig eingewandt werden, dass die Primärverantwortung für die gesamtwirtschaftliche Entwicklung beim Staat liegt (vgl. Art. 109 Abs. 2 GG) und nicht bei den die Kartellbefugnis in privatautonomer Weise nutzenden Koalitionen.[213]

---

[213] Zum Teil werden die Verantwortlichkeiten des Staates und der Tarifvertragsparteien nicht als wesensverschieden angesehen. Die Tarifvertragsparteien übten eine Funktionsnachfolge des Gesetzgebers als Normgeber auf dem Gebiet des Arbeitsrechts aus. Der Staat habe den Koalitionen mit der sozialen Bewirkungs-dimension der Koalitionsfreiheit eine ansonsten ihm zukommende Ordnungsaufgabe durch die Verleihung der Tariffähigkeit übertragen (*Richardi*, Gutachten zum 61. DJT, B 33). Er habe sich hiermit seines Normsetzungsrechts zugunsten der Koalitionen begeben (BVerfGE 4, 96, 108). Die Rechtsetzungsbefugnis der Koalitionen sei vom Staat auf diese delegiert (BVerfGE 4, 96, 108; BAGE 1, 258, 264; BAGE 4, 240, 251; *Hueck / Nipperdey*, Arbeitsrecht, Bd. II/1 § 18, S. 373 f.; *Huber*, Wirtschaftsverwaltungsrecht, Bd. 2, S. 432; *Krüger*, RdA 1957, 201, 203; *Reuss*, ArbuR 1960, 33, 33; *Ossenbühl*, NJW 1965, 1561, 1562 Fn. 11; *Peters / Ossenbühl*, Sozialpartner, S. 15; *Adomeit*, Rechtsquellenfragen im Arbeitsrecht, S. 136 ff.; *Hinz*, Tarifhoheit und Verfassungsrecht, S. 137 f.; *Wiedemann*, FS BAG, S. 635, 649; *Küchenhoff*, FS Nipperdey, S. 317, 340 f.; *Nikisch*, Arbeitsrecht, Bd. 2, S. 216 ff.; *Lieb*, Arbeitsrecht, Rn. 477 f.). Durch die tarifvertragliche Normsetzung nähmen die Tarifvertragsparteien eine Aufgabe wahr, welcher der Gesetzgeber nicht nachkomme. Diese Aufgabe gehe auf die Tarifvertragsparteien über (*Lerche*, FS Steindorff, S. 897, 905 f.; a.A. *Wiedemann*, TVG, Einleitung Rn. 200). Diese Ansicht geht fehl. Sie beruht auf einer Fehldeutung der Legitimation der koalitionären Rechtsetzungsbefugnis. Ebenso wie eine verbreitete Meinung in der arbeits-rechtlichen Judikatur und Lehre (BAGE 1, 258, 263 f.; BAGE 4, 240, 251; BAGE 11, 135, 138; BAGE 20, 175, 218, 224; *Dieterich*, FS Schaub, S. 117, 118 f.; *Hueck / Nipperdey*, Arbeitsrecht, Bd. II/1 § 18, S. 373 f.; *Huber*, Wirtschaftsverwaltungsrecht, Bd. 2, S. 432; *Krüger*, RdA 1957, 201, 203; *Reuss*, ArbuR 1960, 33, 33; *Ossenbühl*, NJW 1965, 1561, 1562 Fn. 11; *Peters / Ossenbühl*, Sozialpartner, S. 15; *Adomeit*, Rechtsquellenfragen im Arbeitsrecht, S. 136 ff.; *Hinz*, Tarifhoheit und Verfassungsrecht, S. 137 f.; *Wiedemann*, FS BAG, S. 635, 649; *Küchenhoff*, FS Nipperdey, S. 317, 340 f.; *Nikisch*, Arbeitsrecht, Bd. 2, S. 216 ff.; *Lieb*, Arbeitsrecht, Rn. 477) war auch die frühere Rechtsprechung des Bundesverfassungsgerichts von der Vorstellung geprägt, dass die Rechtsetzungsbefugnis der Koalitionen vom Gesetzgeber abgeleitet sei (vgl. BVerfGE 4, 96, 108). Diese These beruht auf der Annahme, dass die Koalitionen durch die Wahrung und Förderung der Arbeits- und Wirtschaftsbedingungen eine genuin vom Staat zu erfüllende und lediglich auf die Tarifvertragsparteien delegierte Aufgabe wahrnehmen (vgl. BVerfGE 18, 18, 28). Aus der Tatsache, dass die Koalitionen mit der Wahrung und Förderung der Arbeits-

Als privatautonomes Regelungsmittel der Tarifvertragsparteien stellt die Tarifautonomie nach der bestehenden Grundrechtsordnung, für die eine Grundrechts- bzw. Gemeinwohlbindung Privater grundsätzlich fremd ist, lediglich Interessenwahrnehmung für die Mitglieder der Koalitionen dar. Aufgrund dieser primären Ausrichtung der Koalitionsbetätigung auf die Mitgliederinteressen wird argumentiert, den Tarifverträgen sei „ein Bias für den Abschluss von Tariflöhnen oberhalb des markträumenden Preises immanent“[214].
Dabei handelt es sich entgegen der Wortbedeutung nicht um eine Verzerrung, sondern eine natürliche Folge der Wahrnehmung eigener Interessen im Rahmen eines Freiheitsrechts. Diese mag ebenso natürlich gelegentlich in Konflikte mit der im Allgemeininteresse liegenden Bekämpfung der Massenarbeitslosigkeit geraten.

---

und Wirtschaftsbedingungen eine Aufgabe wahrnehmen, die das Grundgesetz auch dem Staat zuweist, folgt nicht, dass die Kompetenz zu dieser Aufgabenwahrnehmung vom Staat abgeleitet ist. Auf dem Gebiet der Arbeits- und Wirtschaftsbedingungen herrscht indes keine Exklusivität der Normgeber. Während die staatliche Gesetzgebung der Erfüllung des Gestaltungsauftrag des Sozialstaatsprinzips gemäß Art. 20 Abs. 1 GG und der Gesetzgebungskompetenzen des Art. 74 Abs. 1 Nr. 11, 12, 16 GG dient und eine öffentliche Aufgabe des Staates darstellt, wird die Normsetzung der Koalitionen durch ihre privatautonome Legitimation geprägt. Entscheidendes Wesensmerkmal der Koalitionsfreiheit ist, dass das Normsetzungsrecht der Koalitionen „seinen Sinn ebenso sehr aus dem Gesichtpunkt [gewinnt], dass die unmittelbar Betroffenen besser wissen und aushandeln können, was ihrem beiderseitigen Interesse entspricht als der demokratische Gesetzgeber, wie aus dem Zusammenhang mit dem für die Gestaltung nicht öffentlich-rechtlicher Beziehungen charakteristischen Prinzip der „Privatautonomie“, im Grunde also der Entscheidung des Grundgesetzes zugunsten des freiheitlich-demokratischen Rechtsstaates“ (BVerfGE 34, 308, 317; vgl. auch *Kissel*, NZA 1986, 73, 74). Die Tarifautonomie stellt daher privatautonome Normsetzung dar. Sie erfolgt nicht hoheitlich, sondern privatautonom durch Vertrag, dessen Geltung für Arbeitgeber und Arbeitnehmer grundsätzlich davon abhängt, dass beim Abschluss durch einen Verband eine mitgliedschaftliche Legitimation vorliegt. Die Koalitionen erfüllen durch den Abschluss von Tarifverträgen keinen staatlich abgeleiteten Gemeinwohlauftrag, sondern nehmen die Interessen ihrer Mitglieder wahr (*Biedenkopf*, Grenzen der Tarifautonomie, S. 64; *Reuß*, ZfA 1970, 319, 332; *Richardi*, Beilage NJW 1996, Heft 23, 13, 14; *Picker*, NZA 2002, 761, 769; anders BVerfGE 38, 281, 307; *Reuter*, DZWir 1991, 221, 223; *Stelling*, NZA 1998, 920, 924). Die tarifliche Rechtsetzung ist nicht Wahrnehmung eines staatsbezogenen Mandats, sondern die koalitionsrechtlich garantierte Wahrnehmung einer Kartellbefugnis durch die Verbandsmitglieder, mithin die verfassungsrechtlich gewährleistete Möglichkeit der Ausübung kollektiver Privatautonomie durch Gesamtvereinbarung (vgl. BVerfGE 84, 212, 229; BVerfGE 92, 365, 394 f.; *Dieterich*, ArbuR 2001, 390, 390 f.; *Richardi*, NZA 2000, 617, 617 f.).

214 *Monopolkommission*, 10. Hauptgutachten, S. 61.

Aber entsprechend unserer freiheitlich-liberalen Grundrechtsordnung führen etwaige Konflikte privatautonomer Freiheitsausübung mit Gemeinwohlinteressen nicht von vornherein zu einer Verfassungswidrigkeit oder Nichterfassung dieser Freiheitsausübung durch den Schutzbereich der Grundrechte, sondern lediglich zu einer Beschränkungsmöglichkeit dieser Freiheitsausübung. Daher rechtfertigt eine Kollision der Interessenvertretung durch die Koalitionen mit Gemeinwohlbelangen nicht eine Interpretation der Kartellbefugnis als machtmissbräuchlich und daher nicht schutzwürdig. Die im Einzelfall eventuell bestehende Nichtkonformität von unter Ausnutzung der Kartellbefugnis zustande gekommenen Regelungen mit Allgemeinwohlbelangen erlaubt es nicht, den Arbeitsmarktteilnehmern die Möglichkeit privatautonomer Regelungen durch die Wertung der Kartellbefugnis als machtmissbräuchlich zur Gänze zu nehmen und die Verantwortung für die Gestaltung der Arbeits- und Wirtschaftsbedingungen primär oder gar vollumfänglich dem Staat zu übertragen. Dem steht schon entgegen, dass staatliche Regelungen nicht wie privatautonome Regelungen der Konfliktbeteiligten das gleiche Maß an Richtigkeitsgewähr aufweisen.

Insgesamt bleibt festzustellen, dass die Kartellbefugnis nach der Wertung des Grundgesetzes kein machtmissbräuchliches Instrument der Koalitionen, sondern lediglich ein Mittel zur Ermöglichung eines privatautonomen Interessenausgleichs auch zwischen Arbeitgeber und Arbeitnehmer ist.

iii. Die Koalitionsfreiheit als kollektive Privatautonomie und die damit verbundene Richtigkeitsgewähr

Die Koalitionsfreiheit intendiert eine privatautonome Ordnung des Arbeitslebens.[215]
Die Koalitionsfreiheit in ihrer heutigen Ausprägung stellt eine Form kollektiver Privatautonomie dar, in der die strukturelle Unterlegenheit des einzelnen Arbeitnehmers gegenüber dem Arbeitgeber durch Kartellbildung ausgeglichen wird und die deshalb ebenfalls eine Richtigkeitsvermutung für sich in Anspruch nehmen kann.[216]

---

[215] BVerfGE 44, 322, 341.

[216] So zutreffend *Richardi*, Gutachten zum 61. DJT, B 38 f.; *Picker*, NZA 2002, 761, 764; *ders.*, RdA 2001, 257, 259, 283; *ders.*, ZfA 1998, 573, 589 ff., 599 ff., 680 ff., 703 ff., *Löwisch*, JZ 1996, 812, 817; *Kaiser*, Die Parität der Sozialpartner, S. 11 ff.; *Löwisch / Rieble*, in: Richardi / Wlotzke (Hrsg.), MünchArbR, § 253 Rn. 1 ff.; *Heinze*, DB 1996, 729, 732; fehlgehend in ihrer Interpretation der Koalitionsfreiheit als Aufhebung der Privatautonomie *Ehmann / Schmidt*, NZA 1995, 193, 198 f.

(1) Die Koalitionsfreiheit als gegenüber der Privatautonomie andersgeartete Gruppenautonomie?

Die Koalitionsfreiheit wird von Befürwortern der Deregulierungsbestrebungen, also einer Ersetzung tariflicher Regelungsmacht durch betriebsverfassungsrechtliche Regelungen, zum Teil völlig anders interpretiert. Die Koalitionsfreiheit wird nicht als kollektive Privatautonomie erkannt, sondern vielmehr als Einschränkung der Privatautonomie zugunsten einer andersgearteten Gruppenautonomie.[217]

Diese Interpretation vernachlässigt jedoch die Bedeutung der objektiven Wertentscheidung des Grundgesetzes für die Privatautonomie.

(2) Die Koalitionsfreiheit als kollektive Ausprägung der Privatautonomie

Nach der Wertung unserer Verfassung stellt die Privatautonomie das primäre Lösungskonzept von Interessenkonflikten auf dem Gebiet der Arbeits- und Wirtschaftsbedingungen dar. Im Lichte dieser verfassungsrechtlichen Vorgabe scheint es geboten, auch die Koalitionsfreiheit als kollektive Ausübungsform von Privatautonomie zu deuten.[218]

Die Koalitionsbildung und -betätigung stellt keine Aufhebung der Privatautonomie dar[219], sondern im Gegenteil die Etablierung ihres Konzepts auch für den Bereich des Arbeitsrechts. Die Koalitionsfreiheit ist keine Gruppenautonomie, die sich gegenüber der Privatautonomie emanzipiert. Ihr Ziel ist nicht die Entmündigung des einzelnen Arbeitnehmers zugunsten eigener Gruppeninteressen. Legitimationsgrundlage der Koalitionen ist vielmehr das ihnen durch ihre Mitglieder erteilte Mandat.[220] Daher stellt die Koalitionsbetätigung auch Wahrneh-

---

217 *Ehmann / Schmidt*, NZA 1995, 193, 198.

218 BVerfGE 84, 212, 229; *Dieterich*, RdA 2002, 1, 1; *Isensee*, Tarifautonomie, S. 159, 162; *Dorndorf*, FS Kissel, S. 139, 143 f.; *Seifert*, Umfang und Grenzen von tarifabweichenden Betriebsvereinbarungen, S. 78; *Henssler*, ZfA 1998, 1, 21; *Junker*, ZfA 1996, 383, 392; *Kempen / Zachert*, TVG, Grundl. Rn. 62; *Richardi*, Gutachten zum 61. DJT, B 34 f; *Wendeling-Schröder*, FS Wissmann, S. 174, 174; *Raab*, ZfA 2004, 371, 394.

219 So aber *Löwisch*, NJW 1997, 905, 906, nach dessen Auffassung die normalerweise durch Art. 9 Abs. 3 GG gedeckte zwingende Wirkung von Tarifverträgen gegen die Vertragsfreiheit verstößt, wenn der Tarifvertrag seinen Sinn - den Schutz der Arbeitnehmerschaft vor ihr überlegenen Vertragspartnern - verfehle, weil die in ihm geregelten Arbeitsbedingungen den Fortbestand des Unternehmens gefährden oder zum Verlust von Arbeitsplätzen zu führen drohen.

220 Vgl. BVerfGE 84, 212, 229; BVerfGE 92, 365, 394 f.; *Dieterich*, ArbuR 2001, 390, 390 f.; *Dieterich*, FS Wiedemann, S. 229, 236 f.; a.A. zuletzt noch *Gamillscheg*, ArbuR 2001, 226, 228, der davon ausgeht, dass die Tarifautonomie auf einem Auftrag zur Ordnung und Befriedung beruhe, der sich aus Art. 9 Abs. 3 GG ableite und auch für

mung von Mitgliederinteressen wahr und nicht etwa Bevormundung ihrer Mitglieder. Als liberales Freiheitsrecht ist die Koalitionsfreiheit nicht gegenüber der Freiheit ihrer Mitglieder zur Wahrnehmung von Privatautonomie abzugrenzen, sondern mit dieser gerade deckungsgleich. Dies indiziert gerade auch Art. 9 Abs. 3 S. 2 GG, der durch die Gewährung unmittelbarer Drittwirkung die Koalitionsfreiheit gerade vor der Beschränkung durch nichtstaatliche Dritte zu schützen sucht. Eindeutig ist Wirkungsrichtung der Koalitionsfreiheit gerade nicht die Beschränkung privatautonomer Gestaltungsmacht, sondern vielmehr deren Gewährleistung.

In diese Richtung deutet auch die Rechtsprechung. Das Bundesverfassungsgericht sieht die Aufgabe der Koalitionen darin, „die Arbeits- und Wirtschaftsbedingungen in eigener Verantwortung und im wesentlichen ohne staatliche Einflussnahme“[221], d.h. privatautonom zu regeln.[222] Entsprechend der Auffassung des Bundesarbeitsgerichts soll die Regelung der Arbeitsbedingungen nach der grundrechtlichen Konzeption „auf einem System freier Vereinbarung beruhen“[223]. Hierin wird die „Voraussetzung für ein Funktionieren und innerer Grund des Tarifvertragssystems“[224] gesehen.
Demzufolge bedarf die Koalitionsfreiheit nicht der Abgrenzung gegenüber der Privatautonomie, dessen kollektive Ausprägung sie darstellt, sondern gegenüber der Rechtsetzungsmacht des Staates. Nach Auffassung des Bundesverfassungsgerichts liegt Art. 9 Abs. 3 GG nämlich „die Vorstellung des Verfassungsgebers zugrunde, dass die Koalitionen die gegenseitigen Interessen angemessener zum Ausgleich bringen kann als der Staat“[225]. Die Koalitionsfreiheit hebt daher für den Bereich der Arbeits- und Wirtschaftsbedingungen den privatautonomen Interessenausgleich nicht auf, sondern intendiert seine Gewährleistung in einer kollektiven Ausübungsform.

(3) Die Richtigkeitsvermutung der Tarifautonomie

Die durch die Kartellwirkung hergestellte Verhandlungsparität ermöglicht einen privatautonomen Interessenausgleich auch auf dem Gebiet der Arbeits- und Wirtschaftsbedingungen. Da den Koalitionen durch die Kartellbildung gleich-

---

Außenseiter gelte, während der Beitritt der Mitglieder für die Verbände eine Verstärkung, aber nichts desto trotz entbehrlich sei. Eine solche Auslegung verkennt jedoch den privatrechtlichen Charakter der Tarifautonomie.

221 BVerfGE 28, 295, 304.

222 BVerfGE 4, 96, 101 f.; BVerfGE 19, 303, 312, 319; BVerfGE 34, 307, 316; BVerfGE 50, 290, 367.

223 BAGE 23, 292.

224 BAGE 23, 292.

225 BVerfGE 94, 268, 285.

gewichtige Verhandlungsmacht zukommt, ist von einer Parität der Koalitionen auszugehen; das Ergebnis koalitionsmäßigen Interessenausgleichs hat deshalb die Vermutung für sich, dass die Regelung den Interessen beider Seiten gerecht wird und keiner Seite ein unzumutbares Übergewicht vermittelt.[226] Daher gilt auch für die durch die Koalitionen getroffenen Gesamtvereinbarungen die Vermutung ihrer Richtigkeitsgewähr.[227] Das Bundesverfassungsgericht sieht hierin einen tragenden Grund für die Institutionalisierung der Koalitionsfreiheit: „Diese Freiheit findet ihren Grund in der historischen Erfahrung, dass auf diese Weise eher Ergebnisse erzielt werden, die den Interessen der widerstreitenden Gruppen und dem Gemeinwohl gerecht werden, als bei einer staatlichen Schlichtung."[228] Die Tarifautonomie ist daher „Normsetzung innerhalb der Privatautonomie"[229].

IV. Die Koalitionsfreiheit als zentraler Ordnungsfaktor des Arbeitslebens

Spätestens mit ihrer grundgesetzlichen Gewährleistung stellt die Koalitionsfreiheit als kollektive Privatautonomie die Basis und den zentralen Ordnungsfaktor eines Systems sozialer Selbstverwaltung auf dem Gebiet des Arbeits- und Wirtschaftsrecht dar. In Fortsetzung des Gedankens der Weimarer Reichsverfassung kommt der Koalitionsfreiheit funktionell die Aufgabe zu, im Wege sozialer Interessenauseinandersetzung zwischen Arbeitnehmer- und Arbeitgeberschaft einen sozialen Ausgleich zwischen Arbeit und Kapital zu schaffen und sozialverträgliche Mindestarbeitsbedingungen festzusetzen.[230] Die Koalitionsfreiheit ist daher funktionell untrennbar mit dem Sozialstaatsprinzip des Art. 20 Abs. 1 GG verbunden.[231] Der Gestaltungsauftrag des Sozialstaatsprinzip findet für den Bereich der Arbeits- und Wirtschaftsbedingungen seine Konkretisierung in der Gestaltungsbefugnis der Koalitionsfreiheit des Art. 9 Abs. 3 GG und setzt sich in dieser fort.[232] Die Koalitionsfreiheit stellt somit neben einem liberalen Frei-

[226] Vgl. *Kissel*, NZA 1986, 73, 74; *Wendeling-Schröder*, FS Wissmann, S. 174, 175.

[227] BVerfGE 94, 268, 285; vgl. auch BVerfGE 34, 307, 317; *Richardi*, Gutachten zum 61 DJT, B 39; *Picker*, Der Warnstreik und die Funktion des Arbeitskampfes in der Privatrechtsordnung, S. 158 ff.; *ders.*, NZA 2002, 761, 766; *Cornils*, Die Ausgestaltung der Grundrechte, S. 416.

[228] BVerfGE 88, 103, 114 f.

[229] *Richardi*, NZA 2000, 617, 617 f.

[230] *Bulla*, FS Nipperdey, S. 79 ff.; *Gießen*, Gewerkschaften, S. 120 ff.; *Gamillscheg*, Koalitionsfreiheit und soziale Selbstverwaltung; *Rüthers*, Streik und Verfassung, S. 37 ff.; *Badura*, ArbRdG, Bd. 15, S. 17, 24 f.; *Biedenkopf*, Grenzen der Tarifautonomie, S. 47 ff.

[231] *Scholz*, in: Maunz / Dürig, GG, Art. 9 Rn. 10; *v.Münch*, BK GG, Art. 9 Rn. 113.

[232] *Rüthers*, Streik und Verfassung, S. 66 ff.; *Scholz*, Die Koalitionsfreiheit als Verfassungsproblem, S. 180 ff.; *Ridder*, Gewerkschaften, S. 24 ff; *Lerche*, Verfassungsrechtliche

heitsrecht auch ein soziales Schutzrecht dar, das dem einzelnen durch die Mitgliedschaft in einer Koalition Schutz gegen Maßnahmen der sozialen Gegenseite gewähren soll.

V. Die Gewährleistungen der Koalitionsfreiheit

Im Hinblick auf die Zwecksetzung der Koalitionsfreiheit - die Gewährleistung kollektiver Privatautonomie auf dem Gebiet des Arbeits- und Wirtschaftsrechts - lassen sich verschiedene Gewährleistungen unterscheiden.
Zunächst einmal ist hier zwischen der individualgrundrechtlichen und der kollektivgrundrechtlichen Gewährleistungsebene zu unterscheiden.

1. Die individualgrundrechtlichen Gewährleistungen der Koalitionsfreiheit

Auf der individualgrundrechtlichen Ebene gewährleistet Art. 9 Abs. 3 GG jedem einzelnen Arbeitnehmer und Arbeitgeber „das Recht, zur Wahrung und Förderung der Arbeits- und Wirtschaftsbedingungen Vereinigungen zu bilden". Teilgewährleistungen dieses Individualgrundrechts zum Zusammenschluss zu Koalitionen sind die Freiheit zur Gründung von Koalitionen und die damit funktionell untrennbar verbundenen Freiheiten zum Beitritt zu und Verbleib in diesen Koalitionen.[233] Des Weiteren gehört hierher die Freiheit des einzelnen Koalitionsmitgliedes, entsprechend dem Koalitionszweck tätig zu werden.[234] Diese Freiheiten bestehen jedoch nur, solange sie nicht zum Zwang werden. Die Koalitionsfreiheit stellt daher wie alle Freiheitsrechte eine mehrdimensionale Verhaltensgarantie dar.[235] Teil der individualgrundrechtlichen Gewährleistung der Koalitionsfreiheit ist daher auch die negative Koalitionsfreiheit.[236] Sie gewährleistet dem Einzelnen das Recht, den Koalitionen fernzubleiben bzw. aus ihnen auszutreten.

Zentralfragen des Arbeitskampfes, S. 27 ff.; *Scholz*, in: Maunz / Dürig, GG, Art. 9 Rn. 10; weitergehend in ihrer Qualifikation als soziales Grundrecht *v.Münch*, BK GG, Art. 9 Rn. 113; *Badura / Rittner / Rüthers*, Mitbestimmungsgesetz, S. 235.

[233] BVerfGE 50, 290, 367.

[234] BVerfGE 19, 303, 312; BVerfGE 50, 290, 367; BVerfGE 51, 77, 87 f.

[235] *Höfling*, in: Sachs, GG, Art. 9 Rn. 65.

[236] So die ganz herrschende Meinung: BVerfGE 50, 290, 367; BVerfGE 64, 208, 213; BVerfGE 73, 261; *Höfling*, in: Sachs, GG, Art. 9 Rn. 65; *Scholz*, HStR VI, § 151 Rn. 82 ff.; *Neumann*, RdA 1989, 243, 243 ff.; *Farthmann / Coen*, HdbVerfR, § 19 Rn. 21; a.A. *Kittner / Schiek*, AK GG, Art. 9 Abs. 3 Rn. 108; *Kempen / Zachert*, TVG, Grundlagen Rn. 162 ff.; *Ipsen*, Grundrechte, Rn. 663 ff.; *Thürer*, Koalitionsfreiheit des Arbeitnehmers, Bd. 75, S. 1235 ff.

2. Die kollektivgrundrechtlichen Gewährleistungen der Koalitionsfreiheit

Die Koalitionsfreiheit wird zum Zwecke „der Wahrung und Förderung der Arbeits- und Wirtschaftsbedingungen" gewährleistet. Diese Funktion können die Koalitionen allerdings nur dann sinnvoll erfüllen, wenn man ihnen das Recht zur freien Gründung und Betätigung zubilligt.[237] Die Koalitionsfreiheit schützt daher neben dem einzelnen Koalitionsmitglied auch „die Koalition selber in ihrem Bestand, ihrer organisatorischen Ausgestaltung und ihrer Betätigung, soweit diese gerade in der Wahrung und der Förderung der Arbeits- und Wirtschaftsbedingungen besteht"[238]. Umstritten ist in diesem Zusammenhang aber, ob die Koalitionsfreiheit deshalb auch ein Kollektivgrundrecht darstellt.[239]

a. Die Koalitionen als Grundrechtssubjekte

Nach herrschender Meinung bildet Art. 9 Abs. 3 GG ein Doppelgrundrecht, bei dem neben das Individualgrundrecht zu koalitionsmäßiger Betätigung ein Kollektivgrundrecht[240] tritt. Demnach schützt Art. 9 Abs. 3 GG auch „die Koalition selber in ihrem Bestand, ihrer organisatorischen Ausgestaltung und ihrer Betätigung, soweit diese gerade in der Wahrung und Förderung der Arbeits- und Wirtschaftsbedingungen besteht. Das ist zwar im Gegensatz zur WRV nicht ausdrücklich ausgesprochen, ergibt sich aber aus der Aufnahme der Vereinigungszwecks in den Schutzbereich des Grundrechts".[241]
Nach anderer Auffassung hingegen stellt Art. 9 Abs. 3 GG kein Doppelgrundrecht dar. Vielmehr fließe der Schutz der Koalitionen als eigene Grundrechtssubjekte nicht unmittelbar aus Art. 9 Abs. 3 GG, sondern erst unter Rückgriff auf die Rechtsstellungsgarantie des Art. 19 Abs. 3 GG zu.[242]

---

[237] BVerfGE 18, 18, 26; BVerfGE 20, 312, 320; BVerfGE 50, 290, 367, 373 f.; BVerfGE 84, 212, 224; BVerfGE 94, 268, 283; BVerfGE 100, 271, 282; BVerfGE 103, 293, 304.

[238] BVerfGE 84, 212, 224.

[239] BVerfGE 4, 96, 101 f.; BVerfGE 50, 290, 367; BVerfGE 84, 212, 224; BVerfGE 88, 103, 114; BVerfGE 92, 26, 38; BVerfGE 92, 365, 393; BVerfGE 94, 268, 283; BVerfGE 100, 271, 282; BVerfGE 103, 293, 304; *Scholz*, HStR VI, § 151 Rn. 73; *Scholz*, in: Maunz / Dürig, GG, Art. 9 Rn. 170; *Jarass*, in: Jarass / Pieroth, GG, Art. 9 Rn. 30 f.; *Farthmann / Coen*, HdbVerfR, § 19 Rn. 22 ff.; *Bauer*, in: Dreier, GG, Art. 9 Rn. 82; *Sachs*, Grundrechte, B 9 Rn. 38; *Manssen*, Grundrechte, Rn. 469 f.; *Schmidt-Bleibtreu / Klein*, GG, Art. 9 Rn. 5; *Leibholz / Rinck / Hesselberger*, GG, Art. 9 Rn. 302.

[240] BAGE 20, 175, 219; *Scholz*, HStR VI, § 151 Rn. 73; *ders.*, in: Maunz / Dürig, GG, Art. 9 Rn. 170; *Jarass*, in: Jarass / Pieroth, GG, Art. 9 Rn. 27 ff.; *Farthmann / Coen*, HdbVerfR, § 19 Rn. 22; *Bauer*, in: Dreier, GG, Art. 9 Rn. 77.

[241] BVerfGE 84, 212, 224; BVerfGE 4, 96, 101 f.; BVerfGE 50, 290, 367; BVerfGE 88, 103, 114; BVerfGE 92, 26, 38; BVerfGE 92, 365, 393.

[242] *Höfling*, in: Sachs, GG, Art. 9 Rn. 70; *Scholz*, Die Koalitionsfreiheit als Verfassungsproblem, S. 51 ff., 121 ff.

Unabhängig von der dogmatischen Herleitung statuiert die Koalitionsfreiheit im Ergebnis einen verfassungsrechtlichen Schutz der Koalitionen und ihrer koalitionsspezifischen Betätigung.[243]

b. Die Teilgewährleistungen der Koalitionsfreiheit

Im Hinblick auf die Aufnahme des Koalitionszwecks in den Verfassungstext ist Grundlage der Gewährleistungen der Koalitionsfreiheit der Umstand, dass die Koalitionsfreiheit zur Verwirklichung des sozialen Gestaltungszwecks der Wahrung und Förderung der Arbeits- und Wirtschaftsbedingungen garantiert ist.[244] Maßstab für die Reichweite koalitionsgrundrechtlicher Gewährleistung ist daher die Gewährleistung der Funktionalität des Koalitionsverfahrens. „Soweit die Verfolgung des Vereinigungszwecks von dem Einsatz bestimmter Mittel abhängt, werden auch diese vom Schutz der Grundrechts erfaßt."[245]

Die gewährleisteten Rechte zur freien Gründung und Betätigung[246] lassen sich systematisch in die Teilgewährleistungen der Koalitionsbestandsgarantie, der Koalitionszweckgarantie, der Koalitionsverfahrensgarantie und der Koalitionsmittelgarantie unterteilen.

Die Koalitionsbestandsgarantie gewährleistet den Koalitionen einen Mindeststandard an Rechtsformen, die für die Bildung und Betätigung der Koalitionen erforderlich sind, das Recht auf freies Fortbestehen sowie den Schutz des Mitgliederbestands.[247]

Die Koalitionszweckgarantie dient demgegenüber der Gewährleistung des verfassungsrechtlich bestimmten Aufgabenbereichs, die Arbeits- und Wirtschaftsbedingungen zu wahren und zu fördern und insbesondere Mindestarbeitsbedingungen festzusetzen.

Sie findet ihre Fortsetzung in der Koalitionsverfahrensgarantie, die die spezifisch koalitionsmäßige Betätigung zur Verfolgung dieses Zwecks gewährleistet.[248] Unter die Koalitionsverfahrensgarantie fallen die Gewährleistung des Verfahrens der Koalitionseinigung, das sich im Wege des Abschlusses von Gesamtvereinbarungen vollzieht, die Gewährleistung der Neutralitätspflicht des Staats im Rahmen der koalitionsmäßigen Interessenauseinandersetzung sowie die Gewährleistung der Funktionsfähigkeit des Koalitionsverfahrens. Diese

---

[243] BVerfGE 4, 96, 101 f.; BVerfGE 19, 303, 312; BVerfGE 50, 290, 367; BVerfGE 51, 77, 87 f.; BVerfGE 84, 212, 224; BVerfGE 88, 103, 114; BVerfGE 92, 26, 38; BVerfGE 92, 365, 393.

[244] BVerfGE 58, 233, 242 f.

[245] BVerfGE 84, 212, 224.

[246] BVerfGE 18, 18, 26; BVerfGE 20, 312, 320; BVerfGE 50, 290, 367, 373 f.; BVerfGE 84, 212, 224; BVerfGE 94, 268, 283; BVerfGE 100, 271, 282; BVerfGE 103, 293, 304.

[247] Vgl. BVerfGE 13, 174, 175; BVerfGE 28, 295, 304.

[248] BVerfGE 13, 174, 175; BVerfGE 28, 295, 304.

setzt wiederum die Wahrung des Grundsatzes der koalitionsrechtlichen Kampfparität und des Grundsatzes der Koalitionsunabhängigkeit voraus.
Die Koalitionsmittelgarantie sichert den Koalitionen den Fortbestand ihrer funktionstypischen Koalitionsmittel.

3. Der Gewährleistungsumfang der Koalitionsfreiheit

a. Die Kernbereichslehre

Nach überkommener Kernbereichslehre sollen dem Schutzbereich der Koalitionsfreiheit nach der Unerlässlichkeitsformel nur diejenigen Betätigungen unterfallen, die für die Erhaltung und Sicherung der Existenz unerlässlich sind.[249] Nach der gleichfalls verwendeten Abwägungsformel kommt es hingegen darauf an, ob und inwieweit der jeweiligen Koalitionsbetätigung zum Schutz von Rechten Dritter Schranken gezogen sind.[250] Die Kernbereichslehre in ihren beiden unterschiedlichen Ausprägungsformen führt zu einer Beschränkung des Schutzbereichs gegenüber dem Wortlaut des Art. 9 Abs. 3 GG, der für eine derartige Beschränkung des Schutzes der Koalitionsbetätigung keinerlei Anhalt bietet.[251]

b. Die umfassende Gewährleistung koalitionsspezifischer Betätigung

Die Beschränkung des Schutzbereichs durch die Kernbereichslehre widerspricht dem verfassungsrechtlichen Wesen der Koalitionsfreiheit und dem Geiste unserer liberalen, auf eine möglichst weitgehende Freiheitsentfaltung gerichteten Grundrechtsordnung.
Wie festgestellt ist die Tarifautonomie als kollektive Privatautonomie zu interpretieren. Im Rahmen der Privatautonomie wird den Beteiligten einer Interessenkollision die Wahl ihrer Mittel zum privatautonomen Interessenausgleich freigestellt. Ihre Grenze findet diese Wahlmöglichkeit grundsätzlich erst in einem unzulässigen Eingriff in die Freiheit anderer Grundrechtssubjekte.
Gleiches hat auch für die Koalitionsfreiheit zu gelten. Dementsprechend hat das Bundesverfassungsgericht zu Recht festgestellt, dass Art. 9 Abs. 3 GG die Wahl

---

[249] BVerfGE 4, 96, 106; BVerfGE 13, 174, 175; BVerfGE 17, 319, 333 f.; BVerfGE 42, 133, 139; BVerfGE 50, 290, 368; *Säcker*, Grundprobleme der kollektiven Koalitionsfreiheit, S. 33 ff., 89 ff.; *Hanau*, ArbuR 1983, 257, 257 ff.; *Meik*, Der Kernbereich der Tarifautonomie.

[250] BVerfGE 19, 303, 322; BVerfGE 28, 295, 306; BVerfGE 50, 290, 368; BVerfGE 58, 233, 247 f.; *Gamillscheg*, Die Grundrechte im Arbeitsrecht, S. 94.

[251] *Höfling*, FS Friauf, S. 377, 380 ff.

der Mittel, die die Koalitionen zur Erreichung des verfassungsrechtlich vorgegebenen Zwecks für geeignet halten, grundsätzlich den Koalitionen überlasse.[252] Damit hat das Bundesverfassungsgericht seine Rechtsprechung im Hinblick auf die dogmatische Einordnung der Kernbereichsgewährleistung korrigiert. In Übereinstimmung mit dem Schrifttum geht sie nunmehr ebenfalls von einer umfassenden Gewährleistung koalitionsspezifischer Betätigung aus.[253] Dem Begriff des „Kernbereichs" der Koalitionsfreiheit kommt im Rahmen der Dogmatik der Koalitionsfreiheit Bedeutung nur noch im Hinblick auf die Bestimmung der leistungsrechtlichen Dimension der Koalitionsfreiheit und des durch die Wesensgehaltsgarantie geschützten Gewährleistungsgehalts zu.[254]
Der Schutzbereich der Koalitionsfreiheit umfasst hingegen „alle Verhaltensweisen, die koalitionsspezifisch sind"[255].

4. Die Freiheit koalitionsspezifischer Betätigung, insbesondere Arbeitskampf und Tarifautonomie

Seit jeher stellt die Auseinandersetzung über Löhne und Arbeitsbedingungen mit dem sozialen Gegenspieler das eigentliche Betätigungsfeld der Koalitionen dar.[256] Neben der Gründungs- und Beitrittsfreiheit, der Freiheit des Austritts und des Fernbleibens sowie dem Schutz der Koalition als solcher ist daher die Freiheit zur Betätigung, soweit diese gerade in der Wahrung und Förderung der Arbeits- und Wirtschaftsbedingungen besteht,[257] Kerngewährleistung der Koalitionsfreiheit. Für die Beantwortung der sich hieraus ergebenden Frage, welche Tätigkeiten als koalitionsspezifisch anzusehen sind, misst das Bundesverfassungsgericht der historischen Auslegung der Koalitionsfreiheit große Bedeutung zu.[258]

Der Arbeitskampf entwickelte sich zunächst als soziales Phänomen und Mittel zur Erzwingung gerechterer Löhne und sozialer (Mindest-) Arbeits-bedingun-

---

[252] BVerfGE 84, 212, 224.
[253] Vgl. *Pieroth*, FS BVerfG, S. 293, 304; *Kühling*, ArbuR 1994, 126, 131 f.; *Kemper*, BK GG, Art. 9 Abs. 3 Rn. 169; *Höfling*, in: Sachs, GG, Art. 9 Rn. 71 ff; *ders.*, FS Friauf, S. 377, 377 ff.
[254] BVerfGE 84, 212, 228; BVerfGE 88, 103, 114 ff.; BVerfGE 92, 26, 38 ff.; BVerfGE 92, 365, 393 ff.; BVerfGE 93, 352, 359 f.; BVerfGE 94, 268, 283; BVerfGE 103, 293, 304.
[255] BVerfGE 94, 268, 283.
[256] BVerfGE 38, 281, 306, BVerfGE 28, 295, 304.
[257] BVerfGE 84, 212, 224; BVerfGE 4, 96, 101; BVerfGE 50, 290, 367.
[258] BVerfGE 50, 290, 367; BVerfGE 4, 96, 101, 106 f.; BVerfGE 18, 18, 27 ff.; BVerfGE 19, 303, 314; BVerfGE 38, 386, 394; BVerfGE 44, 322, 347 f.

gen.[259] Er war darauf gerichtet, zugunsten der Arbeitnehmer rechtsgestaltend Lohn und (Mindest-)Arbeitsbedingungen festzusetzen, die der einzelne Arbeitnehmer gegenüber dem Arbeitgeber nicht durchsetzen konnte.
Als rechtsgestaltendes Mittel zur Normierung der durch den Arbeitskampf erzwungenen Einigung entstand daraufhin der Tarifvertrag. Sein Zweck bestand darin, durch eine Gesamtvereinbarung das Arbeitsverhältnis zwischen den Arbeitnehmern und dem Arbeitgeber rechtswirksam zu gestalten.
Wesentlich für die funktionelle Gewährleistung der Koalitionsfreiheit ist die Bindungswirkung der koalitionsmäßigen Vereinbarungen für die durch die Gewerkschaften vertretenen Arbeitnehmer, weil sie geeignet ist, der im Wege von Arbeitskämpfen erzwungenen Einigung mit dem Arbeitgeber Geltung zu verschaffen. Daher stellt der Tarifvertrag das historisch gewachsene und funktionstypische Mittel dar, um der Regelungsbefugnis der Koalitionen hinsichtlich der im Verfassungstext genannten Ziele Geltungsmacht zu verschaffen.[260] Der Abschluss von Tarifverträgen ist daher ein wesentlicher Bestandteil der funktionellen Gewährleistung der Koalitionsfreiheit.[261]
Somit unterfallen sowohl die Arbeitskampffreiheit als auch die Tarifautonomie dem Schutzbereich der Koalitionsfreiheit.[262] Sie sind „daraufhin angelegt, die strukturelle Unterlegenheit des einzelnen Arbeitnehmers beim Abschluss von Arbeitsverträgen durch kollektives Handeln auszugleichen und damit ein annähernd gleichgewichtiges Aushandeln der Löhne und Arbeitsbedingungen zu ermöglichen“[263] und gehören damit „zu den wesentlichen Zwecken der Koalitionen“[264].

a. Die leistungsrechtliche Dimension der Koalitionsfreiheit - der „Kernbereich“

Insbesondere die Tarifautonomie stellt offensichtlich keine natürliche Freiheitsausübung dar. Als ein Prinzip normativ wirkender Gesamtvereinbarungen bedarf sie eines Normenbestandes, der ihr diese rechtsgestaltende Geltungsmacht

---

259 *Rüthers*, Streik und Verfassung, S. 6 ff.; *Höfling*, in: Sachs, GG, Art. 9 Rn. 78.

260 BVerfGE 18, 18, 26; *Säcker / Oetker*, Grundlagen und Grenzen der Tarifautonomie, S. 30 ff.; *Gamillscheg*, Kollektives Arbeitsrecht, Bd. I, S. 263 ff, 284 ff.; *Farthmann / Coen*, HdbVerfR, § 19 Rn. 47 ff, 61.

261 BVerfGE 84, 212, 225; *Richardi*, Beilage NJW 1996, Heft 23, 13, 14; *Dieterich*, RdA 2002, 1, 2.

262 BVerfGE 4, 96, 107; BVerfGE 18, 18, 27; BVerfGE 20, 312, 320; BVerfGE 44, 322, 340 f.; BVerfGE 50, 290, 367; BVerfGE 103, 293, 304; *Kissel*, NZA 1986, 73, 74; *Richardi*, Gutachten zum 61. DJT, B 25 f.; *Löwisch*, JZ 1996, 812, 816; *Zachert*, AiB 2004, 718, 719.

263 BVerfGE, 84, 212, 229.

264 BVerfGE 94, 268, 283.

verleiht. So wird deutlich, dass die Koalitionsfreiheit als liberales Freiheitsrecht nicht nur eine abwehrrechtliche Komponente aufweist.[265] Vielmehr beinhaltet sie - auch im Hinblick auf ihre soziale Gestaltungsfunktion - eine leistungsrechtliche Dimension, nämlich einen Anspruch gegenüber dem Staat auf Schaffung und Erhaltung derjenigen Rechtsformen und -normen, die die Verwirklichung des Koalitionszwecks gewährleisten. Es handelt sich dabei um Regelungen, „die erst die Voraussetzung für eine Wahrnehmung des Freiheitsrechts bilden“[266].

Entsprechend der allgemeinen Grundrechtsdogmatik gewährleistet ein verfassungsrechtlicher Leistungsanspruch nur das zur Funktionserfüllung Notwendige. Somit umfasst auch der leistungsrechtliche Gehalt der Koalitionsfreiheit nach dem verfassungsrechtlichen Untermaßverbot nur einen „Kernbereich“. Danach hat der Gesetzgeber ein Koalitionsinstrumentarium bereitzustellen, das unter den gegebenen sozio-ökonomischen Bedingungen eine eigenverantwortliche Erfüllung des Koalitionszwecks ermöglicht.[267] Das jeweilig erforderliche Koalitionsinstrumentarium lässt sich aufgrund der Wandelbarkeit der wirtschaftlichen und sozialen Rahmenbedingungen nicht dauerhaft abschließend fest- und darstellen. Vielmehr unterliegt auch der Anspruchsinhalt der Grundrechtsträger des Art. 9 Abs. 3 GG gegenüber dem Staat stetigem Wandel und verpflichtet den Gesetzgeber damit zu ständiger Überprüfung seiner Gewährleistungspflicht.
Dieser Anspruch auf Zurverfügungstellung eines entsprechenden Normenkomplexes ist dabei am Untermaßverbot zu messen. Zu diesem Zweck hat sich der Gesetzgeber der Unerlässlichkeitsformel zu bedienen: Er genügt dem subjektiven Recht der Koalitionen und ihrer Mitglieder auf Bereitstellung eines geeigneten Koalitionsinstrumentariums dann, wenn er diejenigen Normen schafft und erhält, die zur Realisierung des grundrechtlich Gewährleisteten unerlässlich sind.[268]

---

[265] *Cornils*, Die Ausgestaltung der Grundrechte, S. 403; vgl. auch *Kemper*, BK GG, Art. 9 Abs. 3 Rn. 225 ff., der prinzipiell lediglich die Freiheit zur Assoziation gemäß den natürlichen, rechtlich nicht befestigten oder sanktionierten Handlungsmöglichkeiten als gewährleistet ansieht. Für die Tarifautonomie soll indessen eine Ausnahme gelten, da die Koalitionsfreiheit insoweit als Institutsgarantie - vergleichbar den Gewährleistungen des Eigentums oder der Ehe - auch die Freiheit zur Ausübung einer Kompetenz gewährleiste, die ohne ein legislatives Tarifvertragssystem nicht denkbar sei.

[266] BVerfGE 92, 26, 41; BVerfGE 92, 365, 394.

[267] *Höfling*, in: Sachs, GG, Art. 9 Rn. 77; vgl. auch *Cornils*, Die Ausgestaltung der Grundrechte, S. 419; *Zachert*, AiB 2004, 718, 719.

[268] Vgl. BVerfGE 92, 26, 41; *Höfling*, in: Sachs, GG, Art. 9 Rn. 77; *Isensee*, Tarifautonomie, S. 170 ff.; *Schwarze*, JuS 1994, 653, 657.

b. Die abwehrrechtliche Dimension der Koalitionsfreiheit

Auch außerhalb der durch das verfassungsrechtliche Untermaßverbot definierten leistungsrechtlichen Kernbereichsgewährleistung der Koalitionsfreiheit ist die Tarifautonomie gegenüber Eingriffen des Staates oder Dritter geschützt. Art. 9 Abs. 3 GG gewährleistet „den Koalitionen einen spezifischen Wirkungsbereich für den Abschluss von Tarifverträgen“[269]. Hier wird „ein Freiraum gewährleistet, in dem Arbeitnehmer und Arbeitgeber ihre Interessengegensätze in eigener Verantwortung austragen können“[270]. „Der Staat enthält sich in diesem Betätigungsfeld grundsätzlich einer Einflussnahme und überlässt die erforderlichen Regelungen der Arbeits- und Wirtschaftsbedingungen zum großen Teil den Koalitionen, die sie autonom durch Vereinbarung treffen.“[271] Innerhalb ihres durch das Begriffspaar „Arbeits- und Wirtschaftsbedingungen“ definierten Wirkungsbereichs tangiert jegliche Beschränkung ihrer Gestaltungsmacht den Schutzbereich.

c. Die Normsetzungsprärogative der Koalitionen

Die Koalitionsfreiheit ist in Art. 9 Abs. 3 GG vorbehaltlos und - wie gerade gesehen - umfassend gewährleistet. Diese Gewährleistung bedeutet jedoch nicht, dass Art. 9 Abs. 3 GG den Koalitionen ein Normsetzungsmonopol gewährleistet.[272] Vielmehr erwächst den Koalitionen aus der grundrechtlichen Gewährleistung eine Normsetzungsprärogative.

Die verfassungsgeberische Entscheidung, die Koalitionsfreiheit als zentralen Ordnungsfaktor des Arbeitslebens zu institutionalisieren, beruht zu einem nicht geringen Teil auf der Erkenntnis, dass die Tarifautonomie als kollektive Ausübungsform der Privatautonomie ein richtigkeitgewährendes Regelungsinstrument darstellt.
Intention des Verfassungsgebers war es, die Koalitionsfreiheit - und insbesondere die Tarifautonomie - als Instrument privatautonomer Gestaltung von Rechtsbeziehungen auch für das Arbeitsverhältnis zwischen Arbeitnehmer und Arbeitgeber zu etablieren.
Motiv und Grund dieser Institutionalisierung kollektiver Privatautonomie auf dem Gebiet des Arbeitsrechts ist die größere Sachnähe der Marktteilnehmer und ihre höhere Kompetenz bei der Findung eines angemessenen Ausgleichs ihrer widerstreitenden Interessen:

[269] BVerfGE 84, 212, 224; BVerfGE 94, 268, 283.
[270] BVerfGE 88, 103, 114 f.
[271] BVerfGE 44, 322, 340 f.; BVerfGE 103, 293, 304.
[272] *Wagner*, DB 1992, 2550, 2554.

„Dieses Zurücktreten des Staates zugunsten der Tarifparteien gewinnt seinen Sinn ebensosehr aus dem Gesichtspunkt, dass die unmittelbar Betroffenen besser wissen und besser aushandeln können, was ihren beiderseitigen Interessen und dem gemeinsamen Interesse entspricht, als der demokratische Gesetzgeber, wie aus dem Zusammenhang mit dem für die Gestaltung nicht öffentlich-rechtlicher Beziehungen charakteristischen Prinzip der „Privatautonomie“, im Grunde also der Entscheidung des Grundgesetzes zugunsten des freiheitlich-demokratischen Rechtsstaates.“[273]

Trotz der mit der tarifautonomen Normsetzung verbundenen Richtigkeitsgewähr wollte der Verfassungsgeber die Gestaltungsverantwortung für die Arbeits- und Wirtschaftsbedingungen nicht in die alleinigen Hände der Koalitionen legen.
„Die Koalitionsfreiheit ist zwar vorbehaltlos gewährleistet. Das bedeutet aber nicht, dass dem Gesetzgeber jede Regelung im Schutzbereich dieses Grundrechts verwehrt wäre. [...] Aber auch im übrigen ist dem Gesetzgeber die Regelung von Fragen, nicht von vornherein entzogen. Art. 9 Abs. 3 GG verleiht den Tarifvertragsparteien in diesem Bereich zwar ein Normsetzungsrecht, aber kein Normsetzungsmonopol. Das ergibt sich bereits aus den Gesetzgebungszuständigkeiten des Art. 74 Abs. 1 Nr. 12 GG.“[274]

Neben den Gesetzgebungszuständigkeiten des Art. 74 Abs. 1 Nr. 11 und 12 GG[275] streitet noch ein anderer Gesichtspunkt gegen die Annahme eines Normsetzungsmonopols der Koalitionen:
„Die Bedeutung und Vielzahl der von der Tätigkeit der Koalitionen berührten Belange namentlich im Bereich der Wirtschafts- und Sozialordnung machen vielmehr vielfältige gesetzliche Regelungen notwendig, die der Koalitionsfreiheit auch Schranken ziehen können; dies um so mehr, als der Gegenstand der Gewährleistung auf sich wandelnde wirtschaftliche und soziale Bedingungen bezogen ist, die mehr als bei anderen Freiheitsrechten die Möglichkeiten zu Modifikationen und Fortentwicklungen lassen müssen.“[276]
Als zentrale Verfassungsnorm für die Ordnung des Arbeitslebens gerät die grundrechtliche Gewährleistung der Koalitionsfreiheit zwangsläufig in Konflikt mit anderen wichtigen Zielsetzungen der Verfassung, die eine Schrankensetzung zum Schutz dieser Rechtsgüter erfordern. Ebenso wie auch der Privatau-

---

[273] BVerfGE 34, 307, 317; vgl. auch BVerfGE 103, 293, 306; *Richardi*, Gutachten zum 61. DJT, B 34 f.
[274] BVerfGE 94, 268, 284; vgl. auch BVerfGE 100, 214, 223 f.; BVerfGE 103, 293, 306.
[275] BVerfGE 103, 293, 306; vgl. auch BVerfGE 44, 322, 341 f.; *Höfling*, in: Sachs, GG, Art. 9 Rn. 137 a; *Löwisch*, JZ 1996, 812, 816; *Wagner*, DB 1992, 2550, 2554.
[276] BVerfGE 50, 290, 368; vgl. auch BVerfGE 93, 352, 359; BVerfGE 44, 322, 342.

tonomie Grenzen gesetzt werden müssen, um einen Missbrauch dieser Freiheit zu verhindern und Fehlentwicklungen vorzubeugen, muss auch die Koalitionsfreiheit als kollektive Ausübungsform von Privatautonomie eine Reglementierung durch kollidierendes Verfassungsrecht erfahren.

d. Exkurs: Die soziale Schutzfunktion, die Gemeinwohlbindung der Koalitionen und das beschäftigungspolitische Mandat

Als zentraler Ordnungsfaktor des Arbeitslebens weist die Koalitionsfreiheit Besonderheiten auf: Wenn auch nicht als eigenständige Gewährleistungsfunktionen, so doch als unmittelbare Konsequenz der grundrechtlichen Gewährleistungen des Art. 9 Abs. 3 GG übt die Koalitionsfreiheit eine soziale Schutzfunktion und ein beschäftigungspolitisches Mandat aus.

i. Die soziale Schutzfunktion der Koalitionsfreiheit

Zur funktionellen Gewährleistungsdimension der Koalitionsfreiheit gehört auch die Aufgabe der Koalitionen, Mindestarbeitsbedingungen festzusetzen.
Die Koalitionen üben bei der tarifvertraglichen Gestaltung eine Kartellbefugnis aus, die das für privatautonomes Wirken notwendige Verhandlungsgleichgewicht zwischen den vertretenen Arbeitnehmern und den ansonsten wirtschaftlich übermächtigen Arbeitgebern herstellt.
Diese kollektiv ausgeübte Privatautonomie gewährleistet einen angemessenen Ausgleich der widerstreitenden Interessen von Arbeitnehmerschaft und Arbeitgeberschaft, so dass die dadurch erreichten tarifvertraglichen Regelungen eine Richtigkeitsgewähr aufweisen.
Diese Richtigkeitsgewähr tarifvertraglicher Regelungen erfüllt zugunsten der Gewerkschaftsmitglieder einen Aspekt assoziativer Selbsthilfe und damit eine soziale Schutzfunktion.[277]
Die kollektive Interessenvertretung durch die Gewerkschaften und der durch das Angebotskartell entwickelte Verhandlungsdruck gewährleisten die Festsetzung sozialverträglicher Mindestarbeitsbedingungen zugunsten der Arbeitnehmer durch die Tarifverträge. Aufgrund dieses Masseneffekts füllt die Koalitionsfreiheit zentrale Zuständigkeiten innerhalb der gesellschaftlichen Arbeitsordnung aus. Diese Prozesse sozialer Interessenauseinandersetzung, ausgleichung und sozialer Partnerschaft der Gewerkschaften und Arbeitgeberverbände dienen „der im öffentlichen Interesse den Koalitionen übertragenen Aufgabe, im

---

[277] *Höfling*, in: Sachs, GG, Art. 9 Rn. 51; *Scholz*, in: HStR VI, § 151 Rn. 26 ff.; *Kittner / Schiek*, AK GG, Art. 9 Abs. 3 Rn. 80 ff.; *Kempen / Zachert*, TVG, Grundlagen Rn. 56 ff.; *Bulla*, FS Nipperdey, S. 79 ff.; *Gießen*, Gewerkschaften, S. 120 ff.; *Gamillscheg*, Koalitionsfreiheit und soziale Selbstverwaltung.

Verein mit dem sozialen Gegenspieler das Arbeitsleben zu ordnen und zu befrieden“[278].
Daher weist die Koalitionsfreiheit als Folge ihrer grundrechtlichen Gewährleistungen eine besondere gesellschaftspolitische Konkretisierung des Sozialstaatsprinzips auf, dessen Zielsetzung ebenfalls auf die Festsetzung sozialverträglicher Arbeitsbedingungen für die Arbeitnehmerschaft gerichtet ist.[279] Diese durch die Zuweisung zentraler Zuständigkeiten innerhalb der gesellschaftlichen Arbeitsordnung begründete soziale Schutzdimension der Koalitionsfreiheit geht über die Funktion eines gegen den Staat gerichteten, bloßen Abwehrrechts hinaus.[280]

ii. Das beschäftigungspolitische Mandat der Koalitionen

Nicht unumstritten ist, ob die verfassungsrechtliche Gewährleistung der Tarifautonomie auch beschäftigungspolitisch motivierte Regelungen beinhaltet und den Koalitionen damit ein entsprechend weitreichendes Mandat erteilt.

Die Interessenlage der Arbeitnehmer ist jedenfalls unbestreitbar auf die Verhinderung von Arbeitslosigkeit und Beschäftigungssicherung gerichtet. Dementsprechend handelt es sich hierbei um klassische Regelungsziele der Tarifvertragsparteien, so dass beschäftigungspolitische Erwägungen bei allen Verhandlungen und Vereinbarungen Eingang finden und mit anderen tarifpolitischen Zielen in Einklang gebracht werden müssen.[281] Aufgrund der offensichtlichen Zusammenhänge von Beschäftigungspolitik und gesamtwirtschaftlichen Entwicklungen bzw. unternehmerischen Entscheidungen erscheint hier - jedenfalls nach überwiegender Auffassung[282] - die Subsumtion unter das den Gewährleistungsumfang der Tarifautonomie definierende Begriffspaar der Arbeits- und Wirtschaftsbedingungen besonders geboten.

Die Gegenmeinung argumentiert indessen dahingehend, dass der Annahme eines beschäftigungspolitischen Mandats der Koalitionen kollidierendes Verfassungsrecht entgegenstünde und zwar in zweierlei Hinsicht.

---

[278] BVerfGE 18, 18, 27.
[279] *Scholz*, in: Maunz / Dürig, GG, Art. 9 Rn. 10.
[280] *Scholz*, in: Maunz / Dürig, GG, Art. 9 Rn. 10.
[281] *Dieterich*, RdA 2002, 1, 10.
[282] *Däubler*, DB 1989, 2534, 2534; *Kempen*, FS Hanau, 529, 529; *Konzen*, NZA 1995, 913, 917 f.; *Waltermann*, NZA 1991, 754, 755; *ders.*, RdA 1996, 129, 134; *Zachert*, DB 2001, 1198, 1198; *Säcker / Oetker*, Grundlagen und Grenzen der Tarifautonomie, S. 98 f.; *Dieterich*, RdA 2002, 1, 10.

Zum einen soll eine derartiges Mandat gegen das Gewaltenteilungsprinzip verstoßen, zumal die Koalitionen an das Interessenspektrum einer Branche gebunden seien.[283]
Diese Argumentation vermag indessen nicht zu überzeugen. Die Erfolgsgeschichte der Tarifautonomie und ihre im Anschluss daran erfolgte Gewährleistung in Art. 9 Abs. 3 GG sind Beleg, dass die Verfassung den Koalitionen durchaus eine branchenübergreifende Perspektive zutraut. „Mit dem unterstellten Tunnelblick ließen sich nicht einmal regionale Lohntarifverträge sinnvoll abschließen."[284] Insoweit bestehen keine begründeten Bedenken gegen die Annahme eines beschäftigungspolitischen Mandats der Koalitionen.
Zum anderen wird die Ablehnung einer solchen Kompetenz damit begründet, dass die Berufsfreiheit der Arbeitgeber und Arbeitnehmer eine entsprechende Einschränkung der Tarifautonomie erforderlich mache. Tarifbindungen, die allein mit beschäftigungspolitischen Zielen begründet seien, verletzten dieses individuelle Freiheitsrecht der Arbeitgeber und Arbeitnehmer.[285]
Diese Auffassung vernachlässigt indessen, dass es aufgrund der Wesenheit der Koalitionsfreiheit als kollektive Privatautonomie keinen antagonistischen Gegensatz zur individuellen Berufsfreiheit gibt. Vielmehr gilt es zu beachten, dass sich die Bedeutung des Tarifrechts gerade aus der strukturellen Unterlegenheit des Arbeitnehmers und der Schutzbedürftigkeit seiner Berufsfreiheit ableitet.[286] Die Tarifautonomie soll den grundrechtlich gebotenen Ausgleich durch Ausnutzung der Kartellbefugnis bewirken. Durch den freiwilligen Beitritt zu einer Gewerkschaft bzw. zu einem Arbeitgeberverband nehmen Arbeitnehmer und Arbeitgeber eine privatautonome Selbstbindung vor und unterwerfen sich damit den tarifpolitischen Konzepten der Koalitionen.[287]
Somit vermag auch diese Argumentation die Ablehnung eines sozial- und beschäftigungspolitischen Mandats der Koalitionen nicht zu stützen.

iii. Die Gemeinwohlbindung der Koalitionen?

Angesichts der sozialen Schutzdimension der Koalitionsfreiheit und ihres beschäftigungspolitischen Mandats ist streitig, ob eine Gemeinwohlbindung der Koalitionen[288] besteht.

---

[283] *Zöllner*, DB 1989, 2121, 2121; vgl. auch: *Rieble*, ZfA 2004, 1, 8 ff.
[284] *Dieterich*, RdA 2002, 1, 10.
[285] *Rieble*, ZTR 1993, 54, 59; einschränkend auch *Scholz*, ZfA 1981, 265, 295; *Gitter / Boerner*, RdA 1990, 129, 134.
[286] BVerfGE 84, 212, 229; *Dieterich*, DB 2001, 2398, 2402.
[287] *Wolf*, GS Heinze, S. 1095, 1103; a.A. *Hromadka*, NJW 2003, 1273, 1276.
[288] *Scholz*, HStR VI, § 151 Rn. 31 ff.; *Sodan*, JZ 1998, 421, 425; a.A. *Höfling*, in: Sachs, GG, Art. 9 Rn. 127.

Zur Begründung einer Gemeinwohlbindung der Koalitionen berufen sich die Befürworter einer solchen Bindung zum einen darauf, die Koalitionen nähmen bei ihrer Tätigkeit eine öffentliche Aufgabe wahr, von deren Erledigung in eigener Zuständigkeit der Gesetzgeber Abstand genommen habe und die er den Koalitionen übertragen habe.[289]
Zum anderen scheint es angesichts der anhaltenden Massenarbeitslosigkeit und der offenbaren Grenzen staatlicher Beschäftigungspolitik nahe zu liegen, den Tarifvertragsparteien im Hinblick auf ihr beschäftigungspolitisches Mandat eine korrespondierende Handlungspflicht aufzuerlegen. „Wer beschäftigungspolitische Instrumente in seinen Händen hält, sollte diese auch nutzen müssen."[290]
Beide Argumentationsansätze vermögen eine Gemeinwohlbindung der Koalitionen nicht zu konstituieren.
Zwar gestalten die Koalitionen durch ihre Tarifabschlüsse in erheblichem Maße das Arbeitsleben und damit die soziale Öffentlichkeit. Die Ausübung einer öffentlichen Aufgabe im politisch-demokratischen Sinne bzw. die Erfüllung einer Regelungspflicht der Koalitionen stellt diese soziale Bewirkungsdimension der Koalitionsfreiheit indessen nicht dar.[291]

(1) Nochmals: Die soziale Ordnungsfunktion der Tarifautonomie

Die Tarifabschlüsse der Koalitionen gewähren den Arbeitnehmern Schutz vor der Verhandlungsübermacht des Arbeitgebers und weisen durch die Festsetzung von Mindestarbeitsbedingungen eine soziale Schutz- und Bewirkungsdimension zugunsten der Koalitionsmitglieder auf.[292]
Diese soziale Bewirkungsdimension ist Resultat der durch die Koalitionsfreiheit gewährten Kartellbefugnis und der mit dem privatautonomen Wirkprinzip verbundenen Richtigkeitsgewähr[293] der tarifvertraglichen Regelungen.[294]

---

[289] BVerfGE 28, 295, 304; BAGE 4, 240, 250 f.; BAGE 1, 258, 262 f.; BVerfGE 4, 96, 108; *Hueck / Nipperdey*, Arbeitsrecht, Bd. II/1, § 18, S. 346 ff.; *Adomeit*, Rechtsquellenfragen im Arbeitsrecht, S. 136 ff.

[290] Vgl. *Dieterich*, RdA 2002, 1, 10.

[291] *Richardi*, Gutachten zum 61. DJT, B 35; *Scholz*, Die Koalitionsfreiheit als Verfassungsproblem, S. 217 f.; *Platow*, AiB 2003, 581, 584; anders BVerfGE 28, 295, 304.

[292] BVerfGE 18, 18, 27; *Höfling*, in: Sachs, GG, Art. 9 Rn. 52; *Scholz*, in: HStR VI, § 151 Rn. 26 ff.; *Kittner / Schiek*, AK GG, Art. 9 Abs. 3 Rn. 80 ff.; *Kempen / Zachert*, TVG, Grundlagen Rn. 56 ff.; *Bulla*, FS Nipperdey, S. 79 ff.; *Gießen*, Gewerkschaften, S. 120 ff.; *Gamillscheg*, Koalitionsfreiheit und soziale Selbstverwaltung; *Scholz*, in: Maunz / Dürig, GG, Art. 9 Rn. 10.

[293] BAG AP Nr. 47 zu § 242 BGB Gleichbehandlung; BAGE 29, 72, 82; *Zöllner*, RdA 1964, 443, 448; *Ossenbühl / Richardi*, Neutralität im Arbeitskampf, S. 116 f.

[294] *Löwer*, in: v.Münch / Kunig, GG, Art. 9 Rn. 66; *Scholz*, HStR VI, § 151 Rn. 46; *Badura*, FS Zeidler, S. 1591, 1607; *Dütz*, JA 1987, 405, 406; *Löwisch / Rieble*, in: Richardi /

Diese führen zu einem sozialverträglichen Ausgleich der widerstreitenden Interessen von Unternehmertum und Arbeitnehmerschaft, der sich mit den Zielen des sozialstaatlichen Gestaltungsauftrags des Gesetzgebers deckt.

Diese Ordnungsfunktion der Koalitionsabschlüsse geht über die unmittelbare und zwingende Wirkung der Tarifverträge für die beiderseits Tarifgebundenen hinaus. Die Tarifverträge wirken in großem Maße durch Einbeziehungsabreden in den Einzelarbeitsverträgen auch für die Tarifaußenseiter.[295] Dabei dienen die Einbeziehungsabreden aus Sicht der Arbeitgeber dazu, den Tarifaußenseitern die Errungenschaften der Gewerkschaften zukommen zu lassen, ohne auf die Mitgliedschaft in den Gewerkschaften angewiesen zu sein und deren Verhandlungsmacht durch Beitritt zu verstärken.
Darüber hinaus haben sich die Koalitionen zu einem bedeutenden Ordnungsfaktor[296] des Arbeitslebens entwickelt und beeinflussen durch ihre Tarifabschlüsse in erheblichem Maße die Entwicklung des Arbeitsmarktes und damit der Konjunktur, der Wirtschaft und der sozialen Sicherungssysteme. Sie gestalten maßgeblich die Gesamtwirtschaft und die soziale Öffentlichkeit.
Ihre Tätigkeit ist insofern durch ein beschäftigungspolitisches Mandat legitimiert, welches es ihnen erlaubt, zur Verhinderung der Arbeitslosigkeit und zum Zwecke der Beschäftigungssicherung regulierend tätig zu werden und so Einfluss auf die gesamtwirtschaftliche Entwicklung und unternehmerische Entscheidungen zu nehmen.

(2) Identität der Wirkprinzipien der sozialen Ordnungsfunktion der Tarifautonomie und des sozialen Gestaltungsauftrags des Gesetzgebers?

Die tarifvertragliche Festsetzung von Mindestarbeitsbedingungen sowie die Ausübung des beschäftigungspolitischen Mandats der Koalitionen ist nicht Ausübung eines sozialstaatlichen Gestaltungsauftrag des Gesetzgebers, sondern allein Ausfluss der kollektiven Interessenvertretung durch die Gewerkschaften.[297] Es handelt sich allerdings nicht um eine Schutzpflicht im Sinne einer

---

Wlotzke (Hrsg.), MünchArbR, § 253 Rn. 1 ff.; abl. *Kemper*, BK GG, Art. 9 Abs. 3 Rn. 253; *Reuter*, RdA 1994, 152, 152 ff.; *ders.*, ZfA 1995, 1, 1 ff.

[295] Vgl. *Zander*, BB 1987, 1315, 1316.

[296] Vgl. *Scholz*, in: Maunz / Dürig, GG, Art. 9 Rn. 10; *Werner*, AöR 81 (1956), 84, 93; *Badura*, Der Staat 14 (1975), S. 17, 27 f.; *Leisner*, Grundrechte und Privatrecht, S. 96 ff., 172 ff., 263 f.

[297] Vgl. *Canaris*, AcP 184 (1984), 201, 243 f.; *ders.*, JuS 1989, 161, 166; *Wiedemann*, Die Bindung der Tarifnormen an die Grundrechte, S. 77; *Richardi*, Kollektivgewalt und Individualwille, S. 127 ff.; *ders.*, AöR 93 (1968), 243, 254 f.; *ders.*, in: Richardi / Wlotzke (Hrsg.), MünchArbeitsR, § 10 Rn. 23 ff.; *Ossenbühl / Richardi*, Neutralität

Rechtspflicht gegenüber dem Staat oder von den eigenen Mitgliedern verschiedenen Dritten.
In ihrem Tun sind die Koalitionen ausschließlich den Interessen ihrer Mitglieder verpflichtet.[298] Wie die Garantie der negativen Koalitionsfreiheit beweist, stellt die von den Koalitionen wahrgenommene Normsetzungsbefugnis keine Erfüllung einer gegenüber Dritten bestehenden Rechtspflicht, sondern lediglich grundrechtlich legitimierte Freiheitsausübung und Wahrnehmung von Mitgliederinteressen dar.[299]
Das Zusammenfallen der Wirkungsrichtungen von sozialstaatlichem Gestaltungsmandat und tarifautonomer Interessenwahrnehmung ist nicht Ausübung ein und derselben Aufgabe, sondern Koinzidenz der Ergebnisse zweier unterschiedlicher Regelungskonzepte.

Die Ausübung der Tarifautonomie ist die Umsetzung privatautonomer Gestaltungsprozesse auf dem Gebiet des Arbeitslebens. Dementsprechend stellt das Tarifvertragssystem ein Regelungssystem vertraglicher Verhandlung und Einigung dar.[300] Dieses ist durch Art. 9 Abs. 3 GG verfassungsrechtlich garantiert. Entsprechend dem privatautonomen Systemansatz ist es allein den Koalitionen überlassen, wie sie die von ihnen wahrgenommenen Mitgliederinteressen verfolgen und umsetzen wollen bzw. ob und inwieweit sie dabei beschäftigungspolitische Zielsetzungen verfolgen. Dementsprechend handelt es sich um einen grundrechtlich gewährleisteten Freiraum, der - wie alle anderen Freiheitsrechte - genutzt werden kann, aber nicht ausgefüllt werden muss.[301]
Diesem freiheitlichen System der Regelung des Arbeitslebens zwischen den Beteiligten widerspricht es, die Wahrnehmung der Tarifautonomie auf ein Ordnungsziel hin zu determinieren, das nicht den Interessen der in den Koalitionen vertretenen Mitglieder entspricht.
Dies gilt umso mehr als die Annahme einer Gemeinwohlbindung zu einer unkalkulierbaren Einschränkung der Tarifautonomie führen würde. Wenn die Koalitionen Gemeinwohlbelange, die keinen gesetzgeberischen Ausdruck gefunden haben, beim Abschluss von Tarifverträgen berücksichtigen müssten, wäre ihre Regelungskompetenz in kaum vorhersehbarer bzw. kaum definierbarer

im Arbeitskampf, S. 114 f.; *Dieterich*, FS Schaub, S. 117, 121; *Schliemann*, FS Hanau, S. 577, 587.

298 *Biedenkopf*, Grenzen der Tarifautonomie, S. 64; *Reuß*, ZfA 1970, 319, 332; *Richardi*, Beilage NJW 1996, Heft 23, 13, 14; *Picker*, NZA 2002, 761, 769; anders BVerfGE 38, 281, 307; *Reuter*, DZWir 1991, 221, 223; *Stelling*, NZA 1998, 920, 924.

299 *Dieterich*, FS Schaub, S. 117, 121; *Höfling*, in: Sachs, GG, Art. 9 Rn. 93.

300 BVerfGE 44, 322, 341; BAGE 23, 292; *Picker*, NZA 2002, 761, 764; *Heinze*, DB 1996, 729, 732; *Richardi*, Gutachten zum 61. DJT, B 38 f.; *ders.*, NZA 2000, 617, 617 f.

301 *Dieterich*, RdA 2002, 1, 11.

Weise eingeschränkt. Der Verlauf einer solchen ungeschriebenen Kompetenzgrenze bliebe unbestimmt und müsste zwangsläufig gerichtlicher Kontrolle unterworfen werden.[302]
Die Pflicht des Staats zur Wahrung des Gemeinwohls gibt ihm indessen keine Kompetenz zur Tarifzensur.[303] Ob ein tarifvertragliches Regelungsziel angemessen ist und ob es sinnvoll ist, zu seiner Durchsetzung einen Arbeitskampf zu führen, unterliegt nicht der gerichtlichen Überprüfung, weil eine derartige Kontrolle den Wesensgehalt der Tarifautonomie beeinträchtigen würde.[304] Die Arbeitsgerichte sind weder berechtigt noch in der Lage, bei der Inhaltskontrolle von Tarifverträgen im Nachhinein arbeitsmarktpolitische Leitlinien zu entwickeln und die Einschätzungen der Tarifvertragsparteien dementsprechend zu korrigieren. Solcherlei Tarifzensur will Art. 9 Abs. 3 GG gerade verhindern, da er die Realisierung des Gemeinwohls dem antagonistischen Zusammenwirken der Tarifvertragsparteien eigenverantwortlich anvertraut und auch die beschäftigungspolitischen Implikationen ihres Wirkens allein ihrer Verantwortung unterstellt hat. Eine gerichtliche Kontrolle der Tarifziele würde dem Grundgedanken der Tarifautonomie widersprechen.[305]
Das Koalitionsverfahren zur Regelung der Arbeits- und Wirtschaftsbedingungen ist daher keine besondere Form der Wahrnehmung von Gemeinwohlbelangen, sondern allein Freiheitsausübung der Koalitionen bei der Wahrnehmung ihrer Mitgliederinteressen.[306] Demzufolge verfügen die Koalitionen im Bereich der Arbeits- und Wirtschaftsbedingungen nur über einen Regelungsvorrang; der Staat bleibt insoweit subsidiär, im Hinblick auf die gesamtwirtschaftliche Entwicklung (vgl. Art. 109 Abs. 2 GG) sogar primär in der Verantwortung.[307] Regelungsbedürftige Fragen des Gemeinwohls, die die Koalitionen nicht aufgreifen, sind - gegebenenfalls aufgrund grundgesetzlicher Schutzpflichten - gesetz-

---

[302] *Dieterich*, RdA 2002, 1, 10.

[303] *Söllner*, NZA 1996, 897, 902; *Dieterich*, FS Schaub, S. 117, 117 ff.

[304] *Richardi*, Gutachten zum 61. DJT, B 36 f.; *Rüthers*, GS Dietz, S. 299, 319 ff.; *Seiter*, Streikrecht und Aussperrungsrecht, S. 176 ff., 539; *ders.*, Staatsneutralität im Arbeitskampf, S. 108.

[305] BVerfGE 84, 212, 231; *Kemper*, BK GG, Art. 9 Abs. 3 Rn. 225 ff.; *Henssler*, ZfA 1998, 1, 21; *Junker*, ZfA 1996, 383, 391 f.; *Söllner*, Grundriß des Arbeitsrechts, § 17 I 5a; *Wiedemann*, TVG, Einleitung Rn. 351 f.; *Rieble*, ZfA 2004, 1, 11; a.A.: *Scholz*, HStR VI, § 151 Rn. 31 ff.

[306] *Picker*, NZA 2002, 761, 769; *Richardi*, Kollektivgewalt und Individualwille, S. 146; *Isensee*, Tarifautonomie, S. 159, 177 ff.

[307] BVerfGE 100, 271, 271; *Dieterich*, RdA 2002, 1, 11.

lich zu regeln.[308] Die Tarifvertragsparteien unterliegen demgegenüber keiner derartigen Normsetzungspflicht.[309]
Die sozialverträgliche Regelung der Arbeitsbedingungen durch die Tarifabschlüsse ist also keine Erfüllung einer öffentlichen Aufgabe, sondern allein eine Koinzidenz von Regelungszielen der Mitglieder und Allgemeinwohl.[310] Sie stellt lediglich eine Reflexwirkung dar.

An dieser Wertung ändert auch die Tatsache nichts, dass die Tarifabschlüsse eine über die Koalitionsmitglieder hinausgehende Ordnungsfunktion aufweisen. Die Ausstrahlungswirkung der Tarifabschlüsse beruht großenteils auf Einbeziehungsabreden der Arbeitsvertragsparteien. Diese Einbeziehungsabreden mögen seitens der Arbeitgeberschaft dadurch motiviert sein, die Verhandlungsstärke der Gewerkschaften nicht dadurch zu stärken, dass man die Arbeitnehmer zu einem Beitritt zwingt, sondern ihnen die Errungenschaften der Gewerkschaften freiwillig zukommen lässt. Andererseits mögen sie aber auch auf der Überzeugung beruhen, dass der privatautonome Interessenausgleich zwischen den Koalitionen einen gerechten Ausgleich der widerstreitenden Ziele gewährleistet. Unabhängig von der letztendlich maßgebenden Motivation für die Vereinbarung von Einbeziehungsabreden beruht die Ausstrahlungswirkung der Tarifabschlüsse damit wiederum auf privatautonomen Dispositionen der Tarifaußenseiter und der Arbeitgeber. Daher vermag diese privatautonom induzierte Außenseiterwirkung nichts an dem privatautonomen, freiheitlichen Wirkprinzip der Tarifautonomie zu ändern. Diese erfährt durch ihre Ausstrahlungswirkung auf Tarifaußenseiter keine Umqualifizierung als öffentliche Aufgabe.

B. Die Grundrechtsberechtigten

Ebenso wie das Grundrecht der Koalitionsfreiheit seinem Gewährleistungsumfang nach umfassend gewährleistet ist, ist es auch im Hinblick auf die Frage der Grundrechtsberechtigung weit konzipiert und gilt „für jedermann und alle Berufe“. Damit können sich alle Menschen auf die Grundrechtsgarantie berufen,

---

[308] BVerfGE 103, 293, 293.

[309] *Gamillscheg*, Die Grundrechte im Arbeitsrecht, S. 99 f.; *Dieterich*, RdA 2002, 1, 11; *ders.*, FS Schaub, S. 117, 130 ff.; *Friese*, Kollektive Koalitionsfreiheit und Betriebsverfassung, S. 430 ff.; *Säcker / Oetker*, Grundlagen und Grenzen der Tarifautonomie, S. 93 ff.; *Schwarze*, Der Betriebsrat im Dienst der Tarifvertragsparteien, S. 203 ff.

[310] Vgl. *Canaris*, AcP 184 (1984), 201, 243 f.; *ders.*, JuS 1989, 161, 166; *Wiedemann*, Die Bindung der Tarifnormen an die Grundrechte, S. 77; *Richardi*, Kollektivgewalt und Individualwille, S. 127 ff.; *ders.*, AöR 93 (1968), 243, 254 f.; *ders.*, in: Richardi / Wlotzke (Hrsg.), MünchArbeitsR, § 10 Rn. 23 ff.; *Ossenbühl / Richardi*, Neutralität im Arbeitskampf, S. 114 f.; *Dieterich*, FS Schaub, S. 117, 121; *Schliemann*, FS Hanau, S. 577, 587.

sofern sie dies in ihrer Eigenschaft als Berufsangehörige tun.[311] Art. 9 Abs. 3 GG stellt dementsprechend ein Menschenrecht dar.[312]
Dabei ist es unerheblich, welcher Beruf oder auch welches Gewerbe ausgeübt wird.[313] Die Gewährleistung für alle Berufe erfasst sowohl gewerbliche als auch nicht gewerbliche Berufe sowie Beamte, Richter, Arbeiter und Angestellte im öffentlichen Dienst.[314]
Auch juristische Personen und sonstige Personenvereinigungen des Privatrechts werden nach Art. 19 Abs. 3 GG vom persönlichen Geltungsbereich der Koalitionsfreiheit erfasst, soweit sie Träger arbeitsrechtlicher Rechte und Pflichten sind.[315] Juristische Personen des öffentlichen Rechts mit Dienstherrenfähigkeit können sich demgegenüber mangels Grundrechtsfähigkeit nicht auf den Verfassungsschutz der Koalitionsfreiheit berufen.[316]

---

311 *Höfling*, in: Sachs, GG, Art. 9 Rn. 111.
312 *Löwer*, in: v.Münch / Kunig, GG, Art. 9 Rn. 81; *Höfling*, in: Sachs, GG, Art. 9 Rn. 111.
313 BVerfGE 19, 303, 322; *Höfling*, in: Sachs, GG, Art. 9 Rn. 112.
314 *Löwer*, in: v.Münch / Kunig, GG, Art. 9 Rn. 84; *Höfling*, in: Sachs, GG, Art. 9 Rn. 112.
315 *Löwer*, in: v.Münch / Kunig, GG, Art. 9 Rn. 83; *Höfling*, in: Sachs, GG, Art. 9 Rn. 113.
316 *Höfling*, in: Sachs, GG, Art. 9 Rn. 114.

KAPITEL 4: DIE GRUNDRECHTSBESCHRÄNKUNGEN IM BEREICH DER KOALITIONSFREIHEIT

Entsprechend der umfassenden Gewährleistung der Koalitionsfreiheit und der in ihrem Zentrum stehenden Tarifautonomie stellt jede Verkürzung des grundrechtlich Gewährleisteten eine Beschränkung der Koalitionsfreiheit - und gegebenenfalls der Tarifautonomie - dar.
Wie jedoch die Gewährleistungen der Koalitionsfreiheit sowohl eine abwehrrechtliche als auch eine leistungsrechtliche Komponente aufweisen, korrespondieren zu diesen wesensverschiedenen Gewährleistungsdimensionen zwei Wirkformen des Gesetzgebers, die sich wesentlich hinsichtlich der an sie anknüpfenden Rechtsfolgen unterscheiden.
Zu differenzieren ist hier zwischen der Ausgestaltung des leistungsrechtlich Gewährleisteten und dem Eingriff in die abwehrrechtlichen Gewährleistungen der Koalitionsfreiheit.
Die Ausgestaltung ist im Gegensatz zum Eingriff keine rechtfertigungsbedürftige Beschränkung der Koalitionsfreiheit,[317] denn sie ist keine Grundrechtsbeschränkung im Sinne einer Freiheitsbeschneidung, sondern im Gegenteil Pflicht zur Freiheitseröffnung/-gewährung durch Bereitstellung eines die Funktionserfüllung ermöglichenden Normensystems.[318]
Während der Eingriff gemäß der klassischen Grundrechtsdogmatik rechtfertigungsbedürftig und bei fehlender Rechtfertigung verfassungswidrig ist, ist die Ausgestaltung daher nicht rechtfertigungsbedürftig[319] und auch nur dann verfassungswidrig, wenn der Gesetzgeber seiner am Untermaßverbot zu messenden

---

[317] Vgl. auch Cornils. Die Ausgestaltung der Grundrechte, S. 399 ff. m.w.N. zur Abkehr von der Verstrickung schrankenspezifischer Rechtfertigungsmaßstäben mit angeblichen Ausgestaltungsregelungen.

[318] *Dieterich*, RdA 2002, 1, 11; vgl. auch *Pieroth*, FS BVerfG, S. 293, 306 f.

[319] Diese Unterscheidung darf indessen nicht missverstanden werden. Soweit eine Ausgestaltung der Koalitionsfreiheit zu einer Beschränkung anderer grundrechtlich geschützter Rechtspositionen führt, so stellt sie im Hinblick auf dieses Recht eine Freiheitsbeschränkung und damit einen rechtfertigungsbedürftigen Eingriff dar. In diesem Sinne sind auch die Ausführungen *Cornils* (Die Ausgestaltung der Grundrechte, S. 403 ff.) zu verstehen, der eine sog. Exklusivitätsthese ablehnt. Insoweit ist es folgerichtig festzustellen, dass die alleinige Qualifizierung eines gesetzgeberischen Wirkens als Ausgestaltung die gesetzgeberische Maßnahme nicht von jeglichem Rechtfertigungszwang entbindet, sondern nur von einem Rechtfertigungszwang im Hinblick auf das ausgestaltete Recht. Daher ist die Qualifizierung einer gesetzgeberischen Maßnahme als Ausgestaltung oder Eingriff auch nicht generell möglich, sondern immer nur im Hinblick auf die betroffenen Rechtsgüter.

verfassungsrechtlichen Verpflichtung zur Ausgestaltung nicht oder nicht in hinreichendem Maße nachkommt.[320]
Je nach Einordnung der Deregulierungsbestrebungen als Ausgestaltung oder Eingriff ergeben sich daher unterschiedliche Maßstäbe für die Prüfung ihrer Verfassungsmäßigkeit und damit korrespondierend völlig andere Gestaltungsspielräume für den Gesetzgeber hinsichtlich der Neuordnung von Tarifvertragsystem und Betriebsverfassung.[321]

A. Die Ausgestaltung und die leistungsrechtliche Dimension der Koalitionsfreiheit

I. Der Begriff der Ausgestaltung in der Rechtsprechung des Bundesverfassungsgerichts

Nach nunmehr überholter Auffassung des Bundesverfassungsgerichts bedarf die Koalitionsfreiheit „von vornherein der gesetzlichen Ausgestaltung. Diese besteht nicht nur in der Schaffung der Rechtsinstitute und Normenkomplexe, die erforderlich sind, um die grundrechtlich garantierten Freiheiten ausüben zu können. Die Bedeutung und Vielzahl der von der Tätigkeit der Koalitionen berührten Belange namentlich im Bereich der Wirtschafts- und Sozialordnung machen vielmehr vielfältige gesetzliche Regelungen notwendig, die der Koalitionsfreiheit auch Schranken ziehen können; dies um so mehr, als der Gegenstand der Gewährleistung auf sich wandelnde wirtschaftliche und soziale Bedingungen bezogen ist, die mehr als bei anderen Freiheitsrechten die Möglichkeiten zu Modifikationen und Fortentwicklungen lassen müssen. [...] Dies gilt auch für die Gewährleistung der Tarifautonomie. Diese ist ganz allgemein; sie umfaßt nicht die besondere Ausprägung, die das Tarifvertragssystem in dem zur Zeit des Inkrafttretens des Grundgesetzes geltenden Tarifvertragsgesetz erhalten

---

320 *Höfling*, in: Sachs, GG, Art. 9 Rn. 77; vgl. auch *Cornils*, Die Ausgestaltung der Grundrechte, S. 419; letzterer weist zu Recht darauf hin, dass die Annahme einer Ausgestaltungsdimension der Koalitionsfreiheit dem Gesetzgeber Handlungsspielräume eröffnet, ohne dafür an grundrechtliche Schrankenvorbehalte gebunden zu sein, und das damit auch gewisse Gefahren einhergehen: "Es ist eine naheliegende Vermutung, daß dieser Vorteil besondere Anziehungskraft entfaltet und entsprechende interpretatorische Bemühungen befördert, wenn die schranken-dogmatische Begründung gesetzlicher Maßnahmen schwierig oder zweifelhaft erscheint, weil grundrechtliche Schrankenvorbehalte fehlen oder den für notwendig gehaltenen Regulierungsbedarf nicht vollständig abdecken."

321 Vgl. *Butzer*, RdA 1994, 375, 375; *Friese*, Kollektive Koalitionsfreiheit und Betriebsverfassung, S. 214 ff.; *Höfling*, in: Sachs, GG, Art. 9 Rn. 115 ff.; *Jarass*, in: Jarass / Pieroth, GG, Art. 9 Rn. 32 ff.; *Kemper*, BK GG, Art. 9 Abs. 3 Rn. 233; *Löwer*, in: v.Münch / Kunig, GG, Art. 9 Rn. 58 ff.; *Wiedemann*, TVG, Einleitung Rn. 129 ff.

hat. Sie läßt dem Gesetzgeber einen weiten Spielraum zur Ausgestaltung und schafft damit die Möglichkeit, die Voraussetzungen der Tariffähigkeit der jeweiligen gesellschaftlichen Wirklichkeit so anzupassen, dass die Koalitionen ihre Aufgabe erfüllen können."[322]
Damit unterscheidet sich der vom Bundesverfassungsgericht verwendete Ausgestaltungsbegriff vom hier verwendeten, der sich allein auf den leistungsrechtlichen Gewährleistungsbereich der Koalitionsfreiheit bezieht.
Der vom Bundesverfassungsgericht verwendete Begriff der Ausgestaltung umfasst stattdessen das gesamte Spektrum gesetzlicher Wirkformen, durch die der Gesetzgeber auf den Gewährleistungsbereich der Koalitionsfreiheit einwirkt.[323]
Die verfassungsrechtlich gebotene Unterscheidung zwischen der „Ausgestaltung" im Sinne einer Freiheitsgewährung durch Bereitstellung eines spezifischen Koalitionsinstrumentariums und dem „Eingriff" im Sinne einer Freiheitsverkürzung der Koalitionsfreiheit zugunsten kollidierender Rechtsgüter wird nicht oder nicht in hinreichendem Maße gezogen.

II. Der Begriff der Ausgestaltung als Ausdruck gesetzgeberischen Wirkens im Rahmen der leistungsrechtlichen Gewährleistung der Koalitionsfreiheit

Angesichts der evidenten Unterschiede hinsichtlich Tatbestand und Rechtsfolge von Freiheitsverkürzung und Freiheitsgewährung ist eine differenzierte und differenzierende Verwendung des Begriffs der Ausgestaltung geboten.[324] Eine nicht zwischen Freiheitsgewährung und Freiheitsverkürzung unterscheidende Begriffsverwendung würde die wesensverschiedenen Grundrechtskategorien der Freiheitsgewährung und Freiheitsbeschränkung konturlos vermischen.

Dabei gilt es jedoch klar zu stellen, dass die verfassungsrechtlich gebotene Differenzierung nach Ausgestaltung und Eingriff immer in Hinblick auf alle betroffenen grundrechtlich geschützten Positionen individuell vorzunehmen ist. Soweit eine Ausgestaltung der Koalitionsfreiheit zu einer Beschränkung anderer grundrechtlich geschützter Rechtspositionen führt, so stellt sie im Hinblick auf dieses Recht eine Freiheitbeschränkung und damit einen rechtfertigungsbedürf-

---

[322] BVerfGE 50, 290, 368; vgl. auch BVerfGE 20, 312, 317 f.; BVerfGE 93, 352, 359.

[323] So auch: *Cornils*, Die Ausgestaltung der Grundrechte, S. 406 ff., der darauf hinweist, dass die Rechtsprechung des Bundesverfassungsgerichts die Ausgestaltung nicht nur als verfassungsrechtlich garantierte Freiheitsgewährung deutet, sondern darüber hinaus u.a. auch als Koordinationsauftrag zum Ausgleich der Koalitionsfreiheit mit kollidierenden Rechten Dritter und der Allgemeinheit sowie anderer Grundrechts-träger des Art. 9 Abs. 3 GG.

[324] So auch: *Cornils*, Die Ausgestaltung der Grundrechte, S. 398, 400 f.; *Höfling / Burkiczak*, NJW 2005, S. 470.

tigen Eingriff dar. Eine Exklusivität in der Einordnung einer gesetzgeberischen Maßnahme als Ausgestaltung oder Eingriff besteht nicht absolut und generell, sondern immer nur in Bezug auf die betroffene Rechtsposition. Im Hinblick auf unterschiedliche Rechtspositionen oder auch unterschiedliche Grundrechtsträger kann ein und dieselbe Maßnahme daher sowohl rechtfertigungsfreie Ausgestaltung als auch rechtfertigungsbedürftiger Eingriff sein.[325] Soweit die Prüfung eines einzelnen Rechts - wie hier der Koalitionsfreiheit - in Rede steht, ist jedoch verfassungsrechtlich eine exklusive Qualifizierung des gesetzgeberischen Wirkens geboten.

Während der Eingriff eine Beschneidung der Freiheitsausübung des Grundrechtsberechtigten betrifft, stellt die Ausgestaltung eine Freiheitsgewährung dar, indem sie dem Grundrechtsberechtigten ein Instrumentarium zur Verfügung stellt, das ihn erst in den Stand versetzt, seine grundrechtlich garantierte Freiheit auszuüben.[326] Dies wird verkannt, wenn das Bundesverfassungsgericht ausführt, die Ausgestaltung durch den Gesetzgeber könne der Koalitionsfreiheit „auch Schranken"[327] ziehen. Die dahingehenden Ausführungen des Bundesverfassungsgerichts[328] gehen zu weit und verkennen die verschiedenen Zielrichtungen der Gewährleistungsdimensionen der Koalitionsfreiheit - der Freiheitsgewährung in Form der Ausgestaltung einerseits und der Freiheitsverkürzung bzw. der Herstellung praktischer Konkordanz mit anderen verfassungsrechtlich geschützten Positionen andererseits.

Fasst man beide gesetzgeberische Wirkformen unter dem Begriff der Ausgestaltung zusammen, so verschenkt man einerseits die Chance, die beiden Kategorien der Freiheitsgewährung und der Freiheitsbeschneidung zur verfassungsdogmatischen Kategorisierung gesetzgeberischen Wirkens zu nutzen und aus ihnen heraus Kriterien zur Überprüfung staatlicher Normsetzung im Bereich der Koalitionsfreiheit und insbesondere der Tarifautonomie zu entwickeln.[329] Dementsprechend ist die Rechtsprechung des Bundesverfassungsgerichts in diesem Bereich trotz Aufgabe ihrer Kernbereichsdogmatik in einer wenig stringenten

---

325 In diesem Sinne wohl auch: *Cornils*, Die Ausgestaltung der Grundrechte, S. 403 ff.

326 Vgl. auch *Pieroth*, FS BVerfG, S. 293, 306 f.

327 BVerfGE 50, 290, 368; vgl. auch BVerfGE 93, 352, 359.

328 Vgl. BVerfGE 84, 212, 228; BVerfGE 92, 365, 394; BVerfGE 94, 268, 284´; BVerfGE 57, 220, 246; BVerfGE 92, 26, 43; *Cornils*, Die Ausgestaltung der Grundrechte, S. 406 f.

329 *Dieterich*, RdA 2002, 1, 11; *Butzer*, RdA 1994, 375, 375; *Friese*, Kollektive Koalitionsfreiheit und Betriebsverfassung, S. 214 ff.; *Höfling*, in: Sachs, GG, Art. 9 Rn. 115 ff.; *Jarass*, in: Jarass / Pieroth, GG, Art. 9 Rn. 32 ff.; *Kemper*, BK GG, Art. 9 Abs. 3 Rn. 233; *Löwer*, in: v.Münch / Kunig, GG, Art. 9 Rn. 58 f.; *Wiedemann*, TVG, Einleitung Rn. 129 ff.

Judikatur zur Ausgestaltungsbedürftigkeit der Koalitionsfreiheit[330] und der damit korrespondierenden Ausgestaltungsbefugnis des Gesetzgebers verharrt.[331] Eine entsprechende Umkehr deutet sich in der neueren Rechtsprechung an, die nun ebenfalls eine dogmatische Trennung von Eingriff und Ausgestaltung indiziert: „Die Koalitionsfreiheit kann zum Schutz von Grundrechten Dritter und anderer mit Verfassungsrang ausgestatteter Rechte eingeschränkt werden. Darüber hinaus bedarf sie der Ausgestaltung durch die Rechtsordnung [...].“[332] Auch sie leitet die Ausgestaltungsdimension der Koalitionsfreiheit aus einer grundrechtlichen Leistungspflicht des Gesetzgebers her, welche über den negatorischen Freiheitsschutz hinausgeht.[333] Danach bedarf die Koalitionsfreiheit insbesondere insoweit der Ausgestaltung, als „Rechtsinstitute und Normenkomplexe“ geschaffen werden müssen, die „erst die Voraussetzungen für die Wahrnehmung des Freiheitsrechts bilden“[334].[335]

Andererseits ist die strikte Differenzierung der gesetzgeberischen Wirkformen im Rahmen der Koalitionsfreiheit auch verfassungsrechtlich geboten. Die Ausgestaltung ist im Gegensatz zum Eingriff keine rechtfertigungsbedürftige Beschränkung der Koalitionsfreiheit,[336] denn sie ist keine Grundrechtsbeschränkung im Sinne einer Freiheitsbeschneidung, sondern im Gegenteil Befolgung einer Pflicht zur Freiheitseröffnung/-gewährung durch Bereitstellung eines die Funktionserfüllung ermöglichenden Normensystems.[337] Dementsprechend ist die Ausgestaltung nicht rechtfertigungsbedürftig und auch nur dann verfassungswidrig, wenn der Gesetzgeber seiner am Untermaßverbot zu messenden verfassungsrechtlichen Verpflichtung zur Ausgestaltung nicht oder nicht in hinreichendem Maße nachkommt.[338]

---

[330] *Höfling*, in: Sachs, GG, Art. 9 Rn. 75.

[331] Vgl. BVerfGE 93, 352, 359.

[332] BVerfGE 84, 212, 212 f.; vgl. auch *Pieroth*, FS BVerfG, 293, 306 f., der zu Recht gerade den Ausgleich widerstreitender Interessen der beteiligten Grundrechtsträger nicht der Ausgestaltungsbefugnis des Gesetzgebers unterwerfen will; vielmehr stellt die Frage, wie die betroffenen Rechtsgüter zu einem Ausgleich zu bringen sind, eine Frage kollidierenden Verfassungsrechts und somit eine Eingriffsproblematik dar.

[333] *Cornils*, Die Ausgestaltung der Grundrechte, S. 402 f.

[334] BVerfGE 92, 26, 41.

[335] Vgl. *Höfling*, in: Sachs, GG, Art. 9 Rn. 76 f.; *Cornils*, Die Ausgestaltung der Grundrechte, S. 402.

[336] Vgl. auch Cornils. Die Ausgestaltung der Grundrechte, S. 399 ff. m.w.N. zur Abkehr von der Verstrickung schrankenspezifischer Rechtfertigungsmaßstäben mit angeblichen Ausgestaltungsregelungen.

[337] *Dieterich*, RdA 2002, 1, 11; vgl. auch *Pieroth*, FS BVerfG, S. 293, 306 f.

[338] *Höfling*, in: Sachs, GG, Art. 9 Rn. 77; vgl. auch *Cornils*, Die Ausgestaltung der Grundrechte, S. 419; letzterer weist zu Recht darauf hin, dass die Annahme einer Ausgestaltungsdimension der Koalitionsfreiheit dem Gesetzgeber Handlungs-spielräume er-

Demgegenüber unterliegt der Eingriff gemäß der klassischen Grundrechtsdogmatik der vom Bundesverfassungsgericht entwickelten Schrankendogmatik und insbesondere auch einer strengen Verhältnismäßigkeitsprüfung. Diese Anforderungen gelten für die gesetzgeberische Ausgestaltung nicht.
Je nach Einordnung der Deregulierungsbestrebungen als Ausgestaltung oder Eingriff ergeben sich daher unterschiedliche Maßstäbe für die Prüfung ihrer Verfassungsmäßigkeit und damit korrespondierend völlig andere Gestaltungsspielräume für den Gesetzgeber hinsichtlich der Neuordnung von Tarifvertragsystem und Betriebsverfassung.[339]
Diese Unterscheidung muss sorgfältig getroffen werden und darf nicht zielgerichtet und willkürlich geschehen. Zu Recht wird darauf hingewiesen, dass „die Annahme einer besonderen Ausgestaltungsfunktion der Gesetzgebung den Vorteil [hat], dieser Gesetzgebung Handlungsspielräume eröffnen zu können, ohne dafür an grundrechtliche Schrankenvorbehalte gebunden zu sein. Es ist eine nahe liegende Vermutung, davon auszugehen, daß dieser Vorteil besondere Anziehungskraft entfaltet und entsprechende interpretatorische Bemühungen befördert, wenn die schrankendogmatische Begründung gesetzlicher Maßnahmen schwierig oder zweifelhaft erscheint, weil grundrechtliche Schrankenvorbehalte fehlen oder den für notwendig gehaltenen gesetzlichen Regulierungsbedarf nicht vollständig abdecken“[340].
Eine solche „Flucht in die Ausgestaltung“ ist indessen unzulässig. Gesetzgeberisches Wirken darf nicht willkürlich dem Ausgestaltungsbereich zugeordnet werden, um die Gestaltungsmöglichkeiten des Gesetzgebers zu erweitern bzw. Rechtfertigungslasten zu umgehen. Soweit nämlich nicht der leistungsrechtliche Gewährleistungsgehalt, sondern die abwehrrechtliche Dimension der Koalitionsfreiheit durch eine gesetzgeberische Maßnahme betroffen ist, stellt die Einordnung als Ausgestaltung und die Prüfung am Maßstab des Untermaßverbots eine Umgehung des grundrechtlichen Schrankenvorbehalts dar und ist we-

öffnet, ohne dafür an grundrechtliche Schrankenvorbehalte gebunden zu sein, und das damit auch gewisse Gefahren einhergehen: "Es ist eine naheliegende Vermutung, daß dieser Vorteil besondere Anziehungskraft entfaltet und entsprechende interpretatorische Bemühungen befördert, wenn die schranken-dogmatische Begründung gesetzlicher Maßnahmen schwierig oder zweifelhaft erscheint, weil grundrechtliche Schrankenvorbehalte fehlen oder den für notwendig gehaltenen Regulierungsbedarf nicht vollständig abdecken."

339 Vgl. *Butzer*, RdA 1994, 375, 375; *Friese*, Kollektive Koalitionsfreiheit und Betriebsverfassung, S. 214 ff.; *Höfling*, in: Sachs, GG, Art. 9 Rn. 115 ff.; *Jarass*, in: Jarass / Pieroth, GG, Art. 9 Rn. 32 ff.; *Kemper*, BK GG, Art. 9 Abs. 3 Rn. 233; *Löwer*, in: v.Münch / Kunig, GG, Art. 9 Rn. 58 ff.; *Wiedemann*, TVG, Einleitung Rn. 129 ff.

340 *Cornils*, Die Ausgestaltung der Grundrechte, S. 419.

gen Missachtung des für Grundrechtseingriffe geltenden Gesetzesvorbehalts verfassungswidrig.[341]

1. Die leistungsrechtliche Gewährleistung der Koalitionsfreiheit und die korrespondierende Ausgestaltungsbefugnis des Gesetzgebers

Bei der Bestimmung der Ausgestaltungsfreiheit des Gesetzgebers ist von dem leistungsrechtlichen Gewährleistungsgehalt der Koalitionsfreiheit auszugehen.[342] Er stellt die Grenze der Ausgestaltungsbefugnis des Gesetzgebers dar.
Die Koalitionsfreiheit, insbesondere in Form der Tarifautonomie, bedarf „der Schaffung der Rechtsinstitute und Normenkomplexe, die erforderlich sind, um die grundrechtlich garantierten Freiheiten ausüben zu können“[343]. Grundrechtlich garantiert ist den Koalitionen ein System von Verhandlung und Einigung zur Gestaltung des Arbeitslebens, mithin ein funktionsfähiges Tarifvertragssystem.[344]
Da die Tarifautonomie keine natürliche Freiheitsausübung darstellt, sondern im Wege normativ wirkender Gesamtvereinbarung ihre Gestaltungsmacht entfaltet, erfordert sie einen Normenbestand, der ihr diese rechtsgestaltende Geltungsmacht verleiht.
Dieser Normenbestand lässt sich als dasjenige Koalitionsinstrumentarium beschreiben, das unter den gegebenen sozio-ökonomischen Bedingungen eine wirksame und eigenverantwortliche Erfüllung des Koalitionszwecks ermöglicht.[345] Aufgrund der Wandelbarkeit der wirtschaftlichen und sozialen Rahmenbedingungen unterliegt dieser Normenbestand stetigem Wandel und modifiziert damit ständig die korrespondierende Ausgestaltungsbefugnis des Gesetzgebers.
Die Pflicht des Gesetzgebers zur Zurverfügungstellung eines entsprechenden Normenkomplexes ist dabei am Untermaßverbot zu messen. Der Gesetzgeber genügt seiner Pflicht zur Bereitstellung eines geeigneten Koalitionsinstrumentariums dann, wenn er diejenigen Normen schafft und erhält, die zur Realisierung des grundrechtlich Gewährleisteten unerlässlich sind.[346]
Dieser Normenbestand ist Gegenstand der leistungsrechtlichen Gewährleistung der Koalitionsfreiheit.

---

[341] So auch *Cornils*, Die Ausgestaltung der Grundrechte, S. 423.
[342] *Höfling*, in: Sachs, GG, Art. 9 Rn. 77.
[343] BVerfGE 50, 290, 368; vgl. auch *Cornils*, Die Ausgestaltung der Grundrechte, S. 402.
[344] BVerfGE 38, 281, 305 f.; BVerfGE 4, 96, 106; BVerfGE 18,18, 26; BVerfGE 50, 290, 369; *Zachert*, AiB 2004, 718, 719.
[345] *Höfling*, in: Sachs, GG, Art. 9 Rn. 77.
[346] Vgl. BVerfGE 92, 26, 41; *Höfling*, in: Sachs, GG, Art. 9 Rn. 77; *Isensee*, Tarifautonomie, S. 653, 657.

Kommt der Gesetzgeber durch Schaffung eines entsprechenden Normenbestandes dieser Verpflichtung nach, so schafft er damit die „Voraussetzung für eine Wahrnehmung des Freiheitsrechts“[347].
Die Ausgestaltung zieht der Koalitionsfreiheit mithin keine Grenzen, sondern versetzt die Grundrechtsberechtigten erst in die Lage, von den ihnen garantierten Freiheiten Gebrauch zu machen. Sie stellt daher keine Verkürzung des grundrechtlich Gewährleisteten dar, sondern vielmehr Freiheitsgewährung. Sie ist damit gegenüber dem Eingriff wesensverschieden. Nur der freiheitsgewährende Teilbereich des gesetzgeberischen Wirkens stellt daher Ausgestaltung dar.[348]

Da der Gesetzgeber bei der Bereitstellung eines Tarifsystems nur einen Anspruch der Grundrechtsberechtigten erfüllt, ist er - solange seine Normsetzung sich im Rahmen dieses Anspruches hält - nicht rechtfertigungsbedürftig. Daher ist der Gesetzgeber in der Ausgestaltung des Tarifvertragssystem insoweit auch frei. Kurz gesagt: Solange der Gesetzgeber freiheitsgewährend tätig ist, ist seine Normgebung Ausgestaltung und damit nicht rechtfertigungsbedürftig.

2. Die „Umgestaltung“ des leistungsrechtlich Gewährleisteten als Eingriff?

Abweichend von dem dargelegten Zusammenhang von leistungsrechtlich Gewährleistetem und korrespondierender Ausgestaltungsbefugnis wird von einigen Stimmen in der Literatur eine „Umgestaltung“ des leistungsrechtlich Gewährleisteten nicht als Ausgestaltung anerkannt, sondern als Eingriff qualifiziert[349]: „Eine Regelung, die mit der Tradition bricht, ist grundsätzlich keine Ausgestaltung des Schutzbereichs.“[350]

Eine derartige Qualifizierung verkennt jedoch den oben aufgezeigten Zusammenhang zwischen der leistungsrechtlichen Gewährleistung der Koalitionsfreiheit und der damit korrespondierenden Ausgestaltungsbefugnis des Gesetzgebers.

---

347 BVerfGE 92, 26, 41; BVerfGE 92, 365, 394.

348 Vgl. auch *Pieroth*, FS BVerfG, S. 293, 306 f., der zu Recht gerade den Ausgleich widerstreitender Interessen der Koalitionen nicht der Ausgestaltungsbefugnis des Gesetzgebers unterwerfen will; vielmehr stellt die Frage, wie die betroffenen Rechtsgüter zu einem Ausgleich zu bringen sind, eine Frage kollidierenden Ver-fassungsrechts und somit eine Eingriffsproblematik dar.

349 *Butzer*, RdA 1994, 375, 381; *Ruck*, AöR 117 (1992), 543, 550 f.; *Konzen*, SAE 1996, 216, 219; *Söllner*, NZA 2000, Sonderbeilage zu Heft 24, 33, 36.

350 *Pieroth / Schlink*, Grundrechte, Rn. 213.

Dies gilt umso mehr, als das Bundesverfassungsgericht die Weite des gesetzlichen Ausgestaltungsspielraums seit jeher mit der Wandelbarkeit der Verhältnisse und dem Bedürfnis nach sachgemäßer Fortbildung begründet hat.[351] Demnach handelt es sich bei der leistungsrechtlichen Garantie der Koalitionsfreiheit um eine zukunftsoffene Gewährleistung, die im Rahmen der Ausgestaltungskompetenz des Gesetzgebers auch der „Umgestaltung" offen steht. Ein verfassungsrechtliches Bedürfnis, die „Umgestaltung" als Eingriff zu qualifizieren und damit - trotz des Wirkens innerhalb der leistungsrechtlichen Dimension der Koalitionsfreiheit - weitergehenden Einschränkungen zu unterwerfen, besteht nicht.[352]

3. Die „Umgestaltung" als Unterfall der Ausgestaltung mit speziellen Rechtsfolgen?

Eine weitere Ansicht fordert dennoch eine Unterscheidung von „Umgestaltung" und Ausgestaltung als sinnvoll ein, aber nicht im Sinne eines Gegensatzes, sondern als Unterfall mit speziellen Rechtsfolgen.[353] Da das Tarifvertragssystem als Produkt einer langen historischen Entwicklung von den Verfassungsgebern bereits ausgeformt vorgefunden worden sei und sich auch in den folgenden 40 Jahren bewährt habe, bedürfe eine Änderung, die den Freiraum der Koalitionen einschränke oder deren Einfluss zurückdränge, besonderer Begründung. Es müsse erkennbar sein, welches systemfördernde Ziel der Gesetzgeber mit einer Novellierung verfolge und welcher Anlass dafür bestünde. Nur auf dieser Grundlage lasse sich die Verhältnismäßigkeit einer solchen Umgestaltung kontrollieren.[354]

Allein die Tatsache, dass der Verfassungsgeber ein bereits ausgeformtes Tarifvertragssystem vorgefunden hat, vermag die Geltung besonderer, über die allgemeinen Anforderungen an eine Ausgestaltung hinausgehender Voraussetzungen nicht zu begründen.
Die Gewährleistung der Koalitionsfreiheit bietet für eine derartige Einschränkung keinen hinreichenden Anhalt. Vielmehr hat das Bundesverfassungsgericht zu Recht festgestellt, dass die Gewährleistung des Art. 9 Abs. 3 GG die Tarifautonomie „ganz allgemein" umfasst, „nicht die besondere Ausprägung, die das Tarifvertragssystem in dem zur Zeit des Inkrafttretens des im GG geltenden Ta-

---

[351] BVerfGE 50, 290, 269; vgl. *Dieterich*, RdA 2002, 1, 12; *ders.*, DB 2001, 2398, 2401.
[352] Rieble, ZfA 2004, 1, 44 f.
[353] *Dieterich*, RdA 2002, 1, 12.
[354] *Dieterich*, RdA 2002, 1, 12; *Friese*, Kollektive Koalitionsfreiheit und Betriebsverfassung, S. 430 ff.

rifvertragsgesetzes erhalten hat"[355]. Die leistungsrechtliche Grundrechtsdimension der Koalitionsfreiheit vermittelt kein tarifliches Rückschrittsverbot dergestalt, dass Modifizierungen und Fortentwicklungen besonderen Anforderungen unterworfen seien.[356]
Ebenso wenig ist einzusehen, warum die Bereitstellung eines funktionsfähigen Tarifvertragssystem anderen Voraussetzungen unterliegen soll, als die Umgestaltung zu einem andersartigen Tarifvertragssystem, das den Erfordernissen der leistungsrechtlichen Garantie der Koalitionsfreiheit Genüge tut.[357] Für den Bereich der leistungsrechtlichen Gewährleistungsdimension der Koalitionsfreiheit ist diese Gestaltungsfreiheit des Gesetzgebers evident, führt man sich vor Augen, dass die Ausgestaltung durch den Gesetzgeber lediglich die Erfüllung seiner verfassungsrechtlichen Pflicht zur Bereitstellung (irgend)eines funktionsfähigen Tarifvertragssystems ist.
Die Annahme einer Kategorie der „Umgestaltung" mit speziellen Rechtsfolgen ist daher nicht verfassungsrechtlich legitimiert.

III. Der Umfang der gesetzgeberischen Ausgestaltungsbefugnis

Gegenstand der freien Ausgestaltungsbefugnis des Gesetzgebers ist allein der am verfassungsrechtlichen Untermaßverbot zu messende leistungsrechtliche Gewährleistungsumfang der Koalitionsfreiheit, mithin diejenige Gesetzgebung, die dazu bestimmt ist, den Koalitionen ihre grundrechtlich garantierte Freiheitsausübung zu ermöglichen. Das gesetzgeberische Ausgestaltungsrecht stellt keine Befugnis zur umfassenden Gestaltung der Tarifautonomie dar.

1. Die Begrenzung der Ausgestaltungsbefugnis auf den leistungsrechtlichen Gewährleistungsumfang der Koalitionsfreiheit

Die Ausgestaltungsbefugnis des Gesetzgebers ist begrenzt auf die leistungsrechtliche oder auch sog. kompetenzielle[358] Dimension der Koalitionsfreiheit.
Mit der Bereitstellung eines funktionsfähigen Tarifvertragssystems erfüllt der Gesetzgeber, was ihm durch die verfassungsrechtliche Implementierung der Koalitionsfreiheit vorgegeben ist, nämlich die Schaffung eines die Funktionserfüllung gewährleistenden Koalitionsinstrumentariums.

---

[355] BVerfGE 20, 312, 317.

[356] In diesem Sinne wohl auch *Höfling*, in: Sachs, GG, Art. 9 Rn. 85; vgl. auch *Pieroth*, FS BVerfG, S. 293, 298 f.

[357] Vgl. *Lerche*, Übermaß und Verfassungsrecht, S. 142 m.w.N.

[358] *Höfling*, in: Sachs, GG, Art. 9 Rn. 76.

Dementsprechend ist die Ausgestaltungsfreiheit auf die Erfüllung des am verfassungsrechtlichen Untermaßverbot zu messenden Anspruchs gegen den Gesetzgeber, ein funktionsfähiges Tarifvertragssystem bereitzustellen, beschränkt.

a. Die Ausgestaltung als Erfüllung des leistungsrechtlichen Gewährleistungsgehalts der Koalitionsfreiheit

Im Hinblick auf ihre soziale Gestaltungsfunktion weist die Koalitionsfreiheit eine leistungsrechtliche Dimension auf, nämlich einen Anspruch gegenüber dem Staat auf Schaffung und Erhaltung derjenigen Rechtsformen und -normen, die die Verwirklichung des Koalitionszwecks gewährleisten.
Danach hat der Gesetzgeber ein Koalitionsinstrumentarium bereitzustellen, das unter den gegebenen sozio-ökonomischen Bedingungen eine wirksame und eigenverantwortliche Erfüllung des Koalitionszwecks ermöglicht.[359] Dementsprechend hat das Bundesverfassungsgericht ausgeführt: „Der Gesetzgeber ist hiernach an einer sachgemäßen Fortbildung des Tarifvertragssystems nicht gehindert; seine Regelungsbefugnis findet ihre Grenze an dem verfassungsrechtlich gewährleisteten Kernbereich der Koalitionsfreiheit: der Garantie eines gesetzlich geregelten und geschützten Tarifvertragssystems, dessen Partner frei gebildete Koalitionen im Sinne des Art. 9 III GG sein müssen.“[360]
Wird der Gesetzgeber zur Bereitstellung eines funktionsfähigen Tarifvertragssystems tätig, greift er nicht in rechtfertigungsbedürftiger Weise in die Koalitionsfreiheit ein. Vielmehr schafft er erst „die Voraussetzung für eine Wahrnehmung des Freiheitsrecht“[361]. Er erfüllt demnach lediglich, wozu er durch die Gewährleistung der Koalitionsfreiheit verpflichtet ist, nämlich zur Schaffung eines die Funktionserfüllung gewährleistenden Koalitionsinstrumentariums.

b. Die Einschätzungsprärogative des Gesetzgebers

Ein bestimmtes Koalitionsinstrumentarium ist dem Gesetzgeber verfassungsrechtlich nicht vorgegeben. Da die Koalitionsfreiheit jedoch Ausübung kollektiver Privatautonomie ist, ist der Gesetzgeber zur Gewährleistung eines Regelungssystem vertraglicher Verhandlung und Einigung verpflichtet. Bei dessen Ausgestaltung ist er indessen frei.
Die Ausgestaltungsbefugnis gewährt dem Gesetzgeber mithin die Freiheit, diesen Anspruch der Koalitionen nach seinem Ermessen zu erfüllen. Zu Recht hat das Bundesverfassungsgericht daher festgestellt, dass das Tarifvertragssystem nicht in einer bestimmten Form, sondern nur als Funktionsprinzip garantiert

---

[359] *Höfling*, in: Sachs, GG, Art. 9 Rn. 77.
[360] BVerfGE 50, 290, 369; vgl. auch BVerfGE 4, 96, 108; BVerfGE 38, 281, 305 f.
[361] BVerfGE 92, 26, 41; BVerfGE 92, 365, 394.

ist.[362] Dementsprechend gesteht das Bundesverfassungsgericht dem Gesetzgeber bei der Regelung des Tarifvertragssystems zunächst eine Einschätzungsprärogative zu,[363] verpflichtet diesen aber auch zur Nachbesserung, sollte sich seine Funktionalitätsprognose als fehlerhaft herausstellen.[364]
Durch die Zubilligung einer Einschätzungsprärogative wird zudem dem Umstand Rechnung getragen, dass es sich bei der leistungsrechtlichen Garantie der Koalitionsfreiheit um eine zukunftsoffene Gewährleistung handelt und „dies um so mehr, als der Gegenstand der Gewährleistung auf sich wandelnde wirtschaftliche und soziale Bedingungen bezogen ist, die mehr als bei anderen Freiheitsrechten die Möglichkeiten zu Modifikationen und Fortentwicklungen lassen müssen"[365] und - hier ist zu ergänzen - zu solchen zwingen.
Die durch die Einschätzungsprärogative gewonnene Flexibilität und Freiheit bei der Ausgestaltung geht mit einer gesteigerten Verantwortung in der Nachsorge dieser Ausgestaltung einher, die den Gesetzgeber zu einer ständigen Überprüfung seiner zunächst getroffenen Prognosen verpflichtet. Dadurch wird der Bedeutung der Koalitionsfreiheit als zentralem Ordnungsfaktor des Arbeitslebens Rechnung getragen.

2. Das Untermaßverbot

Die Gewährleistung der leistungsrechtlichen Dimension der Koalitionsfreiheit ist am verfassungsrechtlichen Untermaßverbot zu messen.[366] Danach müssen die Vorkehrungen des Gesetzgebers zur Wahrung der leistungsrechtlichen Dimension eines Grundrechts für einen angemessenen und wirksamen Schutz ausreichend sein und zudem auf sorgfältigen Tatsachenermittlungen und - unter Gewährung einer Einschätzungsprärogative - vertretbaren Einschätzungen beruhen.[367]
Die Ausgestaltungsbefugnis des Gesetzgebers findet damit ihre Grenze jedenfalls in der „Funktionsunfähigkeit der Tarifautonomie"[368].
Darüber hinausgehend statuiert der leistungsrechtliche Gehalt der Koalitionsfreiheit in dynamischer Form die Garantie, dass die Koalitionen das ihnen gesteckte Regelungsziel der Arbeits- und Wirtschaftsbedingungen eigenverant-

---

[362] BVerfGE 50, 290, 369, 371; vgl. auch BVerfGE 20, 312, 317 f.; *Wagner*, DB 1992, 2550, 2553.
[363] BVerfGE 92, 365, 365 f.; BVerfGE 92, 365, 396.
[364] BVerfGE 92, 365, 365; BVerfGE 92, 365, 396 f.
[365] BVerfGE 50, 290, 368; vgl. auch BVerfGE 20, 312, 317 f.; BVerfGE 93, 352, 359.
[366] *Dieterich*, RdA 2002, 1, 11.
[367] BVerfGE 88, 203, 254 f., 262; *Sachs*, in: Sachs, GG, Vor. Art. 1 Rn. 36; Isensee, HStR V, § 111 Rn. 165 f.
[368] BVerfGE 50, 290, 370, 377; vgl. auch BVerfGE 84, 212, 228.

wortlich und effektiv unter den jeweils gegebenen sozio-ökonomischen Gegebenheiten erfüllen können.[369]
Bleibt der Gesetzgeber bei seiner Ausgestaltung des Tarifvertragssystems hinter den Anforderungen dieser Kerngewährleistungen zurück, liegt eine Grundrechtsbeeinträchtigung vor. Diese ist per se verfassungswidrig ohne die Möglichkeit der Rechtfertigung, da es bei der Ausgestaltung durch den Gesetzgeber nicht darum geht, ob die Freiheitsausübung zugunsten anderer Rechtsgüter zurücktreten muss, sondern um die vorgelagerte Problematik, dass eine verfassungsrechtlich garantierte Freiheit von vornherein nicht (hinreichend) gewährt wird.

Zusammengefasst bedeutet das, dass der Gesetzgeber nur zur Ausgestaltung berufen ist, wo er grundrechtlich zur Freiheitsgewährung durch Bereitstellung eines die Funktionserfüllung gewährleistenden Koalitionsinstrumentariums verpflichtet ist. Dort wo die Ausgestaltung nach dem Maßstab des Untermaßverbots hinter der Gewährleistung einer funktionsfähigen Koalitionsfreiheit zurückbleibt, ist sie per se verfassungswidrig. Dort, wo der Gesetzgeber hingegen diese Mindestanforderungen wahrt, ist er im Übrigen in der Ausgestaltung frei.

IV. Die Deregulierungsbestrebungen als Ausgestaltung der Koalitionsfreiheit

Gegen eine Neuordnung des Rangverhältnisses zwischen Tarifvertrag und Betriebsvereinbarung wird eingewandt, die Eröffnung von Regelungskompetenzen zugunsten der Betriebsvereinbarungsparteien gefährde die Funktionsfähigkeit der Tarifautonomie.[370] Andererseits wird gerade die Gestaltung des Rangverhältnisses als Gegenstand der freien Ausgestaltung durch den Gesetzgeber angesehen.[371]

1. Das Konkurrenzverhältnis von Tarifvertrag und Betriebsvereinbarung als Gegenstand freier Ausgestaltung

Ausschließlich die leistungsrechtliche Gewährleistungsdimension der Koalitionsfreiheit unterliegt der freien Ausgestaltung durch den Gesetzgeber. Dementsprechend stellen die intendierten Streichungen Ausgestaltung dar, wenn die

---

[369] *Höfling*, in: Sachs, GG, Art. 9 Rn. 77.

[370] *Söllner*, NZA 1996, 897, 899; *Richardi*, Gutachten zum 61. DJT, B 43 f.; *ders.*, Beilage NJW 1996, Heft 23, 13, 14; *Walker*, ZfA 1996, 353, 369 ff.; *Junker*, ZfA 1996, 383, 394 ff.

[371] *Löwisch*, JZ 1996, 812, 817; *Bender*, BB 1987, 1117, 1119; *Jahnke*, Tarifautonomie und Mitbestimmung, S. 41, 44; a.A. *Haug*, BB 1986, 1921, 1921.

§§ 4 Abs. 3, 77 Abs. 3 TVG dem im Rahmen der Koalitionsfreiheit leistungsrechtlich gewährleisteten Normenbestand zuzurechnen sind.

a. Die Begrenzung der leistungsrechtlichen Dimension der Koalitionsfreiheit durch das Unerlässlichkeitskriterium

Entsprechend der allgemeinen Grundrechtsdogmatik, namentlich des Untermaßverbots, gewährleistet ein verfassungsrechtlicher Leistungsanspruch nur das zur wirksamen und effektiven Funktionserfüllung des grundrechtlich Gewährleisteten Unerlässliche.
Im Hinblick auf die Koalitionsfreiheit hat der Gesetzgeber daher ein Koalitionsinstrumentarium bereitzustellen, das unter den gegebenen sozio-ökonomischen Bedingungen eine eigenverantwortliche und wirksame Erfüllung des Koalitionszwecks ermöglicht.[372]

Demzufolge ist derjenige Normenbestand leistungsrechtlich gewährleistet, der die Tarifvertragsparteien in angemessener und wirksamer Weise zu denjenigen Betätigungen befähigt, „die ohne normative Ausübungshilfe nicht erfolgen können."[373] Dabei geht es um diejenigen Regelungen, die - entsprechend der Wesenheit der Ausgestaltung als Freiheitsgewährung - „erst die Voraussetzungen für eine Wahrnehmung des Freiheitsrechts bilden"[374].
Im Übrigen ist nicht die leistungsrechtliche Dimension der Koalitionsfreiheit tangiert, sondern die Frage nach dem Vorliegen eines Eingriffs in die Koalitionsfreiheit und seiner verfassungsrechtlichen Rechtfertigung zu beantworten.[375]

b. Nochmals: Der leistungsrechtliche Gewährleistungsumfang der Tarifautonomie

Die Tarifautonomie stellt eine Kerngewährleistung der Koalitionsfreiheit dar.[376]

---

[372] *Höfling*, in: Sachs, GG, Art. 9 Rn. 77; *Isensee*, Tarifautonomie, S. 653, 657.
[373] *Höfling*, in: Sachs, GG, Art. 9 Rn. 82; vgl. auch *Sachs*, JuS 1996, 931, 932.
[374] BVerfGE 92, 26, 41; vgl. auch BVerfGE 92, 365, 394; *Höfling*, in: Sachs, GG, Art. 9 Rn. 76.
[375] Vgl. *Höfling*, in: Sachs, GG, Art. 9 Rn. 82; vgl. auch *Sachs*, JuS 1996, 931, 932.
[376] Nahezu einhellige Meinung: BVerfGE 58, 233; BVerfGE 84, 212, 224; BVerfGE 88, 103, 114; BVerfGE 94, 268, 283; BVerwGE 80, 355, 368; BAGE 21, 201, 205; *Scholz*, HStR VI, § 151 Rn. 101 ff.; *Säcker*, Grundprobleme der kollektiven Koalitionsfreiheit, S. 71 ff.; *Biedenkopf*, Grenzen der Tarifautonomie, S. 102 ff.; *Höfling*, in: Sachs, GG, Art. 9 Rn. 83 ff.

Nach Auffassung des Bundesverfassungsgerichts ist den Koalitionen ein System von Verhandlung und Einigung zur Gestaltung des Arbeitslebens, mithin ein funktionsfähiges Tarifvertragssystem, grundrechtlich garantiert:[377]
„Der Zweck aller Koalitionen, die Arbeits- und Wirtschaftsbedingungen zu wahren und zu fördern, wird von den Gewerkschaften vorwiegend dadurch erfüllt, dass sie in der Auseinandersetzung über Löhne und Arbeitsbedingungen mit dem sozialen Gegenspieler, den Arbeitgebern, für die Arbeitnehmer möglichst günstige Tarifverträge abschließen und, wenn nötig, in Arbeitskämpfen durchsetzen. Das Bundesverfassungsgericht hat deshalb den Kernbereich des Art. 9 III GG vor allem in der Garantie eines vom Staat bereitzustellenden Tarifvertragssystems und in der Bildung freier Koalitionen als Partner der Tarifverträge gesehen. Hier liegt das eigentliche Betätigungsfeld der Gewerkschaften, in dem sogar der Staat selbst grundsätzlich zugunsten der Tarifpartner sich jeder Einflußnahme enthält und wo er deshalb ebensowenig die Ingerenz „halbstaatlicher“ Organisationen dulden dürfte.“[378]

Da die Tarifautonomie offensichtlich keine natürliche Freiheitsausübung darstellt, bedarf sie der normativen Ausgestaltung.[379]
Zweck der Tarifautonomie ist die Ordnung von Arbeits- und Wirtschaftsbedingungen durch Gesamtvereinbarung, um dadurch „die strukturelle Unterlegenheit der einzelnen Arbeitnehmer beim Abschluss von Arbeitsverträgen durch kollektives Handeln auszugleichen und damit ein annähernd gleichgewichtiges Aushandeln der Löhne und Arbeitsbedingungen zu ermöglichen“.[380]

i. Die leistungsrechtliche Gewährleistung der Ordnung des Arbeitslebens durch Gesamtvereinbarung (§§ 1, 4 TVG)

Nach herrschender Meinung ist die Ordnung des Arbeitslebens durch Gesamtvereinbarung ein konstituierendes Merkmal der Tarifautonomie.[381]
Wie gesehen überwindet die den Koalitionen gewährte Kartellbefugnis die strukturelle Unterlegenheit der Arbeitnehmer gegenüber den Arbeitgebern und ermöglicht so die erforderliche Verhandlungsparität, um die zwischen Arbeit-

---

[377] BVerfGE 38, 281, 305 f.; BVerfGE 4, 96, 106; BVerfGE 18,18, 26; BVerfGE 50, 290, 369; BVerfGE 44, 322, 340 f.

[378] BVerfGE 38, 281, 305; vgl. auch BVerfGE 4, 96, 101 f.; BVerfGE 28, 295, 304 f.; BVerfGE 18, 18, 26.

[379] *Höfling*, in: Sachs, GG, Art. 9 Rn. 78; *Kemper*, Schutzbereich der Koalitionsfreiheit, S. 65 ff.; *Farthmann / Coen*, HdbVerfR § 19 Rn. 62 ff.

[380] BVerfGE 84, 212, 229; *Säcker / Oetker*, Grundlagen und Grenzen der Tarifautonomie, S. 30 ff.; *Löwer*, in: v.Münch / Kunig, GG, Art. 9 Rn. 80; *Höfling*, in: Sachs, GG, Art. 9 Rn. 84.

[381] *Löwisch/Rieble*, in: Richardi / Wlotzke (Hrsg.), MünchArbeitsR, § 246 Rn. 81.

nehmer- und Arbeitgeberseite bestehenden Interessenkonflikte einer privatautonomen und damit richtigkeitsgewährleistenden Lösung zuzuführen.
Diese so erzielten Einigungen bedürfen indessen noch der rechtsverbindlichen Umsetzung in die einzelnen Arbeitsverhältnisse der Tarifunterworfenen.
Nach geltendem Tarifvertragsrecht erfolgt diese Umsetzung im Wege einer normativ wirkenden, mithin rechtsgestaltenden Gesamtvereinbarung, also durch unmittelbar und zwingend wirkenden Tarifvertrag (§§ 1, 4 TVG). Demzufolge bedarf es keiner zusätzlichen Umsetzung der tarifvertraglichen Regelungen mehr, um für das einzelne Arbeitsverhältnis zwischen dem tarifgebundenen Arbeitnehmer und Arbeitgeber Wirkung zu entfalten.

(1) Die leistungsrechtliche Gewährleistung schuldrechtlicher Tarifregelungen?

Neben diesem normativen Teil weisen Tarifverträge indessen auch rein schuldrechtliche Regelungen auf, die nur Bindungen zwischen den vertragsschließenden Koalitionen entfalten und die Arbeitsverhältnisse der Tarifunterworfenen unmittelbar unberührt lassen. Sollen diese schuldrechtlichen Regelungen indessen auch Wirkung für die Tarifgebundenen entfalten, so bedarf es prinzipiell einer Umsetzung in einzelvertragliche Regelungen zwischen Arbeitnehmer und Arbeitgeber oder der Konstruktion eines Vertrages zugunsten Dritter, um auch hier entsprechende Rechte und Pflichten zwischen einzelnem Arbeitnehmer und Arbeitgeber zu begründen.
Aufgrund dieser alternativen Regelungsformen wird zum Teil bezweifelt, dass die Normativität tarifvertraglicher Regelungen unerlässlich für die Funktionsfähigkeit tarifvertraglicher Ordnung des Arbeitslebens ist. Dementsprechend wird sie auch nicht als von der Koalitionsfreiheit leistungsrechtlich gewährleistet angesehen.

(2) Die Gewährleistung normativer Tarifregelungen (§§ 1, 4 TVG)

Die strukturelle Unterlegenheit des einzelnen Arbeitnehmers gegenüber seinem Arbeitgeber zeigt sich indessen nicht nur in der Unfähigkeit, - ohne Ausnutzung einer Kartellbefugnis auf Verbandsebene - im Verhandlungswege einen angemessenen Ausgleich der widerstreitenden Interessen zu erreichen; sollte der einzelne Arbeitnehmer darauf angewiesen sein, die auf Verbandsebene erzielten Verhandlungsergebnisse zunächst noch einzelvertraglich umsetzen oder gegen den Willen des Arbeitgebers durchsetzen zu müssen, so steht zu befürchten, dass der strukturell unterlegene Arbeitnehmer hierbei erheblichen und gegebenenfalls für ihn unüberwindbaren Hürden gegenübersteht.
Wiese der Tarifvertrag keine normative Wirkung auf, so wäre der einzelne Arbeitnehmer darauf angewiesen, dass die schuldrechtlichen Vereinbarungen des

Tarifvertrags zunächst einmal für sein individuelles Arbeitsverhältnis mit rechtlicher Bindungswirkung umgesetzt würden. Gerade diese Umsetzung könnte jedoch am Widerstand des Arbeitgebers und der strukturellen Unterlegenheit des Arbeitnehmers scheitern.
Ähnliches gilt für den Abschluss von Tarifverträgen als Vertrag zugunsten Dritter. Zwar erwürbe der Arbeitnehmer damit unmittelbar einen Leistungsanspruch gegen den Arbeitgeber, allerdings kann der Arbeitnehmer gemäß § 333 BGB diese Rechte auch zurückweisen. Eine darauf gerichtete Einflussnahme des Arbeitgebers gerade gegenüber den schutzbedürftigsten Arbeitnehmer ist nicht auszuschließen.
Ohne Normativität der tarifvertraglichen Regelungen besteht somit die Gefahr, dass sich die auf der Verbandsebene erzielten Einigungen bei der Vielzahl der den Tarifverträgen unterworfenen Arbeitsverhältnisse nicht im Wege der Einwirkung der Tarifvertragsparteien aufeinander und auf die Arbeitsvertragsparteien praktisch durchsetzen lassen.
Daher erscheint eine allein schuldrechtliche Wirkung des Tarifvertrags - auch in der Rechtsfigur eines Vertrags zugunsten Dritter - nicht ausreichend, um die strukturelle Unterlegenheit des Arbeitnehmers gegenüber dem Arbeitgeber auszugleichen.
Würde man der Tarifautonomie die Fähigkeit nehmen, die Arbeitsverhältnisse der Tarifunterworfenen unmittelbar und zwingend zu regeln, so drohten tarifvertragliche Regelungen zu bloßen Absichtserklärungen zu verkommen.
Die daraus resultierende Gefährdung für die Durchsetzung der tarifvertraglichen Regelungen und die Ordnungsfähigkeit der Tarifautonomie in Bezug auf die Arbeits- und Wirtschaftsbedingungen ist mit der verfassungsrechtlichen Gewährleistung der Koalitionsfreiheit als zentralem Ordnungsfaktor des Arbeitslebens nicht vereinbar und kann nicht hingenommen werden.
Gerade da ein anderes System effektiver Geltung für Tarifverträge derzeit nicht zur Verfügung steht, gehört auch - und insbesondere - die Normativität der Einwirkung durch Tarifvertrag zur leistungsrechtlichen Gewährleistung der Koalitionsfreiheit und Tarifautonomie.[382]

Die dem Tarifvertrag normative Wirkung verleihenden Normen bilden daher „die Voraussetzung für eine Wahrnehmung des Freiheitsrechts“[383]. Entspre-

---

[382] BVerfGE 92, 26, 41; vgl. auch BVerfGE 92, 365, 394; *Meik*, Der Kernbereich der Tarifautonomie, S. 169 ff.; *Säcker*, Grundprobleme der kollektiven Koalitionsfreiheit, S. 72 ff.; *Löwisch/Rieble*, in: Richardi / Wlotzke (Hrsg.), MünchArbeitsR, § 246 Rn. 81; *Cornils*, Die Ausgestaltung der Grundrechte, S. 434 f.; *Hromadka*, DB 2003, 42, 43; *Raab*, ZfA 2004, 371, 393; a.A.: *Scholz*, in: Maunz / Dürig, GG, Art. 9 Rn. 300; *Thüsing*, FA 2005, 297, 299; *Rieble*, ZfA 2004, 1, 39.

[383] BVerfGE 92, 26, 41; vgl. auch BVerfGE 92, 365, 394.

chend den Anforderungen des Untermaßverbots, einen ausreichenden und wirksamen Schutz der funktionellen Gewährleistungen der Koalitionsfreiheit zu sichern, gehören diese Normen daher dem leistungsrechtlich gewährleisteten Normenbestand des derzeitigen Tarifvertragsrechts an.

ii. Die leistungsrechtliche Gewährleistung der Fähigkeit zur Ordnung der Arbeits- und Wirtschaftsbedingungen (§ 4 Abs. 3 TVG bzw. des § 77 Abs. 3 BetrVG)

Das zweite konstituierende Wesensmerkmal der Tarifautonomie ist die Fähigkeit der Koalitionen zur eigenverantwortlichen und wirksamen Ordnung von Arbeits- und Wirtschaftsbedingungen.
Als Gegenstand der leistungsrechtlichen Dimension der Koalitionsfreiheit statuiert diese Garantie eine Verpflichtung des Gesetzgebers, die vorgenannte Fähigkeit der Koalitionen angemessen und wirksam zu schützen.
„Der Gestaltungsspielraum des Gesetzgebers findet seine Grenzen am objektiven Gehalt des Art. 9 III GG. Die Tarifautonomie muss als ein Bereich gewahrt bleiben, in dem die Tarifvertragsparteien ihre Angelegenheiten grundsätzlich selbstverantwortlich und ohne staatliche Einflußnahme regeln können. Ihre Funktionsfähigkeit darf nicht gefährdet werden. Die Koalitionen müssen ihren verfassungsrechtlich anerkannten Zweck, die Arbeits- und Wirtschaftsbedingungen ihrer Mitglieder zu wahren und zu fördern, insbesondere durch den Abschluß von Tarifverträgen erfüllen können.“[384]
Dementsprechend ist zu fragen, ob die Präponderanzvorschriften des § 4 Abs. 3 TVG bzw. des § 77 Abs. 3 BetrVG Bestandteil desjenigen Normenbestands sind, der für die Gewährleistung der Fähigkeit der Koalitionen zur eigenverantwortlichen und wirksamen Ordnung der Arbeits- und Wirtschaftsbedingungen unerlässlich ist.

(1) Die leistungsrechtliche Gewährleistung des Schutzes vor konkurrierenden Normgebern

Betrachtet man die Zielsetzung der in Rede stehenden Deregulierungsbestrebungen so wird augenfällig, dass diese auf eine Neuordnung des „Rangverhältnisses“ zwischen Tarifautonomie und Betriebsautonomie gerichtet sind. Die Kompetenzen der Betriebsverfassungsparteien sollen zulasten der Regelungsmacht der Koalitionen erweitert werden. Damit tangiert die intendierte Neujustierung der Präponderanz der Tarifautonomie gegenüber der Betriebsautonomie unmittelbar das Konkurrenzverhältnis der tarifvertraglichen und be-

[384] BVerfGE 92, 365, 394 f.; vgl. auch BVerfGE 50,290, 377; BVerfGE 84, 212, 229.

triebsvereinbarungsrechtlichen Normgeber auf dem Gebiet der Arbeits- und Wirtschaftsbedingungen.

(a) Der Schutz vor konkurrierenden Normgebern als Eingriffsproblematik?

Indessen wird die Fähigkeit der Tarifvertragsparteien zur Normsetzung durch die Streichung der Kollisionsnormen der §§ 4 Abs. 3 TVG, 77 Abs. 3 BetrVG nicht berührt, so dass die Tarifvertragsparteien auch weiterhin mit normativer Wirkung Arbeits- und Wirtschaftsbedingungen für die tarifgebundenen Arbeitnehmer festsetzen können.
Lediglich im Falle des Abschlusses konkurrierender Betriebsvereinbarungen wird diese Wirkung tarifvertraglicher Normsetzung durch die Betriebsvereinbarungsparteien bedroht.
Das Vorliegen einer konkurrierenden Betriebsvereinbarung ist indessen ein Faktor, der nicht normativer Natur ist. Ob eine solche Betriebsvereinbarung abgeschlossen wird, ist vielmehr eine Frage, die allein zur Disposition der Betriebsvereinbarungsparteien steht.

Vor diesem Hintergrund ließe sich fragen, ob es nach dem Unerlässlichkeitskriterium eigentlich zwingend ist, auch die Abgrenzung der Kompetenzen konkurrierender Normgeber, namentlich der Tarifvertragsparteien und der Betriebsvereinbarungsparteien, als Gegenstand der leistungsrechtlichen Gewährleistung der Koalitionsfreiheit anzusehen. Man könnte nämlich auch dahingehend argumentieren, dass es für die leistungsrechtliche Dimension des Art. 9 Abs. 3 GG allein darauf ankäme, dass den Koalitionen ein - aus rechtstechnischer Sicht - funktionsfähiges Tarifvertragssystem zur Verfügung gestellt werde, das es ihnen erlaubt, im Wege einer normativ wirkenden, mithin rechtsgestaltenden Gesamtvereinbarung die Arbeits- und Wirtschaftsbedingungen zu ordnen; das Konkurrenzverhältnis zwischen Koalitionen und Betriebsvereinbarungsparteien stelle vielmehr eine Eingriffsproblematik dar.
Bei dem Konkurrenzverhältnis der beiden konkurrierenden Normgeber handele es sich nämlich um ein Spannungsverhältnis verschiedener (verfassungsrechtlicher) Regelungsziele. Die Qualifizierung als Ausgestaltung werde diesem Interessenkonflikt nicht gerecht, da die Ausgestaltung alleine auf die wirksame Gewährleistung der Koalitionsfreiheit ausgerichtet sei und die die Betriebsautonomie legitimierenden Regelungsziele zu stark vernachlässige. Bei dem Konkurrenzverhältnis zwischen Koalitionen und Betriebsvereinbarungsparteien

handele es sich vielmehr um einen Konflikt, der im Wege der praktischen Konkordanz einer Lösung zuzuführen sei.[385]

(b) Der Schutz vor konkurrierenden Normgebern als leistungsrechtliche Gewährleistung und Ausgestaltung

Die Auslegung als Eingriffsproblematik vernachlässigt jedoch, dass die leistungsrechtliche Dimension der Koalitionsfreiheit nicht nur die Gewährleistung eines Normsetzungsinstruments erfordert, das den Koalitionen die Rechtsgestaltung der Arbeits- und Wirtschaftsbedingungen abstrakt - das heißt unter Vernachlässigung des Einflusses konkurrierender Normgeber - ermöglicht. Vielmehr verlangt sie, dass die Grundrechtsträger des Art. 9 Abs. 3 GG die ihnen gewährte Normsetzungsmacht in effektiver Weise in real wirksame Regelungen des Arbeitslebens umsetzen können.
Die Fähigkeit der Tarifvertragsparteien zur eigenverantwortlichen und wirksamen Ordnung der Arbeits- und Wirtschaftsbedingungen wird - neben der Normativität tarifvertraglicher Regelungen - nämlich maßgeblich bestimmt durch das Konkurrenzverhältnis zu anderen Normgebern, wie etwa dem Gesetzgeber und insbesondere den Betriebsvereinbarungsparteien.
Allein die Gewährleistung der Normativität tarifvertraglicher Regelungen verwirklicht den leistungsrechtlichen Gewährleistungsgehalt des Art. 9 Abs. 3 GG nur unvollkommen. Es ist nicht als ausreichend zu erachten, dass den Tarifvertragsparteien lediglich de lege lata die Möglichkeit eingeräumt wird, Arbeits- und Wirtschaftsbedingungen kollektivrechtlich einer zwingend und unmittelbar wirkenden Regelung zuzuführen, wenn diese Möglichkeit ohne praktische Relevanz bleibt, weil diese Regelungsmöglichkeit - sei es aufgrund de jure verdrängender Regelungskompetenzen anderer Normgeber, sei es infolge einer de facto verdrängenden Konkurrenzsituation - für die Regelungsadressaten keine Wirkung entfaltet. In einem solchen Szenario wird der Gesetzgeber seiner verfassungsrechtlichen Pflicht zur Gewährleistung eines angemessenen Schutzes der Fähigkeit der Koalitionen zur eigenverantwortlichen und wirksamen Ordnung der Arbeits- und Wirtschaftsbedingungen nicht gerecht. Dementsprechend hat der Gesetzgeber - will er den Anforderungen des Untermaßverbotes genügen - das Konkurrenzverhältnis zwischen den Koalitionen und anderen Normgebern auf dem Gebiet des Arbeits- und Wirtschaftsrechts in einer Weise zu regeln, dass den Koalitionen eine eigenverantwortliche und wirksame Ord-

---

[385] Die Aufhebung der zwingenden Wirkung nicht als Ausgestaltung, sondern als Eingriff qualifizierend *Dieterich*, RdA 2002, 1, 13, 15; vgl. auch *Hromadka*, NJW 2003, 1273, 1275 f.

nung von Arbeits- und Wirtschaftsbedingungen weiterhin ermöglicht wird.[386] Die alternative Differenzierung nach leistungsrechtlicher Gewährleistung der abstrakten Normsetzungsmacht und abwehrrechtlicher Gewährleistung einer real wirksamen Ordnungsfähigkeit der Arbeits- und Wirtschaftsbedingungen stellt eine künstliche Aufspaltung dar, die der verfassungsgeberischen Intention einer Gewährleistung eines funktionsfähigen Tarifvertragssystems zuwiderläuft und den leistungsrechtlichen Verpflichtungen des Gesetzgebers nicht gerecht wird.

Dementsprechend gehört auch die Regelung des Konkurrenzverhältnisses konkurrierender Normgeber insoweit zum leistungsrechtlichen Gehalt der Koalitionsfreiheit und ist damit Gegenstand der gesetzgeberischen Ausgestaltung, als die Abgrenzung der Normsetzungsbefugnisse erforderlich ist, um die angemessene und wirksame Entfaltung ihrer Ordnungsfunktion zu gewährleisten.

(2) Die leistungsrechtliche Gewährleistung des Schutzes vor konkurrierenden Normgebern durch § 4 Abs. 3 TVG bzw. des § 77 Abs. 3 BetrVG

Generell werden Konkurrenzverhältnisse zwischen verschiedenen Normgebern entscheidend geprägt durch Kollisionsnormen, die die jeweiligen Regelungsbefugnisse determinieren und voneinander abgrenzen.
Im Falle des Konkurrenzverhältnisses von Tarifvertragsparteien und Betriebsvereinbarungsparteien übernehmen die Präponderanzvorschriften des § 4 Abs. 3 TVG bzw. des § 77 Abs. 3 BetrVG die Abgrenzung der jeweiligen Normsetzungsbefugnisse voneinander und entfalten so mittelbaren, aber - nichts desto trotz - maßgeblichen Einfluss auf die Fähigkeit der Koalitionen zur eigenverantwortlichen und wirksamen Ordnung der Arbeits- und Wirtschaftsbedingungen. Die Ordnungsfähigkeit der Tarifautonomie wird nämlich im Wesentlichen bestimmt durch die Parität der Arbeitnehmer- und Arbeitgeberkoalitionen. Dieses Verhandlungsgleichgewicht wird auch durch exogene Faktoren, d.h. Faktoren, die nicht aus dem Verhältnis der Koalitionen zueinander herrühren, beeinflusst. Das Konkurrenzverhältnis der Koalitionen und zu anderen Normgebern auf dem Gebiet des Arbeits- und Wirtschaftsrechts, insbesondere zu den Betriebsvereinbarungsparteien, stellt einen derartigen exogenen Faktor dar. Ein solches Konkurrenzverhältnis beeinflusst in entscheidendem Maße, inwieweit die Tarifvertragsparteien zur wirksamen Ordnung der Arbeits- und Wirtschaftsbedingungen berufen und tatsächlich in der Lage sind. Würde eine Neurege-

[386] So im Ergebnis auch: *Cornils*, Die Ausgestaltung der Grundrechte, S. 430 ff., der das Gebot funktionsadäquater Ausgestaltung des Tarifwesens im Schwerpunkt aus dem Wesen der Koalitionsfreiheit als kollektive Privatautonomie herleitet.

lung der Kollisionsnormen zwischen Tarifautonomie und Betriebsautonomie etwa dazu führen, dass die Betriebsräte sich vermehrt als Alternative zu den Gewerkschaften für die normative Regelung der Arbeits- und Wirtschaftsbedingungen anbieten dürften und würden, so könnte dies eine die Koalitionen aus ihrer Gestaltungsverantwortung verdrängende Konkurrenzsituation zwischen Betriebsautonomie und Tarifautonomie zur Folge haben, die es den Tarifvertragsparteien unmöglich machen könnte, ihrem verfassungsrechtlichen Ordnungsauftrag angemessen und wirksam nachzukommen.
Dementsprechend sind derartige Kollisionsnormen wie die §§ 77 Abs. 3 BetrVG, 4 Abs. 3 TVG von unerlässlicher Bedeutung für die Fähigkeit der Koalitionen zur eigenverantwortlichen und wirksamen Ordnung der Arbeits- und Wirtschaftsbedingungen.

2. Fazit

Die Präponderanzvorschriften des § 4 Abs. 3 TVG bzw. des § 77 Abs. 3 BetrVG sind aufgrund ihrer maßgeblichen Bedeutung für die Fähigkeit der Koalitionen zur eigenverantwortlichen und wirksamen Ordnung der Arbeits- und Wirtschaftsbedingungen dem freiheitsgewährenden Normenbestand des Tarifvertragsrechts und daher der leistungsrechtlichen Gewährleistungsdimension der Koalitionsfreiheit zuzurechnen.
Ihre intendierte Streichung ist demnach im Hinblick auf die Koalitionsfreiheit als Ausgestaltung zu qualifizieren[387] und die dadurch bewirkten Folgen für die Konkurrenzfähigkeit und die Ordnungsfähigkeit der Tarifautonomie am Untermaßverbot zu messen.

---

[387] Anders: die Aufhebung der zwingenden Wirkung nicht als Ausgestaltung, sondern als Eingriff qualifizierend *Dieterich*, RdA 2002, 1, 13, 15; vgl. auch *Hromadka*, NJW 2003, 1273, 1275 f; *Heinze*, NZA 1995, 5, 6; *Stelling*, NZA 1998, 920, 922; *Zander*, BB 1987, 1315, 1316; *Wolter*, NZA 2003, 1317, 1319; *Rieble*, ZfA 2004, 1, 60; *Hanau*, FS Wiedemann, S. 283, 298; Die Erweiterung betriebsvereinbarungs-rechtlicher Normsetzungsbefugnisse zulasten tarifautonomer Gestaltung von Arbeits- und Wirtschaftsbedingungen stelle eine Verletzung sowohl der negativen als auch der positiven Koalitionsfreiheit. So realisiere der Gesetzgeber durch § 77 Abs. 3 BetrVG „nichts anderes als das Verfassungsgebot des Art. 9 Abs. 3 GG, den Vorrang der Tarifautonomie als Ausfluß der positiven Koalitionsfreiheit einerseits und den Schutz des Außenseiters als Ausfluß der negativen Koalitionsfreiheit andererseits. Dass § 77 Abs. 3 BetrVG entgegen verbreiteter betrieblicher Praxis zwingend zur Unwirksamkeit entsprechender Betriebsvereinbarungen führt, [sei] folglich allein Ausfluß des Verfassungsgebotes und deshalb nicht abänderbar. Die entgegenstehende Praxis verletz[e] die positive wie vor allem auch die negative Koalitionsfreiheit in gravierender, verfassungswidriger Weise. Sie mach[e] den Betriebsrat [...] zur beitragsfreien Ersatz- und Zwangsgewerkschaft“ (so: *Heinze*, NZA 1995, 5, 6).

V. Die Deregulierungsbestrebungen als verfassungsrechtlich zulässige Ausgestaltung?

Obwohl grundsätzlich keine Exklusivität bei der Einordnung einer gesetzgeberischen Maßnahme als Ausgestaltung oder Eingriff besteht und damit auch ein als grundrechtliche Ausgestaltung qualifiziertes Wirken im Hinblick auf ein anderes betroffenes Grundrecht oder einen anderen betroffenen Grundrechtsträger prinzipiell den grundgesetzlichen Schrankenvorbehalten und einer Verhältnismäßigkeitsprüfung unterliegen kann,[388] ist dies hier nicht Fall. Die in Rede stehenden (De-)Regulierungen sind auf die Beschränkung der grundgesetzlichen Gewährleistungen gerichtet und auf eine Erweiterung der betriebsverfassungsrechtlichen Befugnisse gerichtet. In einer solchen Erweiterung der Rechte der Betriebsvereinbarungsparteien kann schlechterdings kein Eingriff in etwaige, ihnen zustehende grundgesetzlich geschützte Rechtspositionen gesehen werden. Somit stellt das Untermaßverbot für die hier zur Prüfung stehenden Deregulierungsvorhaben den alleinigen Prüfungsmaßstab dar.

1. Die Anforderungen des Untermaßverbots

Die Deregulierungsbestrebungen sind als Ausgestaltung nur dann verfassungsrechtlich zulässig, wenn der so geänderte Normenbestand den Anforderungen des Untermaßverbots weiterhin genügt. Dies erfordert, dass die verbleibenden tarifrechtlichen Vorschriften als ausreichende Vorkehrungen des Gesetzgebers für einen angemessenen und wirksamen Schutz der leistungsrechtlichen Dimension der Koalitionsfreiheit zu qualifizieren sind und zudem auf sorgfältigen Tatsachenermittlungen und - unter Berücksichtigung der gesetzgeberischen Einschätzungsprärogative - vertretbaren Einschätzungen beruhen.[389]

2. Der Schutz der leistungsrechtlichen Dimension der Koalitionsfreiheit durch den verbleibenden tarifrechtlichen Normenbestand

a. De lege lata

De lege lata gewährleisten die Kollisionsvorschriften der §§ 77 Abs. 3 BetrVG, 4 Abs. 3 TVG einen umfassenden Schutz der Tarifautonomie vor der Konkurrenz durch die Normsetzung der Betriebsvereinbarungsparteien. Das geltende Tarifvertragsrecht erlaubt den Koalitionen in effektiver Art und Weise, die Arbeits- und Wirtschaftsbedingungen durch Gesamtvereinbarung zu ordnen.

---

[388] Vgl. *Cornils*, Die Ausgestaltung der Grundrechte, S. 403 ff.

[389] BVerfGE 88, 203, 254 f., 262; *Sachs*, in: Sachs, GG, Vor. Art. 1 Rn. 36; Isensee, HStR V, § 111 Rn. 165 f.

Zu Recht wird dieses System daher als „der historisch und international erfolgreichste Versuch“[390] einer autonomen Regelung der Arbeits- und Wirtschaftsbedingungen durch die Arbeitgeber und Arbeitnehmer angesehen.
Das geltende Tarifrecht stellt dementsprechend ein den Anforderungen des Untermaßverbots genügendes Mittel zur Erfüllung der leistungsrechtlichen Dimension der Koalitionsfreiheit durch den Gesetzgeber dar.

b. De lege ferenda

Die wirtschaftspolitisch diskutierten Deregulierungsbestrebungen intendieren eine Erweiterung betriebsvereinbarungsrechtlicher Rechtsetzungsmöglichkeiten durch Abbau derzeitiger Regelungssperren zugunsten bestehender oder üblicher Tarifverträge gegenüber betriebsvereinbarungsrechtlichen Regelungen. Sie zielen mithin auf die Reduzierung von zugunsten der Tarifautonomie implementierten Schutzmechanismen ab.

Wie gesehen gehören die dem Tarifvertrag normative Wirkung verleihenden Normen dem leistungsrechtlich gewährleisteten Normenbestand des derzeitigen Tarifvertragsrechts an.
Dieser Normenkomplex wird durch die Streichung der Kollisionsnormen der §§ 4 Abs. 3 TVG, 77 Abs. 3 BetrVG nicht berührt.
Die Normsetzungsbefugnis und -fähigkeit der Tarifvertragsparteien wird im Zusammenhang mit der Aufhebung der §§ 4 Abs. 3 TVG, 77 Abs. 3 BetrVG nicht normativ beschnitten. Vielmehr werden durch die Beseitigung der durch diese Normen bewirkten Sperrwirkungen lediglich betriebsvereinbarungsrechtliche Normsetzungsbefugnisse erweitert.
Geht man davon aus, dass der Gesetzgeber mit dem derzeitigen Tarifvertragsrecht seiner verfassungsrechtlichen Verpflichtung zur Bereitstellung eines den leistungsrechtlichen Gewährleistungen entsprechenden Tarifinstrumentariums nachgekommen ist, so folgt daraus, dass im Hinblick auf die Gewährleistung der Gestaltungsmöglichkeit durch Gesamtvereinbarung keine Berührung der leistungsrechtlichen Dimension der Koalitionsfreiheit durch eine Streichung der genannten Kollisionsregelungen vorliegt.

Indessen sollen die Deregulierungsbestrebungen der Rechtsetzung durch Betriebsvereinbarung mehr Raum und Gestaltungsmöglichkeiten geben, wodurch die Konkurrenz zwischen Gewerkschaften und Betriebsräten bei der Vertretung der Arbeitnehmerinteressen verschärft wird und Einfluss auf die Verhandlungsmacht der Gewerkschaften nehmen kann. Eine derartige Beeinflussung

---

[390] *Reuter*, DZWir 1991, 221, 222; *Kronke*, Regulierungen auf dem Arbeitsmarkt, S. 205 ff.

der Verhandlungsmacht der Koalitionen kann zu negativen Auswirkungen auf die ebenfalls leistungsrechtlich gewährleistete Fähigkeit der Koalitionen zur eigenverantwortlichen und wirksamen Ordnung der Arbeits- und Wirtschaftsbedingungen führen.

3. Die Angemessenheit und Wirksamkeit des Schutzes der leistungsrechtlichen Dimension der Koalitionsfreiheit durch den verbleibenden tarifrechtlichen Normenbestand

Entsprechend den Anforderungen des Untermaßverbots hält sich eine Reduzierung des zugunsten der Tarifautonomie bestehenden Schutzniveaus nur dann im Rahmen des verfassungsrechtlich Zulässigen, wenn der so reduzierte tarifrechtliche Normenbestand weiterhin einen - unter Berücksichtigung entgegenstehender Rechtsgüter - angemessenen und wirksamen Schutz der leistungsrechtlichen Dimension der Koalitionsfreiheit gewährleistet oder - negativ formuliert - die Folgen der Reduzierung des bestehenden Schutzstandards nicht so schwer wiegen, dass ein angemessener und wirksamer Schutz nicht mehr gewährleistet ist.

a. Die Folgen einer Aufhebung des Tarifvorbehalts des § 77 Abs. 3 BetrVG

Bei Beseitigung des § 77 Abs. 3 BetrVG[391] fände für die beiderseits tarifgebundenen Arbeitsvertragsparteien der Tarifvorrang des § 4 Abs. 3 TVG weiterhin Anwendung.[392]
Dort, wo die Koalitionen keine Regelung bestimmter Arbeitsbedingungen getroffen haben, würde den Betriebsvereinbarungsparteien die Möglichkeit des Abschlusses von Betriebsvereinbarungen eröffnet.
Allerdings bliebe es den Tarifvertragsparteien unbenommen, durch den Abschluss entsprechender Tarifverträge ihrer Vorrangstellung Geltung zu verschaffen und den Abschluss nachteilig abweichender Betriebsvereinbarungen zu verhindern.[393]
Dort, wo die Koalitionen tarifliche Regelungen getroffen haben, wäre der Abschluss abweichender Betriebsvereinbarungen nur dann möglich, wenn diese

---

[391] Vereinzelt wird Art. 77 Abs. 3 BetrVG schon heute als gegenstandslos und z.T. sogar als verfassungswidrig angesehen; vgl. *Reuter*, RdA 1991, 193, 199 f.; *Reuter*, DZWir 1991, 221, 225; *Schmidt*, Das Günstigkeitsprinzip im Tarifvertrags- und Betriebsverfassungsrecht, S. 106 ff., 130 f.; *Ehmann*, ZRP 1996, 314, 314; *Ehmann / Lambrich*, NZA 1996, 346, 346; *Hablitzel*, NZA 2001, 467, 468.

[392] *Richardi*, Gutachten zum 61. DJT, B 48 f.; *ders.*, BetrVG, § 77 Rn. 226; *Hanau*, FS Börner, S. 729, 736.

[393] Vgl. *Löwisch*, JZ 1996, 812, 817.

durch den jeweiligen Tarifvertrag gestattet sind oder aber eine Änderung der Regelungen zugunsten der Arbeitnehmer enthalten.[394]
Die Reduzierung des Tarifvorbehalts auf das Günstigkeitsprinzip hätte allerdings zur Folge, dass die Betriebsvereinbarungsparteien in Konkurrenz zur tatsächlich ausgeübten Regelungskompetenz der Tarifvertragsparteien treten könnten, indem sie durch günstigere Betriebsvereinbarungen bestehende tarifvertragliche Regelungen verdrängen. Damit entfiele eine Regelungssperre für den Erlass von Betriebsvereinbarungen und damit ein Schutzmechanismus zugunsten der Tarifautonomie.
Der Abschluss verschlechternder Betriebsvereinbarungen wäre den Betriebsvereinbarungsparteien - auch nach Wegfall des Tarifvorbehalts des § 77 Abs. 3 BetrVG - lediglich dort eröffnet, wo die Koalitionen keine Regelung bestimmter Arbeitsbedingungen getroffen haben.

Damit ist die Frage zu stellen, ob und inwieweit die verschärfte Konkurrenzsituation durch (i) verschlechternde Betriebsvereinbarungen und (ii) günstigere Betriebsvereinbarungen den bisher bestehenden Schutzstandard so mindert, dass ein angemessener und wirksamer Schutz nicht mehr gewährleistet ist.

i. Die Ermöglichung verschlechternder Betriebsvereinbarungen im Falle bloßer Tarifüblichkeit oder die Schutzpflicht hinsichtlich der ausgeübten und aktualisierten Tarifautonomie

Die Ermöglichung verschlechternder Betriebsvereinbarungen, sofern tarifliche Regelungen lediglich üblich sind, aber nicht bestehen, tangiert lediglich einen Bereich potentieller Regelungskompetenzen der Tarifvertragsparteien, auf deren Ausübung indessen verzichtet worden ist; die ausgeübte und aktualisierte Tarifautonomie lässt sie indessen unberührt. Es erscheint daher zweifelhaft, ob die durch den Wegfall der Tarifüblichkeitssperre in Teilbereichen eröffnete Möglichkeit zu verschlechternden Betriebsvereinbarungen von derartiger Relevanz für die Tarifautonomie ist, dass die verbleibenden gesetzlichen Vorkehrungen einen angemessenen und wirksamen Schutz der leistungsrechtlichen Dimension der Koalitionsfreiheit, namentlich der Fähigkeit zur eigenverantwortlichen und wirksamen Ordnung der Arbeits- und Wirtschaftsbedingungen, nicht mehr gewährleisten und der Gesetzgeber daher seine diesbezügliche Schutzpflicht in verfassungswidriger Weise verletzt.

Die Betriebsvereinbarungsparteien können auch nach Wegfall des Tarifvorbehalts des § 77 Abs. 3 BetrVG verschlechternde Betriebsvereinbarungen ledig-

---

[394] *Richardi*, NZA 2000, 617, 620.

lich dort abschließen, wo die Koalitionen keine eigenen Tarifregelungen getroffen haben. Zu Abschlüssen derartiger Betriebsvereinbarungen würde es wohl auch nur in Ausnahmefällen kommen, nämlich vermutlich nur in wirtschaftlich angeschlagenen bzw. sogar existenzgefährdeten Unternehmen, in denen den Arbeitnehmern lediglich die Wahl zwischen dem Verlust des Arbeitsplatzes oder der Akzeptanz schlechterer Arbeitsbedingungen verbliebe. In solchen Ausnahmefällen könnten verschlechternde Betriebsvereinbarungen helfen, diese Krise der betroffenen Unternehmen zu überwinden und den Abbau von Arbeitsplätzen zu vermeiden.
Trotz eines gegebenenfalls positiven Effekts bei der Bekämpfung der Arbeitslosigkeit bzw. Vermeidung weiterer Arbeitslosigkeit würde einem Abschluss verschlechternder Betriebsvereinbarungen aber wohl kaum ein über den betroffenen Betrieb hinausgehender Werbeeffekt für die Betriebsautonomie im Vergleich zu den - anderswo besseren - tariflich vereinbarten Arbeitsbedingungen zukommen.[395] Es stünde nicht zu erwarten, dass eine solche Maßnahme die in nicht derartig bedrohten Unternehmen beschäftigten Arbeitnehmer zu einem Austritt aus den Gewerkschaften und damit zu einem Verzicht auf ihre - tariflich gesicherten - besseren Arbeitsbedingungen motivieren könnte.

Darüber hinaus gilt es zu beachten, dass § 4 Abs. 3 TVG den Tarifvertragsparteien weiterhin die Möglichkeit bietet, die durch die verschlechternden Betriebsvereinbarungen betroffenen Arbeitsbedingungen einer eigenen Regelung zuzuführen und die verschlechternden Betriebsvereinbarung durch die tarifvertragliche Regelung zu verdrängen.

Allein eine zunehmende Konkurrenz im Bereich tarifüblicher Regelungen führt daher nicht zu einer verfassungswidrigen Verletzung des zu gewährleistenden Schutzstandards durch den Gesetzgeber.
Durch die jederzeitige Möglichkeit der Tarifvertragsparteien, im Wege des Abschlusses von tarifvertraglichen Regelungen ihrer Vorrangstellung Geltung zu verschaffen und so die Konkurrenz durch die Betriebsvereinbarungsparteien auszuschließen,[396] hat der Gesetzgeber den Tarifvertragsparteien ein wirksames und angemessenes Mittel an die Hand gegeben, um die Gewährleistung ihres

---

[395] Vgl. *Hromadka*, NJW 2003, 1273, 1276, der sogar von einer Stärkung der Tarifautonomie durch abweichende Betriebsvereinbarungen ausgeht, weil die Tarifvertragsparteien durch den Abschluss der abweichenden Betriebsvereinbarungen ein Signal über die tatsächlichen Bedürfnisse erhielten, an dem sie ihre Tarifpolitik ausrichten könnten; dies würde sie vor Fehleinschätzungen bewahren und die Akzeptanz ihrer Regelungen erhöhen.

[396] *Löwisch*, JZ 1996, 812, 817; a.M. wohl *Rieble*, Arbeitsmarkt und Wettbewerb, Rn. 1489 f.

Verfassungsauftrags jederzeit vor einer Gefährdung durch die Konkurrenz verschlechternder Betriebsvereinbarungen zu schützen.

Eines darüber hinausgehenden Schutzes der Tarifautonomie vor der Konkurrenz durch verschlechternde Betriebsvereinbarungen im Falle reiner Tarifüblichkeit bedarf es nach den Maßstäben des Untermaßverbotes nicht. Der leistungsrechtliche Gewährleistungsgehalt der Koalitionsfreiheit verlangt allein, dass die Koalitionen dort in ihrer Tarifautonomie geschützt werden, wo sie diese auch tatsächlich ausüben. Ein Schutz vor verschlechternden Betriebsvereinbarungen dort, wo die Koalitionen auf die Ausübung ihrer Koalitionsfreiheit verzichten, ist erläßlich. Die leistungsrechtliche Gewährleistung der Koalitionsfreiheit erfordert daher nur einen effektiven Schutz der ausgeübten und aktualisierten Tarifautonomie, nicht aber der lediglich potentiellen Tarifautonomie.
Die nach Streichung des § 77 Abs. 3 BetrVG verbleibenden Schutzvorkehrungen sind daher ausreichend, um einen angemessenen und wirksamen Schutz der leistungsrechtlichen Dimension der Koalitionsfreiheit vor der Konkurrenz durch verschlechternde Betriebsvereinbarungen zu gewährleisten.

ii. Die Konkurrenz durch günstigere Betriebsvereinbarungen oder die Schutzpflicht im übertariflichen Bereich

Gravierender sind indessen die Auswirkungen der - durch die Reduzierung des Tarifvorbehalts auf das Günstigkeitsprinzip eröffneten - Möglichkeit der Betriebsvereinbarungsparteien, durch günstigere Betriebsvereinbarungen in Konkurrenz zu bestehenden Tarifverträgen zu treten.
Die Konkurrenz von tarifvertraglichen Regelungen mit günstigeren Betriebsvereinbarungen könnte zu einer Schwächung der Tarifautonomie führen, weil sich die Tarifabschlüsse aufgrund der Inhomogenität der zu beachtenden Interessen der vertretenen Mitglieder im Vergleich der Unternehmen zueinander regelmäßig als mittlere Linie darstellen[397]. Demgegenüber vertreten die

---

[397] So auch ausdrücklich *Löwisch*, JZ 1996, 812, 819; dennoch wird z.T. behauptet, die Tarifpolitik orientiere sich an der Leistungskraft einiger großer Unternehmen und überfordere deshalb kleine und mittlere Unternehmen (vgl. *Dieterich*, RdA 2002, 1, 8). Diese Behauptung steht jedoch in Widerspruch zu betriebswirtschaftlichen Erkenntnissen, die im Gegenteil aufgrund der „Notwendigkeit für die Tarifparteien auch für die weniger leistungsfähigen Unternehmen noch tragbare Bedingungen im „Flächentarifvertrag" zu verankern, ... bei den leistungsfähigeren Unternehmen Gewinn- und Selbstfinanzierungspotenziale [sehen], die bei dezentralen betrieblichen Vereinbarungen vermutlich abgeschöpft werden würden" (so *Kleinhenz*, Gutachten zum 63. DJT, B 64 unter Hinweis auf *Sadowski / Backes-Gellner*, Der Stand der betriebswirtschaftlichen Arbeitsrechtsanalyse, Zeitschrift für Betriebswirtschaft, Ergänzungsheft 4/1997; *Franz*, Arbeitsmarktökonomik).

Betriebsvereinbarungsparteien eine homogene, weil auf das einzelne Unternehmen bezogene Interessengruppe, die es ihnen erlaubt, die für dieses Unternehmen (noch) akzeptablen Arbeitsbedingungen zu vereinbaren. Das könnte vor allem zu einer Schwächung des Ansehens der Gewerkschaften bei ihren Mitgliedern führen: In den Betrieben mit günstigeren Betriebsvereinbarungen wäre ihre Notwendigkeit den Arbeitnehmern nur schwer zu vermitteln; in den Betrieben, in denen es zu solchen Betriebsvereinbarungen nicht käme, würden die Mitglieder auf die anderswo besseren Arbeitsbedingungen verweisen.[398]
Diese schwindende Attraktivität und ein damit einhergehender Mitgliederschwund könnte die Verhandlungsstärke der Gewerkschaften negativ beeinflussen. Damit würde die Möglichkeit, positive Abschlüsse für ihre Mitglieder zu erzielen, schwinden und damit auch die Fähigkeit der Koalitionen zur Gestaltung des Arbeitslebens und zur Festsetzung sozialverträglicher Mindestarbeitsbedingungen. Die Aufhebung des Tarifvorbehalts birgt demnach ein nicht ganz unwesentliches Beeinträchtigungspotential hinsichtlich der Ordnungsfähigkeit der Koalitionen.

In dieser Beeinträchtigung der Möglichkeiten koalitionsspezifischen Wirkens eine unangemessene Beeinträchtigung des Schutzes der leistungsrechtlichen Dimension zu sehen, ginge indessen zu weit.
Zwar besteht im Hinblick auf die Konkurrenz durch günstigere Betriebsvereinbarungen keine rechtliche Möglichkeit der Koalitionen, die missliebige Konkurrenz durch die Betriebsvereinbarungsparteien auszuschließen, jedoch streiten die folgenden Gesichtspunkte dafür, die Ermöglichung günstigerer Betriebsvereinbarungen nicht als eine Verletzung der gesetzgeberischen Verpflichtung zur Gewährleistung eines angemessenen und wirksamen Schutzes der leistungsrechtlichen Dimension der Koalitionsfreiheit zu werten:
Zum einen sind die Auswirkungen der Konkurrenz durch günstigere Betriebsvereinbarungen nicht so erheblich, dass der Schutz der leistungsrechtlichen Dimension der Koalitionsfreiheit nicht mehr gewährleistet erscheint (dazu nachfolgend unter (1) und (2)) und zum anderen stellt der Gesetzgeber den Tarifvertragsparteien mit den firmenbezogenen Tarifverträgen ein Regelungsinstrument zur Verfügung, das es ihnen erlaubt, effektiv in Konkurrenz zu den Betriebsvereinbarungsparteien zu treten (dazu nachfolgend unter (3)).

(1) Zielsetzung der Deregulierungsbestrebungen

So gilt es zunächst zu beachten, dass es Zielsetzung der in Rede stehenden Verlagerung der kollektivrechtlichen Gestaltungsverantwortung für die Arbeits-

---

[398] *Löwisch*, JZ 1996, 812, 819.

und Wirtschaftsbedingungen ist, im Vergleich zu Tarifabschlüssen verschlechternde Betriebsvereinbarungen abzuschließen und so eine finanzielle Entlastung der Unternehmen zu bewirken.
Angesichts der schwierigen Wirtschaftslage wird die Bereitschaft der Arbeitgeber zum Abschluss von im Vergleich zu Tarifverträgen günstigeren Betriebsvereinbarungen aber gering sein, so dass die Auswirkungen der durch die Aufhebung des Tarifvorbehalts nach § 77 Abs. 3 BetrVG bewirkten Verschärfung der Konkurrenzsituation durch günstigere Betriebsvereinbarungen nicht überschätzt werden dürfen.

(2) Schutz im übertariflichen Bereich

Des weiteren gilt es im Hinblick die Schwere einer Beeinträchtigung durch abweichende betriebsvereinbarungsrechtliche Regelungen eine zusätzliche Differenzierung zu treffen: Es ist zu unterscheiden zwischen abweichenden Regelungen, die eine Verschlechterung der tariflich festgesetzten (Mindest-)Arbeitsbedingungen bewirken, und solchen, die den durch die Tarifeinigung gesetzten Mindeststandard unberührt lassen und lediglich günstigere Arbeitsbedingungen für die Arbeitnehmer festsetzen.

Die Konkurrenz in Gestalt günstigerer Betriebsvereinbarungen besitzt hinsichtlich der durch sie bewirkten Beeinträchtigungsintensität eine andere - namentlich eine geringere - Wertigkeit als Eingriffe in die bestehende Konkurrenzsituation durch verschlechternde Betriebsvereinbarungen.
Die Tarifautonomie hat die Zwecksetzung, die strukturelle Unterlegenheit des Arbeitnehmers im Verhältnis zum Arbeitgeber auszugleichen und durch Ausnutzung einer Kartellbefugnis Mindestarbeitsbedingungen für die Arbeitnehmer festzusetzen. Beeinträchtigungen dieser ureigensten Funktion der Koalitionsfreiheit wiegen daher im Hinblick auf die Erfüllung der leistungsrechtlichen Dimension der Koalitionsfreiheit besonders schwer.[399]
Demgegenüber ist der Schutz der Koalitionsfreiheit im übertariflichen Bereich weniger intensiv. Hier rechtfertigt sich der Schutz der Tarifautonomie nicht unmittelbar aus dem Aspekt der Sicherstellung sozialverträglicher Mindestarbeitsbedingungen, sondern lediglich mittelbar aus dem Ziel, die Wirkungsmöglichkeiten der Tarifvertragsparteien - mittels einer Beschränkung der Konkurrenz durch andere arbeitsrechtliche Normgeber - zu erhalten. Dementsprechend wiegen Beeinträchtigungen durch die Festsetzung übertariflicher Arbeitsbedingungen naturgemäß weniger schwer.

---

[399] BVerfGE 103, 293, 305; vgl. auch BVerfGE 50, 290, 373, 376 f.; BAG, NZA 1996, 948.

(3) Firmenbezogene Tarifverträge als Regelungsinstrument zur Begegnung der Konkurrenz durch günstigere Betriebsvereinbarungen

Auch wenn seitens der Koalitionen kein rechtliches Mittel zur Verfügung steht, die Konkurrenz durch die Betriebsvereinbarungen mit normativer Wirkung auszuschließen, so stellt der Gesetzgeber den Tarifvertragsparteien mit dem Firmentarifvertrag ein Regelungsinstrument zur Verfügung, das ihnen ermöglicht, durch ein ebenfalls firmenbezogenes Regelungsinstrument in direkte Konkurrenz mit den Betriebsvereinbarungsparteien zu treten.

(a) Die Tariffähigkeit des einzelnen Arbeitgebers nach § 2 Abs. 1 TVG und die Möglichkeit zum Abschluss firmenbezogener Tarifverträge

Das bestehende Tarifvertragsrecht gewährt nicht nur den Gewerkschaften und Arbeitgeberverbänden die Tariffähigkeit, sondern auch dem einzelnen Arbeitgeber (§ 2 Abs. 1 TVG).[400] Dies eröffnet den Tarifvertragsparteien - auch im Falle eines organisierten Arbeitgebers[401] - die Gelegenheit zum Abschluss von individuell auf das betroffene Unternehmen bzw. sogar den einzelnen Betrieb zugeschnittenen sog. Haus- bzw. Firmentarifverträgen.[402]
Darüber hinaus besteht die prinzipielle Möglichkeit zum Abschluss firmenbezogener Verbandstarifverträge.[403]
In der bisherigen Tarifpraxis bieten sich firmenbezogene Tarifverträge für unvorhergesehene Problemlagen als Notausgänge an und werden insoweit bereits effektiv genutzt.[404] Des weiteren sind sie Gegenstand von Härte- und Notfallklauseln in Flächentarifverträgen, die vorsehen, dass die Tarifvertragsparteien unter bestimmten Voraussetzungen zum Abschluss von Sanierungs- oder Ergänzungstarifverträgen verpflichtet sind bzw. bereits vorformulierten Notlösungen zustimmen müssen, um so die Regelungsmacht der Tarifvertragsparteien nicht einzuschränken, sondern lediglich betriebsnah und problembezogen auszudifferenzieren.[405]

---

[400] *Dieterich*, RdA 2002, 1, 2; *ders.*, DB 2001, 2398, 2400; *Platow*, AiB 2003, 581, 583.

[401] BAG 25.9.1996 AP Nr. 10 zu § 2 TVG Tarifzuständigkeit; *Brox / Rüthers / Schlüter*, Arbeitskampfrecht, Rn. 137; *Buchner*, DB 1970, 2025, 2029; *Däubler*, Tarifvertragsrecht, Rn. 64; *Gaul*, RdA 1966, 172, 175; *Gumpert*, BB 1958, 1316, 1317; *Heß*, ZfA 1976, 45, 54; a.A. *Matthes*, FS Schaub, S. 477, 481 ff.

[402] *Wiedemann*, TVG, § 2 Rn. 94 ff., 121 ff.

[403] ganz herrschende Meinung *Wiedemann*, TVG, § 2 Rn. 140 ff. m.w.N.; a.A. *Zöllner / Loritz*, Arbeitsrecht, § 34 II, S. 383.

[404] *Dieterich*, RdA 2002, 1, 6; vgl. *Rieble*, NZA 2000, 225, 225 ff.; *Kittner*, FS Schaub, S. 389, 394 f.; *Wendeling-Schröder*, FS Wissmann, S. 174, 180 f.

[405] *Dieterich*, RdA 2002, 1, 6; *Kittner*, FS Schaub, S. 389, 394 ff.

Als Konkurrenzangebot zu Betriebsvereinbarungen spielen firmenbezogene Tarifverträge bisher noch eine untergeordnete Rolle, allerdings bei leicht steigender Tendenz mit starken Abweichungen in den einzelnen Branchen und deutlichen Unterschieden in den alten und neuen Bundesländern.[406]

Als Regelungsinstrument von Arbeits- und Wirtschaftsbedingungen erlauben firmenbezogene Tarifverträge allerdings - ebenso wie Betriebsvereinbarungen - eine besondere Berücksichtigung der Verhältnisse des individuellen Unternehmens und seiner Arbeitnehmer und können so den Nachteil von Flächentarifverträgen kompensieren, branchenweit gleichförmige Regelungen treffen zu müssen und nur in sehr begrenztem Umfang den individuellen Bedürfnissen einzelner Unternehmen Rechnung tragen zu können.[407]

Diese den Tarifvertragsparteien durch den Gesetzgeber gewährleistete Möglichkeit, firmenbezogene Regelungen zu treffen, eröffnet den Tarifvertragsparteien ein Feld, um der Konkurrenz durch die Betriebsvereinbarungsparteien zu begegnen.

(b) Verbreitungshindernisse für firmenbezogene Tarifverträge

Allerdings bestehen Verbreitungshindernisse für firmenbezogene Tarifverträge, denenzufolge sie bisher nur in begrenztem Maße als Konkurrenz für Betriebsvereinbarungen zum Einsatz kommen.

So darf nicht außer Acht gelassen werden, dass der traditionelle Flächentarifvertrag das „Ergebnis gemeinsamer Bemühungen von Gewerkschaften und Unternehmern seit vielen Generationen [ist]. Mit seiner Ordnungs- und Kartellfunktion entspricht er gemeinsamen Interessen und starken Gerechtigkeitsvorstellungen auf beiden Seiten des Frontverlaufs sozialer Konflikte. Für die Arbeitnehmer geht es dabei um Solidarität und Gleichbehandlung, also um formale Gerechtigkeit. Für die Arbeitgeber geht es um die Vermeidung von unfairen Wettbewerbsverzerrungen durch ungleiche Kostenbelastung.“[408]
Diese starken Überzeugungen auf beiden Seiten der Tarifvertragsparteien behindern die Verbreitung von firmenbezogenen Tarifverträgen.

Neben diesem allgemeinen Verbreitungshindernis bestehen auch arbeitgeberspezifische Verbreitungshemmnisse.

---

[406] *Dieterich*, RdA 2002, 1, 5.
[407] *Söllner*, Grundriß des Arbeitsrechts, § 16 I 1 b; *Thau*, AuA 1993, 235, 235 ff.; *Dieterich*, RdA 2002, 1, 5.
[408] *Dieterich*, RdA 2002, 1, 7; vgl. auch *ders.*, DB 2001, 2398, 2398.

Flächentarifverträge schaffen branchenweit gleichförmige Regelungen der Arbeitsbedingungen und schwächen den Wettbewerb um und durch Arbeitsbedingungen im Inland ab.[409] Dies dient neben dem Arbeitnehmerschutz auch der Eindämmung des Wettbewerbs unter den Unternehmen eines Arbeitgeberverbands.
Die Arbeitgeberverbände sind nach dem Grundsatz der Verbandssolidarität verpflichtet, diese Zwecksetzung nicht durch weitgehenden Abschluss von Sonderkonditionen zu unterlaufen und so die anderen Mitglieder des Arbeitgeberverbands zu benachteiligen.
Es ist daher verbreitete Praxis, dass Arbeitgeberverbände ihren Mitgliedern durch Satzung oder Verbandsbeschluss den Abschluss von eigenen Firmentarifverträgen untersagen.[410] Auch wenn diese Untersagung an der Tariffähigkeit des Arbeitgebers nichts ändert und abgeschlossene Firmentarifverträge trotz Verstoßes gegen entsprechende Satzungsbestimmungen oder Verbandsbeschlüsse wirksam bleiben, sind die Mitglieder der Arbeitgeberverbände intern zur Unterlassung des Abschlusses verpflichtet.[411]
Zulässig ist insbesondere die Absicherung dieser Verpflichtung zur Verbandsdisziplin durch angemessene Verbandsstrafen, wie etwa Geldbußen und Verbandsausschlüsse, da jeder Verband ein berechtigtes Interesse daran hat, dass die ordnungsgemäß beschlossene Satzung eingehalten und rechtmäßige Beschlüsse durchgeführt werden.[412]

Darüber hinaus gilt es zu beachten, dass „Unternehmen, die einen Konkurrenten im fairen Wettbewerb und unter den Bedingungen eines branchenübergreifenden Tarifvertrags aus dem Markt gedrängt haben, kaum akzeptieren [werden], dass dem Besiegten mit Sonderkonditionen wieder auf die Beine geholfen wird. Für sie verliert der maßgebende Flächentarifvertrag dadurch seine Geschäftsgrundlage und das ganze Regelungssystem seine Überzeugungskraft“[413], so dass

---

[409] *Löwisch*, JZ 1996, 812, 813.

[410] Sehr umstritten ist, inwieweit den Mitgliedern einer Arbeitgebervereinigung verbandsrechtlich durch Satzung oder Verbandsbeschluss der Abschluss von Firmentarifverträgen untersagt werden darf; für eine grundsätzlich unbeschränkte Zulässigkeit (h.M.) *Buchner*, DB 1970, 2025, 2029; *v.Hoyningen-Huene*, ZfA 1980, 453, 463; *Hueck / Nipperdey*, Arbeitsrecht, Bd. II/1, § 20 II 2, S. 425; *Matthes*, FS Schaub, S. 477, 479; *Nikisch*, Arbeitsrecht, Bd. 2, S. 242; *Wieland*, Das Recht der Firmentarifverträge, S. 69; für generelle Unzulässigkeit der Untersagung: *Hensche*, RdA 1971; 9, 17.

[411] *Beuthien*, BB 1975, 477, 480; *Brox / Rüthers / Schlüter*, Arbeitskampfrecht, Rn. 137; *Heß*, DB 1975, 548, 549; *Schaub*, ArbRHb, § 199 Rn. 6; *Weiss*, Koalitionsfreiheit und betriebsnahe Tarifverträge, S. 39; a.A. *Boldt*, RdA 1971, 257, 268.

[412] *Wiedemann*, TVG, § 2 Rn. 116.

[413] *Dieterich*, RdA 2002, 1, 7; vgl. auch *Rieble*, NZA 2000, 225, 225 ff.

auch hierin ein arbeitgeberseitiges Hemmnis für die Verbreitung von firmenbezogenen Tarifverträgen liegt.

Vergleichbare Verbreitungshindernisse bestehen auch seitens der Gewerkschaften. Auch wenn anzunehmen ist, dass angesichts drohenden Arbeitsplatzverlustes viele Gewerkschaftsmitglieder bereit sind, schlechtere Arbeitsbedingungen als die des Flächentarifs zu akzeptieren, und eine Gewerkschaft es sich nicht leisten kann, durch ihr Verhalten zum Verlust der Arbeitsplätze beizutragen[414], zeigt die Praxis, dass derartige Motivationen nicht stets genügen, die erforderliche Flexibilisierung durch den Abschluss firmenbezogener Tarifverträge zu erreichen.[415]
Dies mag folgende Ursachen haben:
Zum einen wird ein derartiger Druck erst durch den drohenden Verlust der Arbeitsplätze von Gewerkschaftsmitgliedern unerträglich.
Zum anderen wird auch auf Seiten der Gewerkschaften eine gewisse Hemmung bestehen, entgegen dem Grundsatz der Verbandssolidarität einzelne Unternehmen durch die Vereinbarung von Sonderkonditionen zu bevorteilen und damit den Verband selbst zu schwächen.[416]
Demnach bestehen als Ausfluss tarifvertragsparteieninterner Interessenkonflikte bzw. auch mangelnden Flexibilisierungswillens der Tarifvertragsparteien eine Reihe von Verbreitungshindernissen für firmenbezogene Tarifverträge, so dass bezweifelt werden kann, dass firmenbezogene Tarifverträge ein probates Mittel sind, um der Konkurrenz durch Betriebsvereinbarungen zu begegnen.

Andererseits ist festzuhalten, dass der demzufolge nur begrenzte Anwendungsbereich von firmenbezogenen Tarifverträgen als Konkurrenzangebot zu den Betriebsvereinbarungen nicht auf einer mangelnden gesetzlichen Regelung beruht. Vielmehr gibt der Gesetzgeber mit dem Instrument firmenbezogener Tarifverträge den Tarifvertragsparteien ein Mittel an die Hand, um der Konkurrenz der Betriebsvereinbarungsparteien wirksam zu begegnen. Es ist nun vielmehr an den Tarifvertragsparteien, dieses Mittel effektiv einzusetzen, um der Konkurrenz durch günstigere Betriebsvereinbarungen zu begegnen. Eine Verletzung der gesetzgeberischen Pflicht zur Gewährleistung eines angemessenen und wirksamen Schutzes der leistungsrechtlichen Dimension der Koalitionsfreiheit ist darin nicht zu sehen. Mit der Bereitstellung des Instruments firmenbezogener Tarifverträge durch § 2 Abs. 1 TVG tut der Gesetzgeber vielmehr den Anforderungen des Untermaßverbots Genüge.

---

414 Vgl. *Dieterich*, RdA 2002, 1, 6.
415 Vgl. *Platow*, AiB 2003, 581, 583 m.w.N.
416 So im Ergebnis auch *Lieb*, NZA 1994, 337, 339 f.; *Dieterich*, RdA 2002, 1, 7.

Auch im Hinblick auf die Konkurrenzsituation durch günstigere Betriebsvereinbarungen sind die insoweit verbleibenden Schutzvorkehrungen - namentlich die Möglichkeit zum Abschluss firmenbezogener Tarifverträge - daher ausreichend zur Gewährleistung eines angemessenen Schutzes der leistungsrechtlichen Dimension der Koalitionsfreiheit.

iii. Fazit

Die Aufhebung des Tarifvorbehalts nach § 77 Abs. 3 BetrVG würde den durch das Untermaßverbot geschützten Gewährleistungsgehalt der Koalitionsfreiheit nicht verletzen.[417] Der Konkurrenz durch verschlechternde Betriebsvereinbarungen kann durch Abschluss von verdrängenden tariflichen Regelungen begegnet werden; die Auswirkungen der Konkurrenz durch günstigere Betriebsvereinbarungen sind weniger gewichtig, da sie sich auf den übertariflichen Bereich beschränken und damit die ureigenste Funktion der Tarifvertragsparteien, Mindestarbeitsbedingungen festzusetzen, unberührt lassen; darüber hinaus kann der Konkurrenz durch günstigere Betriebsvereinbarungen durch den vermehrten Abschluss firmenbezogener Tarifverträge entgegengetreten werden.
Die im Falle einer Aufhebung des Tarifvorbehalts des § 77 Abs. 3 BetrVG verbleibenden tarifrechtlichen Vorschriften stellen somit ausreichende Vorkehrungen des Gesetzgebers für einen wirksamen Schutz der leistungsrechtlichen Dimension der Koalitionsfreiheit dar.

b. Die Folgen einer Aufhebung des Tarifvorrangs des § 4 Abs. 3 TVG

Intention der Aufhebung des Tarifvorrangs ist es, den Betriebsvereinbarungsparteien die Möglichkeit zu eröffnen, nicht nur zugunsten, sondern auch zulasten der Arbeitnehmer von einer tarifvertraglichen Regelung abzuweichen.

i. Die Folgen einer Aufhebung des Tarifvorrangs nach herrschender Meinung

Die Deregulierung durch Aufhebung des Tarifvorrangs intendiert eine umfassende Verlagerung der Regelungsbefugnisse der Tarifvertragsparteien auf die

[417] § 77 Abs. 3 BetrVG ebenfalls als nicht von der Verfassung geboten betrachtend: BAG vom 24.2.1987 EzA § 87 BetrVG 1972 Nr. 10, B II 4 b dd; *Bender*, BB 1987, 1117, 1119; GK-*Kreutz*, BetrVG, § 77 Rn. 80; *Gast*, BB 1987, 1249, 1251; *Gamillscheg*, Kollektives Arbeitsrecht, Bd. 1, S. 326; *v.Hoyningen-Huene*, NZA 1987, 793, 794; *Hromadka*, NZA 1996, 1233, 1239; *Jahnke*, Tarifautonomie und Mitbestimmung, S. 43; *Löwisch*, JZ 1996, 812, 817 f.; a.A. *Kempen / Zachert*, TVG, Grundlagen Rn. 196; *Heinze*, NZA 1995, 5, 6; *Rieble*, RdA 1996, 151, 152.

Betriebsvereinbarungsparteien.[418] Entsprechend dieser Motivation sollen die Betriebsvereinbarungsparteien nicht nur zugunsten, sondern auch zulasten der Arbeitnehmer von einer tarifvertraglichen Regelung abweichen dürfen. Dies könnte zu einer erheblichen Verschärfung der Konkurrenzsituation zwischen Tarifautonomie und Betriebsautonomie führen. Beschränkt man die Öffnung der Arbeits- und Wirtschaftsbedingungen für die vorbehaltlose Regelung durch die Betriebsvereinbarungsparteien nicht auf Ausnahmefälle, so birgt dies die Gefahr, dass die Funktionsfähigkeit des Tarifvertragssystems und damit das Schutzniveau der Tarifautonomie in erheblichem Maße beeinträchtigt wird.[419]
Nach herrschender Ansicht[420] hat die Aufhebung des Tarifvorrangs eine umfassende Regelungsbefugnis der Betriebsvereinbarungen zur Folge. Es träte eine Umkehr der bisher zugunsten der Tarifvertragsparteien bestehenden Präponderanz bei der Regelungsbefugnis für die Arbeits- und Wirtschaftsbedingungen ein.[421]
Die Tarifnormen wären für die Betriebsvereinbarungsparteien nicht mehr zwingend, sondern besäßen den Charakter von Richtlinien.[422] Sie stünden insoweit zur Disposition der Betriebsvereinbarungsparteien. Erst im Falle ihrer Bestätigung bzw. Festsetzung durch Betriebsvereinbarung würden sie letztverbindlich.[423]

(1) Die Konkurrenz durch günstigere Betriebsvereinbarungen

Im Hinblick auf die Konkurrenzsituation durch günstigere Betriebsvereinbarungen gilt das bereits Ausgeführte entsprechend. Die insoweit verbleibenden Schutzvorkehrungen - namentlich die Möglichkeit zum Abschluss firmenbezogener Tarifverträge - sind ausreichend zur Gewährleistung eines angemessenen Schutzes der leistungsrechtlichen Dimension der Koalitionsfreiheit.

---

[418] *Richardi*, NZA 2000, 617, 620.

[419] *Richardi*, Gutachten zum 61. DJT, B 43; *Hanau*, RdA 1993, 1, 5 ff.; *Henssler*, ZfA 1994, 487, 498 f., 510 ff.; *Konzen*, NZA 1995, 913, 915, 919; a.A.: *Hromadka*, DB 2003, 42, 43.

[420] *Löwisch*, JZ 1996, 812, 818; *Hanau*, RdA 1993, 1, 4; *Konzen*, NZA 1995, 913, 915; *Junker*, ZfA 1996, 383, 398.

[421] *Richardi*, NZA 2000, 617, 620.

[422] *Löwisch*, JZ 1996, 812, 818; *Hanau*, RdA 1993, 1, 4; *Konzen*, NZA 1995, 913, 915; *Junker*, ZfA 1996, 383, 398.

[423] *Löwisch*, JZ 1996, 812, 818; *Hanau*, RdA 1993, 1, 4; *Konzen*, NZA 1995, 913, 915; *Junker*, ZfA 1996, 383, 398.

(2) Die Konkurrenz durch verschlechternde Betriebsvereinbarungen

Die generelle Möglichkeit zum Abschluss auch verschlechternder Betriebsvereinbarungen würde dazu führen, dass die Tarifnormen für die Betriebsvereinbarungsparteien nur den Charakter von Richtlinien hätten, die zu ihrer Disposition stünden. Durch die Aufhebung der zwingenden Wirkung der tariflichen Regelungen gegenüber den Betriebsvereinbarungen würden die Tarifvertragsparteien auf die Rolle von Institutionen beschränkt, welche Vorschläge für die Regelung von Arbeitsbedingungen erarbeiteten, die letztlich erst von den Betriebsvereinbarungsparteien festgesetzt würden.[424]

Die Tarifautonomie kann ihren verfassungsrechtlich gewährleisteten Zweck - gerade und insbesondere die Festsetzung von Mindestarbeitsbedingungen - indessen nur erfüllen, wenn tarifvertragliche Regelungen nicht zur Disposition der Betriebsvereinbarungsparteien stehen.[425]
Dies ergibt sich aus zwei Aspekten:

(a) Die nachträgliche Entwertung bestehender tarifvertraglicher Regelungen

Eine generelle Betriebsvereinbarungsdispositivität tariflicher Regelungen würde die von den Tarifvertragsparteien erstrittenen Verhandlungsergebnisse entwerten.
Diese Wirkung von nachträglichen Änderungen bereits erzielter Tarifeinigungen ist vom Bundesverfassungsgericht anerkannt und schon bei einer sachlich beschränkten Änderungsmöglichkeit als erhebliche Beeinträchtigung der Tarifautonomie qualifiziert worden:
„Damit wird das von den Tarifvertragsparteien erstrittene Verhandlungsergebnis zulasten der Gewerkschaften geändert. Das trifft diese empfindlich, da sie ein solches Verhandlungsergebnis regelmäßig durch ein Nachgeben in anderen Punkten erreichen. Ihr Erfolg in der Auseinandersetzung mit der Arbeitgeberseite wird insofern nachträglich teilweise entwertet. Das kann ihre Verhandlungsposition für die Zukunft ebenso schwächen wie ihre Attraktivität, Mitglieder zu werben oder zu erhalten."[426]

---

[424] *Löwisch*, JZ 1996, 812, 818; *Hanau*, RdA 1993, 1, 4; *Konzen*, NZA 1995, 913, 915; *Junker*, ZfA 1996, 383, 398.

[425] *Richardi*, Gutachten zum 61. DJT, B 79; *Dieterich*, RdA 2002, 1, 15.

[426] BVerfGE 103, 293, 305; vgl. auch BVerfGE 50, 290, 373, 376 f.; BAG NZA 1996, 948; BVerfGE 100, 271, 283; *Richardi*, NZA 2000, 617, 620; *ders.*, Gutachten zum 61. DJT, B 29; *Zander*, BB 1987, 1315, 1316; *Möschel*, BB 2003, 1951, 1954; a.A. *Hromadka*, NJW 2003, 1273, 1276, der es für rechtstatsächlich erwiesen hält, dass die

Zu Recht wird deshalb darauf hingewiesen, dass es vorrangig Aufgabe der Tarifpartner sein muss, Arbeitsbedingungen kollektivrechtlich zu regeln, da die Funktionsfähigkeit der Tarifautonomie auch dann gestört wird, wenn die nicht tarifgebundenen Arbeitgeber kollektivrechtlich „Konkurrenzregelungen“ in der Form von Betriebsvereinbarungen erreichen können.[427]

Damit stellt sich die Frage, wann eine Verschärfung der bestehenden Konkurrenzsituation zwischen Tarifautonomie und Betriebsautonomie ein Ausmaß erreicht, so dass die Grenze zur Nichtgewährleistung eines angemessenen und wirksamen Schutzes der Tarifautonomie und zur Verletzung des durch das Untermaßverbot geschützten leistungsrechtlichen Gewährleistungsgehalts der Koalitionsfreiheit überschritten wird.

Die Möglichkeit lediglich punktueller Abänderung erzielter Tarifeinigungen belässt den Tarifvertragsparteien hinsichtlich der nicht betriebsvereinbarungsdispositiven Regelungsgegenstände die Macht zu zwingender und unmittelbar geltender Gestaltung von Arbeits- und Wirtschaftsbedingungen.
Aus diesem Machterhalt ergibt sich, dass die Überlassung aller Arbeitsbedingungen zur Regelung durch die Tarifvertragsparteien nicht Gegenstand des durch das Untermaßverbot geschützten Gewährleistungsgehalts ist. Über einen einen angemessenen und wirksamen Schutz der Tarifautonomie gewährleistenden Kernbereich verfügen die Koalitionen noch dann, wenn ihnen gegenständlich ein ausreichend großes Feld überlassen ist, auf dem sie sich im Sinne eines Aushandelns von Leistung und Gegenleistung sinnvoll betätigen können.[428]
Dementsprechend erscheint es auch mit Blick auf das Untermaßverbot nicht von vornherein ausgeschlossen, etwa für die mitbestimmungspflichtigen Angelegenheiten des § 87 Abs. 1 BetrVG den Vorrang der betrieblichen Regelung zu statuieren oder auch die Betriebsvereinbarungsdispositivität von tariflichen Regelungen in bestimmten Ausnahmesituationen (z.B. bei Insolvenz des Unternehmens oder zur Einstellung von Langzeitarbeitslosen) und für begrenzte Zeit gesetzlich anzuordnen.[429]
Solange die Unabdingbarkeit der tariflichen Regelung einen derartigen Umfang aufweist, verbleibt den Koalitionen eine Regelungsmacht, die die Existenz der Koalitionen - und die Mitgliedschaft in diesen - zu rechtfertigen vermag und daher die Funktionsfähigkeit des Tarifvertragssystems nicht aufhebt bzw. den Schutz der Tarifautonomie nicht unangemessen aushöhlt.

Abweichung von Tarifverträgen durch Betriebsvereinbarungen nicht zu einem Mitgliederschwund bei den Gewerkschaften führt.

[427] BAG, NZA 1996, 948; *Richardi*, NZA 2000, 617, 620.

[428] vgl. *Löwisch*, JZ 1996, 812, 816 f.

[429] vgl. *Löwisch*, JZ 1996, 812, 817 f.

Stellt schon die sachthematisch begrenzte Änderungsmöglichkeit bereits erzielter Tarifeinigungen eine erhebliche Beeinträchtigung der Tarifautonomie dar, weil sowohl die Verhandlungsposition für die Zukunft als auch die Attraktivität der Gewerkschaften als Arbeitnehmervertretung in Mitleidenschaft gezogen werden, so verstärkt sich diese Beeinträchtigung im Falle der generellen Betriebsvereinbarungsdispositivität tariflicher Regelungen zu einer verfassungswidrigen Verletzung des durch das Untermaßverbot geschützten Gewährleistungsgehalts der Koalitionsfreiheit.[430]
Die oftmals unter erheblichem persönlichen und finanziellen Einsatz erstrittenen Verbesserungen der Arbeitsbedingungen drohten postwendend durch entsprechende verschlechternde Betriebsvereinbarungen zurückgenommen zu werden. Vielen Arbeitnehmern müssten die finanziellen Opfer zum Erhalt des Gewerkschaftswesens in Form ihrer Mitgliedsbeiträge, die im Rahmen von Arbeitskampfmaßnahmen erlittenen Einkommenseinbußen sowie die durch die Arbeitskämpfe bewirkten volks- und betriebswirtschaftlichen Schäden angesichts der Betriebsvereinbarungsdispositivität der erzielten Tarifregelungen als unverhältnismäßige Opfer für die Erzielung dieser „letztlich unverbindlichen" Ergebnisse erscheinen. Dadurch müsste die Mitgliedschaft in den Tarifvertragsparteien in den Augen vieler Arbeitnehmer und Arbeitgeber überflüssig werden. Aufgrund des zu erwartenden Mitgliederschwundes müsste befürchtet werden, dass die Tarifautonomie ihren verfassungsrechtlich gewährleisteten Zweck nicht mehr erfüllen kann.[431]

Darüber hinaus gilt es zu beachten, dass die Möglichkeit zum Abschluss verschlechternder Betriebsvereinbarungen eine besonders schwerwiegende Beeinträchtigung der Tarifautonomie darstellt.
Die tarifliche Normsetzung hat die Zwecksetzung, die strukturelle Unterlegenheit des Arbeitnehmers im Verhältnis zum Arbeitgeber auszugleichen und durch Ausnutzung einer Kartellbefugnis Mindestarbeitsbedingungen für die Arbeitnehmer festzusetzen. Beeinträchtigungen dieser ureigensten Funktion der Koalitionsfreiheit wiegen daher im Hinblick auf die Erfüllung der leistungsrechtlichen Dimension der Koalitionsfreiheit besonders schwer.[432]

---

[430] *Möschel*, BB 2003, 1951, 1954.

[431] *Löwisch*, JZ 1996, 812, 818; *Rieble*, Arbeitsmarkt und Wettbewerb, Rn. 1485; vgl. auch: Zachert, JbArbR 41, 85, 92 f.; a.A. *Hromadka*, DB 2003, 42, 43; *Hromadka*, NJW 2003, 1273, 1276, der sogar von einer höheren Akzeptanz tarifvertraglicher Regelungen ausgeht, weil die Tarifvertragsparteien durch den Abschluss der abweichenden Betriebsvereinbarungen ein Signal über die tatsächlichen Bedürfnisse erhielten, an dem sie ihre Tarifpolitik ausrichten könnten; dies würde sie vor Fehleinschätzungen bewahren und die Akzeptanz ihrer Regelungen erhöhen.

[432] BVerfGE 103, 293, 305; vgl. auch BVerfGE 50, 290, 373, 376 f.; BAG, NZA 1996, 948.

Können die Betriebsvereinbarungen diese Festsetzung der Mindestarbeitsbedingungen seitens der Tarifvertragsparteien jederzeit durch Abschluss eigener Regelungen der in Rede stehenden Arbeitsbedingungen unterlaufen, so wird damit die fundamentale Zielsetzung der verfassungsrechtlichen Gewährleistung der Tarifautonomie konterkariert und letztlich aufgegeben. Dass dies die Tarifautonomie im Kernbereich tangiert und somit auch das zu gewährleistende Schutzniveau unterschreitet, liegt auf der Hand.

(b) Die Schwächung der zukünftigen Verhandlungsposition der Tarifvertragsparteien

Durch eine Betriebsvereinbarungsdispositivität tariflicher Regelungen würde zudem die Verhandlungsposition der Gewerkschaften für die Zukunft entscheidend entwertet.[433] Durch die Möglichkeit des jederzeitigen Abschlusses abweichender Betriebsvereinbarungen wären die Gewerkschaften gezwungen, den Arbeitgebern Zugeständnisse zu machen, um diese nicht zu nachfolgenden Abschlüssen von - die Verhandlungsergebnisse entwertenden - abweichenden Betriebsvereinbarungen zu veranlassen. Dies würde die Tarifabschlüsse tendenziell verschlechtern und damit das Ansehen der Gewerkschaften bei ihren Mitgliedern weiter mindern.
Fast zwangsläufige Folge dieses Bedeutungsverlusts wäre ein Mitgliederschwund, der je nach Ausmaß die Parität zwischen den Koalitionen aufheben und so schließlich die Nichtgewährleistung eines angemessenen und wirksamen Schutzes des Tarifvertragssystems bewirken könnte.[434]

(c) Fehlende Beeinträchtigung der Tarifautonomie aufgrund einer gängigen Praxis zum Abschluss rechtswidriger Betriebsvereinbarungen?

Diese Wertung ist indessen nicht unbestritten. Von Befürwortern der Deregulierungsbestrebungen wird jegliche nachteilige Auswirkung auf die Wirkungsmöglichkeiten der Tarifvertragsparteien durch die Aufhebung des Tarifvorbehalts und/oder Tarifvorrangs bestritten. Vielmehr bliebe festzustellen, dass

---

[433] Demgegenüber wird zum Teil angenommen, dass diese Art von Betriebsvereinbarungsdispositivität nicht zu einer Schwächung, sondern zu einer Stärkung der Tarifautonomie insoweit führen würde, als dass eine „lernende Rückkopplung“ zu erwarten stünde, die den Tarifvertragsparteien neue Wege und Konfliktlösungspotentiale für die Zukunft aufzeigen würde; vgl. *Hromadka*, NJW 2003, 1273, 1276.

[434] *Richardi*, Gutachten zum 61. DJT, B 43; *Hanau*, RdA 1993, 1, 5 ff.; *Henssler*, ZfA 1994, 487, 498 f., 510 ff.; *Konzen*, NZA 1995, 913, 915, 919; *Lieb*, NZA 1994, 337, 291; *Söllner*, NZA 1996, 897, 899; *Walker*, ZfA 1996, 353, 369 ff.; *Junker*, ZfA 1996, 383, 394 ff.

bislang niemand den Nachweis einer ernsthaften Gefährdung der Tarifautonomie angetreten habe. Angesichts der gängigen Praxis von Tarifvorbehalt und/oder Tarifvorrang missachtenden, übertariflichen und Tarifverträge in sonstiger Weise abändernden Betriebsvereinbarungen[435] dürfe ein solcher Nachweis schwer fallen. Diese Praxis habe der Tarifautonomie bisher keinen Schaden zufügen können.[436] Die Aufhebung des Tarifvorrangs stelle nicht „mehr als eine Anpassung der Theorie an die Praxis“[437] dar.

Diese Argumentation verkennt, dass die Legalisierung dieser rechtswidrigen Praxis einen qualitativ entscheidenden Unterschied gegenüber dem status quo darstellen würde.
Nach derzeitiger Rechtslage sind unter Verletzung des § 77 Abs. 3 BetrVG und erst recht unter Verletzung des § 4 Abs. 3 TVG abgeschlossene Betriebsvereinbarungen unwirksam und daher nicht durchsetzbar.[438]
Der tarifliche Schutz bleibt daher für den Arbeitnehmer von Bedeutung, weil er sich gegenüber verschlechternden Betriebsvereinbarungen auf die bestehende - oder übliche - Tarifvertragsregelung berufen kann.
Auch im Hinblick auf günstigere Betriebsvereinbarungen entfaltet die tarifvertragliche Regelung einen gewissen Schutz. Diese günstigere, aber wegen Verstoßes gegen § 77 Abs. 3 BetrVG unwirksame Betriebsvereinbarung ist auch seitens des Arbeitnehmers gegenüber dem Arbeitgeber nicht durchsetzbar und daher - jedenfalls im Grundsatz - unverbindlich. Eine gegenüber der individualvertraglichen Vereinbarung günstigere Tarifvertragsregelung, die aufgrund beiderseitiger Tarifgebundenheit zwingend und unmittelbar zugunsten des Arbeitnehmers wirkt, stellt demgegenüber eine nicht zu unterschätzende Motivation für die Mitgliedschaft in einer Gewerkschaft dar. Diese Anreize für die Arbeitnehmer würden erst durch die Legalisierung und nicht schon durch die gängige, aber nichts desto trotz rechtswidrige Praxis beseitigt.

Aber auch für die Arbeitgeber birgt der Abschluss abweichender Betriebsvereinbarungen Risiken. Zwar sind diese als Betriebsvereinbarungen grundsätzlich unwirksam, können aber durch Umdeutung analog § 140 BGB zum Inhalt der

---

435 Vgl. *Hromadka*, NJW 2003, 1273, 1273 ff. m.w.N.

436 *Ehmann / Schmidt*, NZA 1995, 193, 200; vgl. auch *Bender*, BB 1987, 1117, 1120; *Hromadka*, NJW 2003, 1273, 1277.

437 *Reuter*, DZWir 1991, 221, 225; *ders.*, RdA 1991, 193, 201; *ders.*, RdA 1994, 152, 154, der davon ausgeht, § 77 Abs. 3 sei mangels sozialer Akzeptanz nicht mehr geltendes Recht; *Birk*, ZfA 1986, 73, 104 f., der von einer gewohnheitsrechtlichen Derogation des § 77 Abs. 3 BetrVG ausgeht.

438 Statt vieler: BAG, AP Nr. 42 zu § 77 BetrVG 1972; *Heinze*, NZA 1995, 5, 6; *Richardi*, ZfA 1990, 211, 239.

Einzelverträge der Arbeitnehmer werden.[439] Bei einem gesetzwidrigen Einsatz von Betriebsvereinbarungen besteht die Gefahr, dass für eine Rechtsbindung des Arbeitgebers eintritt, die er nicht mehr mit Hilfe des Betriebsrats korrigieren kann. Insbesondere entfällt für ihn die Möglichkeit zur Kündigung der Betriebsregelung. Ihm kommt deshalb nicht zugute, dass nach der Rechtsprechung des BAG die Betriebsvereinbarung über die Erbringung einer Arbeitgeberleistung keine Nachwirkung entfaltet.[440]
Der Abschluss unwirksamer Betriebsvereinbarungen birgt also auch für den Arbeitgeber Risiken, die entsprechend juristisch beratene Arbeitgeber sehr wohl davon abhalten können, durch abweichende Betriebsvereinbarungen in Konkurrenz zur Tarifautonomie zu treffen. Diese Hürde wird nicht durch die gängige Praxis, sondern würde erst durch deren Legalisierung beseitigt.
Schließlich würde die Legalisierung abweichender Betriebsvereinbarungen zu einer weiteren Ausweitung der gängigen Praxis führen und die Betriebsvereinbarung zu einem „kleinen Tarifvertrag“ auf Betriebsebene machen. Schon jetzt wird Tarifbruch klammheimlich als lässliche Sünde betrachtet.[441] Daher würde die Legalisierung der bisherigen rechtswidrigen Praxis die Tarifautonomie im Endeffekt einem weit stärkeren Konkurrenz- und Legitimationsdruck als bisher aussetzen.

Letztendlich vermag der Hinweis auf die bisherige Praxis die Prognose über die erheblichen nachteiligen Folgen für die Funktionsfähigkeit der Tarifautonomie im Falle einer Aufhebung des Tarifvorrangs nicht zu erschüttern.

(3) Fazit

Die durch die Aufhebung des Tarifvorrangs nach § 4 Abs. 1, 3 TVG intendierte Umkehrung des Rangverhältnisses von Tarifautonomie und Betriebsautonomie würde das Tarifvertragssystem weitgehend denaturieren und ließe von der Tarifautonomie wenig übrig.[442] Insbesondere die funktionelle Gewährleistungsdimension der Festsetzung von Mindestarbeitsbedingungen wäre bei Dispositivität tariflicher Regelungen nicht mehr gewährleistet. „Der Tarifvertrag würde von der stärksten zur schwächsten Rechtsquelle des Arbeitsrechts.“[443] Dies

---

[439] BAG, AP Nr. 42 zu § 77 BetrVG 1972; *Richardi*, ZfA 1990, 211, 239; *ders.*, Gutachten zum 61. DJT, B 83.
[440] *Richardi*, ZfA 1990, 211 239; *ders.*, Gutachten zum 61. DJT, B 83.
[441] *Dieterich*, DB 2001, 2398, 2399.
[442] *Löwisch*, JZ 1996, 812, 818; *Hanau*, RdA 1993, I, 4; *Konzen*, NZA 1995, 913, 915; *Junker*, ZfA 1996, 383, 398.
[443] *Hanau*, RdA 1993, 1, 6; *Dieterich*, DB 2001, 2398, 2399.

wäre unvereinbar mit Sinn und Zweck der Tarifautonomie.[444] Ein angemessener und wirksamer Schutz der leistungsrechtlich gewährleisteten Tarifautonomie würde nicht mehr erreicht.
Die Aufhebung des Tarifvorrangs gemäß § 4 Abs. 1, 3 TVG stellt daher eine Verletzung des durch das Untermaßverbot geschützten leistungsrechtlichen Gewährleistungsgehalts der Koalitionsfreiheit dar und ist als solche verfassungswidrig.

ii. Die Folgen einer Aufhebung des Tarifvorrangs nach anderer Ansicht

Indessen wird teilweise bezweifelt, ob die Betriebsvereinbarungsparteien - wie es die herrschende Meinung[445] annimmt - im Falle der Aufhebung des Tarifvorrangs tatsächlich eine umfassende Regelungsbefugnis für die Arbeits- und Wirtschaftsbedingungen besitzen. Diese abweichende Auffassung[446] reklamiert vielmehr, dass die pauschal durch das Betriebsverfassungsgesetz zugewiesenen Regelungsbefugnisse im Wege der auch verfassungskonformen Auslegung zu beschränken seien.

(1) Beschränkte Regelungsbefugnis der Betriebsvereinbarungsparteien?

Diese Frage kann vorentscheidend sein, um die Auswirkungen der Aufhebung des Tarifvorrangs bewerten zu können. Sollte die Regelungsbefugnis der Betriebsvereinbarungsparteien in der Tat beschränkt sein und damit einen geringeren Umfang als die der Tarifvertragsparteien aufweisen, so würde den Tarifvertragsparteien damit ein exklusiver Regelungsbereich verbleiben, der gegebenenfalls ausreichend umfangreich und gewichtig sein könnte, um - trotz Aufhebung des Tarifvorrangs - dennoch einen angemessenen und wirksamen Schutz der leistungsrechtlichen Dimension der Tarifautonomie weiterhin gewährleisten zu können.

---

[444] *Belling*, Das Günstigkeitsprinzip im Arbeitsrecht, S. 182 ff.; *Däubler*, Tarifvertragsrecht, Rn. 29; *Dieterich*, DB 2001, 2398, 2402; *Henssler*, ZfA 1994, 487, 506 f.; *Junker*, ZfA 1996, 383, 397; *Söllner*, NZA 2000, Sonderbeilage zu Heft 24, 33, 35 f.; *Walker*, ZfA 1996, 353, 377; *Waltermann*, FS Söllner, S. 1251, 1252; *Wiedemann*, TVG, § 4 Rn. 458 ff.; *Dieterich*, RdA 2002, 1, 15; *Raab*, ZfA 2004, 371, 403; a.A. *Adomeit*, NJW 1984, 26, 26 ff.; *Buchner*, DB Beilage 1996, Nr. 12, 1, 10 f.; *Wiss. Beirat BMWA*, Tarifautonomie auf dem Prüfstand, Rn. 24 ff.

[445] BAG 18.8.87 AP Nr. 23 zu § 77 BetrVG 1972; BAG GS 7.11.89 AP Nr. 46 zu § 77 BetrVG 1972; BAG 9.4.91 AP Nr. 1 zu § 77 BetrVG 1972 Tarifvorbehalt; *Fitting / Engels / Schmidt / Trebinger / Linsenmaier*, BetrVG, § 77 Rn. 45; *Galperin / Löwisch*, BetrVG, § 77 Rn. 24 ff.; *Matthes*, in: Richardi / Wlotzke (Hrsg.), MünchArbR, § 327 Rn. 50 f.

[446] *Waltermann*, Rechtsetzung durch Betriebsvereinbarung zwischen Privatautonomie und Tarifautonomie, S. 155; *Herrmann*, Sonderbeilage zu NZA Heft 3/2000, 14, 20.

Gegen die herrschende Auffassung einer prinzipiell umfassenden Regelungsbefugnis der Betriebsvereinbarungsparteien bestehen verfassungsrechtliche Bedenken. Sie haben ihren Ursprung in der Wesenheit der Rechtsetzungsmacht der Betriebsvereinbarungsparteien als Fremdbestimmung.

(a) Exkurs: Das Wesen der Betriebsautonomie

Betrachtet man den schillernden Begriff der „Betriebsautonomie", so wird offenbar, dass dieser keineswegs immer mit dem gleichen Inhalt verwandt wird.

Während die herrschende Meinung davon ausgeht, dass die Rechtsetzungsmacht der Betriebsvereinbarungen auf einer Staatsintervention zur Verteilung von Regelungsmacht zwischen der Arbeitgeber- und Arbeitnehmerseite innerhalb der Arbeitsorganisation der Unternehmen[447] beruht und damit Fremdbestimmung[448] darstellt, finden sich auch andere Deutungen der Betriebsautonomie, die eine Interpretation als Selbstbestimmungsordnung (zumindest) implizieren.

Zum einen wird bisweilen vertreten, die Betriebsautonomie stelle eine grundrechtliche Gewährleistung dar. Entsprechend dieser Annahme würde die Rechtsetzung im Rahmen der Betriebsautonomie Grundrechtsausübung darstellen und ließe sich ggf. - entgegen der herrschenden Meinung - als Selbstbestimmungsordnung werten.

Darüber hinaus suggeriert auch die Begrifflichkeit der „Autonomie" einen Selbstbestimmungscharakter der Betriebsautonomie. Sie indiziert, die Betriebsvereinbarungsparteien nähmen mit der Ausübung ihrer Rechtsetzungsmacht ein Recht der normunterworfenen Arbeitnehmer auf autonome (eigenverantwortliche) Gestaltung ihrer Rechtsverhältnisse im Bereich des Arbeitslebens wahr.

(i) Die Betriebsautonomie als grundrechtliche Gewährleistung?

Im Gegensatz zur Koalitionsfreiheit enthält das Grundgesetz keine Verfassungsvorschrift, die den Betriebsvereinbarungsparteien explizit ein Grundrecht

---

[447] *Richardi*, NZA 2000, 617, 618; *ders.*, Beilage NJW 1996, Heft 23, 13, 14.

[448] *Kreutz*, Grenzen der Betriebsautonomie, S. 74; *Hanau*, Individualautonomie, S. 59 ff., 69 f.; *Waltermann*, Rechtsetzung durch Betriebsvereinbarung zwischen Privatautonomie und Tarifautonomie, S. 131 ff.; *Richardi*, Kollektivgewalt und Individualwille, S. 316 f.; *Waltermann*, RdA 1996, 129, 134; *ders.*, in: Hromadka, Betriebsverfassung, S. 49, 58.

auf Ausübung von Betriebsautonomie zuweist.[449] Trotz des Fehlens einer ausdrücklichen Garantie der Betriebsautonomie im Grundrechtskatalog des Grundgesetzes wird jedoch bisweilen vertreten, die Betriebsautonomie erfahre - zumindest mittelbar - eine grundrechtliche Gewährleistung.[450]

Eine erste Ansicht sieht die Betriebsautonomie ebenso wie die Tarifautonomie als durch Art. 9 Abs. 3 GG gewährleistet an, da sie ebenso wie die Tarifautonomie der Wahrung und Förderung der Arbeits- und Wirtschaftsbedingungen diene.[451]
Diese Ansicht geht jedoch insofern fehl, als sie den privatautonomen Ursprung der Gewährleistungen der Koalitionsfreiheit vernachlässigt.
Die Koalitionsfreiheit stellt kollektive Privatautonomie dar und dient damit dem sozialverträglichen Ausgleich widerstreitender Interessen auf Arbeitgeber- und Arbeitnehmerseite. Die hierzu erforderliche Parität der sozialen Gegenspieler setzt nach einhelliger Ansicht Gegnerfreiheit und Gegnerunabhängigkeit voraus. Diese beiden Eigenschaften stellen verfassungsrechtliche Elemente des Vereinigungsbegriffs der Koalitionsfreiheit dar.[452]

---

[449] ArbG Marburg, NZA 1996, 1331, 1335; *Söllner*, NZA 1996, 897, 899; *Heinze*, DB 1996, 729, 734; *Kempen / Zachert*, TVG, Grundlagen Rn. 320 ff.

[450] *Ehmann / Lambrich*, NZA 1996, 346, 349 ff.; *Ramm*, JZ 1991, 1, 12; *Däubler*, Das Grundrecht auf Mitbestimmung, S. 129 ff., 161.

[451] vgl. *Ehmann / Lambrich*, NZA 1996, 346, 350: Art. 9 Abs. 3 GG schützt das Recht, zur Wahrung und Förderung der Arbeits- und Wirtschaftsbedingungen Vereinigungen zu bilden. Das Bundesverfassungsgericht hat indessen auch für die Betriebsvereinbarungsparteien festgestellt, dass sie bei ihrer Tätigkeit eben diesen Zweck verfolgen: „Die Tätigkeit des Betriebsrats dient verfassungsrechtlich anerkannten Zwecken; er soll die Arbeitsbedingungen wahren und fördern. Der Betriebsrat ist das demokratisch gewählte Organ, in dem sich der Wille der Belegschaft widerspiegelt und über das die betriebliche Mitwirkung und Mitbestimmung gegenüber dem Arbeitgeber ausgeübt wird“ (BVerfGE 38, 386, 394). Hieraus wird gefolgert, dass es auch möglich sein müsse, die Tätigkeit der Betriebsvereinbarungsparteien als durch Art. 9 Abs. 3 GG im Sinne einer Zweckgarantie geschützt anzusehen. Zwar wird zugestanden, dass die Belegschaft und/oder der von ihr gewählte Betriebsrat historisch nicht als „Vereinigungen“ i.S. des Art. 9 Abs. 3 Satz 1 GG zu verstehen sei. Angesichts der Ausführungen des Bundesverfassungsgerichts, dass es nicht ersichtlich sei, dass die Förderung der Arbeits- und Wirtschaftsbedingungen nur im Wege von Tarifverträgen möglich sein solle, sondern eine sinnvolle Ordnung des Arbeitsleben statt durch Konflikte und Kampf auch durch Zusammenwirken und Einigung, d.h. im Wege der Mitbestimmung erfolgen könne, sei die Auslegung des Art. 9 Abs. 3 GG auch für die Anerkennung der Betriebsvereinbarungsparteien als Vereinigungen im Sinne des Art. 9 Abs. 3 Satz 1 GG offen. a.A: *Veit*, Die funktionelle Zuständigkeit des Betriebsrats, S. 166; vgl. BVerfGE 50, 290, 371.

[452] BVerfGE 18, 18, 28; BVerfGE 50, 290, 368, 373 ff.; BVerfGE 58, 233, 257; BVerwGE 15, 168, 172; BAG, JZ 1977, 470, 471; *Löwer*, in: v.Münch / Kunig, GG, Art. 9 Rn.

Die Betriebsvereinbarungsparteien demgegenüber entbehren der Überbetrieblichkeit und damit der nötigen Gegnerunabhängigkeit und erfüllen demnach nicht die verfassungsrechtlichen Anforderungen des Vereinigungsbegriffs nach Art. 9 Abs. 3 Satz 1 GG.[453]

---

74 f.; *Scholz*, HStR VI, § 151 Rn. 64; *Höfling*, in: Sachs, GG, Art. 9 Rn. 56; vgl auch: BVerfGE 4, 96, 107; vgl. BVerfGE 18, 18, 27; BVerfGE 50, 290, 367: Die Erforderlichkeit dieser Wesensmerkmale einer Vereinigung im Sinne des Art. 9 Abs. 3 GG hat das Bundesverfassungsgericht nicht nur als notwendige Voraussetzung für die Teilnahme an der Tarifautonomie, sondern auch für die Ausübung von Koalitionsfreiheit im Allgemeinen qualifiziert: „Art. 9 III GG will [...] nach Sinn und Zweck nur solche frei gebildeten Vereinigungen schützen, die nach ihrer Gesamtstruktur unabhängig genug sind, um die Interessen ihrer Mitglieder auf arbeits- und sozialrechtlichem Gebiet wirksam und nachhaltig zu vertreten."

[453] Wollte man die Betriebsvereinbarungsparteien als Vereinigungen im Sinne des Art. 9 Abs. 3 Satz 1 GG qualifizieren, so ließe sich das nur durch Aufgabe des Erfordernisses der Gegnerunabhängigkeit bewerkstelligen. Eine derartige Erweiterung des Vereinigungsbegriffs des Art. 9 Abs. 3 Satz 1 GG käme indessen einem Verzicht auf die Parität der Vereinigungen als Voraussetzung der Koalitionsfreiheit gleich. Da die Parität der Vereinigungen indessen unentbehrliche Voraussetzung eines privatautonomen Interessenausgleichs ist, würde das Prinzip der Koalitionsfreiheit als kollektiver Privatautonomie durch die Anerkennung der nicht-gegnerunabhängigen Betriebsräte als Vereinigungen im Sinne des Art. 9 Abs. 3 Satz 1 GG konterkariert. Eine derartige Aufgabe des Funktionsprinzips der Koalitionsfreiheit würde den durch die Wesensgehaltsgarantie geschützten Gewährleistungsgehalt der Koalitionsfreiheit antasten und wäre daher verfassungswidrig. Dem kann auch nicht die Rechtsprechung des Bundesverfassungsgerichts entgegengehalten werden, dass es nicht ersichtlich sei, dass die Förderung der Arbeits- und Wirtschaftsbedingungen nur im Wege von Tarifverträgen möglich sein solle, sondern eine sinnvolle Ordnung des Arbeitsleben statt durch Konflikte und Kampf auch durch Zusammenwirken und Einigung, d.h. im Wege der Mitbestimmung erfolgen könne (vgl. BVerfGE 50, 290, 371). Es ist zwar zuzugestehen, dass es sich bei der Garantie der Koalitionsfreiheit um eine zukunftsoffene Gewährleistung handelt und „dies um so mehr, als der Gegenstand der Gewährleistung auf sich wandelnde wirtschaftliche und soziale Bedingungen bezogen ist, die mehr als bei anderen Freiheitsrechten die Möglichkeiten zu Modifikationen und Fortentwicklungen lassen müssen. Dies gilt auch für die Gewährleistung der Tarifautonomie" (BVerfGE 50, 290, 368; vgl. auch BVerfGE 20, 312, 317 f.; BVerfGE 93, 352, 359). Grundsätzlich sind daher auch Modifikationen und Fortentwicklungen der Anforderungen an die Elemente des Vereinigungsbegriffs des Art. 9 Abs. 3 Satz 1 GG möglich. Eine Grenze finden diese jedoch im Wesensgehalt des Grundrechts. Wollte man die Betriebsautonomie unter den Schutz der Gewährleistungen der Koalitionsfreiheit stellen, so würde dies bedeuten, dass man - aufgrund der fehlenden Gegnerunabhängigkeit der Betriebsräte und der mangelnden Parität zwischen den Betriebsvereinbarungsparteien - das Funktionsprinzip der Koalitionsfreiheit als kollektiver Privatautonomie aufgeben müsste. Dies würde die Grenze zulässiger Fortentwicklung überschreiten. Die Koalitionsfreiheit würde sich durch die Abkehr von privatautonomen Funktionsprinzipien in Widerspruch zur liberalen Grundrechtsordnung setzen,

Nach anderer Auffassung findet die Betriebsautonomie ihre Verankerung in der Gewährleistung der allgemeinen Vereinigungsfreiheit des Art. 9 Abs. 1 GG, weil die Arbeitnehmer durch die Begründung eines Arbeitsverhältnisses in ein Organisationsverhältnis einträten und dadurch die betriebliche Organisation durch den Arbeitnehmer anerkennen würden.[454] Das so begründete betriebliche Organisationsverhältnis unterfalle dem Schutz der Vereinigungsfreiheit, an dem auch die Betriebsautonomie partizipiere.

Auch diese Ansicht geht indessen fehl.

Es würde der individualistischen Verfassung unseres Grundgesetzes[455] widersprechen, den Beitritt zum Betrieb als Unterwerfung unter ein betriebliches Organisationsverhältnis zu werten.[456]

---

die die Privatautonomie als Grundprinzip zur Regelung von Rechtsbeziehungen zwischen Grundrechtsträgern auserkoren hat. Eine solche Deutung widerspricht dem Wesensgehalt der Koalitionsfreiheit und ist auch nicht Gegenstand der Aussagen des Bundesverfassungsgerichts. Soweit das Bundesverfassungsgericht ausführt, die Förderung der Arbeits- und Wirtschafts-bedingungen sei nicht nur im Wege von Tarifverträgen möglich, sondern könne auch durch Zusammenwirken und Einigung, d.h. im Wege der Mitbestimmung, erfolgen (vgl. BVerfGE 50, 290, 371), so handelt es sich dabei nicht um eine Aussage über das Konkurrenzverhältnis der Tarifautonomie zu anderen Formen der Förderung der Arbeits- und Wirtschaftsbedingungen. Vielmehr trifft das Bundesverfassungsgericht nur Aussagen über Konkurrenzen zwischen Tarifautonomie und anderen Aus-prägungen der Förderung im Rahmen der Betätigungsformen der Koalitionsfreiheit, im speziellen über das Verhältnis von Tarifautonomie und die geltende Unter-nehmensmitbestimmung: „Als Freiheitsrecht will Art. 9 III GG in dem von staatlicher Regelung freigelassenen Raum gewährleisten, dass die Beteiligten selbst eigenverantwortlich bestimmen können, wie sie die Arbeits- und Wirtschaftsbedingungen fördern wollen. Dass dies nur im Wege von Tarifverträgen möglich sein sollte, ist nicht zu erkennen, zumal eine solche Lösung auf eine Einschränkung der gewährleisteten Freiheit hinausliefe. Vielmehr kann die sinnvolle Ordnung und Befriedung des Arbeitslebens, um die es Art. 9 III GG geht, auf verschiedenen Wegen angestrebt werden: nicht nur durch Gestaltungen, die, wie das Tarifsystem, durch die Grundelemente der Gegensätzlichkeit der Interessen, des Konflikts und des Kampfes bestimmt sind, sondern auch durch solche, die Einigung und Zusammenwirken in den Vordergrund rücken, wenngleich sie Konflikte und deren Austragung nicht ausschließen“ (BVerfGE 50, 290, 371). Die angeführte Rechtsprechung des Bundesverfassungsgerichts betrifft daher nicht die Frage der Grundrechts-berechtigung, sondern die verschiedenen Arten der Freiheitsausübung. Rückschlüsse auf die Grundrechtsberechtigung der Betriebsvereinbarungsparteien und damit auf die Gewährleistung der Betriebsautonomie verbieten sich daher.

[454] *Ramm*, JZ 1991, 1, 12; vgl. *Ehmann / Lambrich*, NZA 1996, 346, 350 Fn. 44.

[455] *Veit*, Die funktionelle Zuständigkeit des Betriebsrats, S. 191.

[456] Das Grundgesetz ist individualistisch verfasst. Daher gewährleistet Art. 9 Abs. 1 GG die Vereinigungsfreiheit als Teil der Individualfreiheit der sich Zusammenschließenden. Dieser verfassungsrechtlichen Grundkonzeption würde es widersprechen, wollte man den Beitritt zum Betrieb als Unterwerfung unter ein betriebliches Organisationsver-

Darüber hinaus unterfallen Zwangskorporationen nicht dem Schutzbereich der allgemeinen Vereinigungsfreiheit,[457] sondern allein solche Vereinigungen, die sich im Wege des freiwilligen Beitritts konstituieren.[458] Da die Unterwerfung unter die Rechtsetzungsmacht der Betriebsvereinbarungsparteien aber nicht des Beitritts durch den Arbeitnehmer bedarf, sondern allein Rechtsfolge staatlicher Unterwerfung unter diese Regelungsmacht ist, handelt es sich bei der Betriebsautonomie um ein zwangskorporatistisch verfasstes Regelungsinstrument.[459] Als solches wird die Betriebsautonomie nicht durch Art. 9 Abs. 1 GG als Ausfluss der allgemeinen Vereinigungsfreiheit geschützt.

Des Weiteren wird vertreten, die Betriebsautonomie sei durch Art. 2 Abs. 1 GG gewährleistet, da sie ebenso wie die Tarifautonomie eine kollektive Ausübungsform der Privatautonomie darstelle und daher Ausfluss der grundrechtlichen Gewährleistung des Art. 2 Abs. 1 GG sei.[460] Der Abschluss des Arbeitsvertrags und damit der Eintritt in einen Betrieb beruhe ebenso auf einer freien Entscheidung des Arbeitnehmers wie seine Mitgliedschaft in einer Gewerkschaft.
Die Aufnahme des Arbeitsverhältnisses legitimiert kollektivrechtliche Gestaltung des Arbeitsverhältnisses durch die Betriebsvereinbarungsparteien nicht, sondern stellt allein die Ausübung des Freiheitsrechtes des Art. 12 Abs. 1 GG

---

hältnis werten. Das Prinzip des freien Arbeitsvertrags würde durch ein Gemeinschaftsverhältnis ersetzt, das den Arbeitnehmer in seiner individual-rechtlichen Freiheitsausübung beschränken würde. Die Vereinigungsfreiheit kann aber nur zur Ausdehnung der Individualfreiheit, aber nie zu ihrer Beschränkung führen (so zu Recht *Veit*, Die funktionelle Zuständigkeit des Betriebsrats, S. 191; a.A. *Ramm*, JZ 1991, 1, 2). Auch die Betriebsratswahl ersetzt nicht einen individual-rechtlichen Unterwerfungsakt, vgl. *Richardi*, BetrVG, § 77 Rn. 61; *Kreutz*, Grenzen des Betriebsautonomie, S. 66 ff.; *Hanau*, Individualautonomie, S. 61 f.; *Waltermann*, Rechtsetzung durch Betriebsvereinbarung zwischen Privatautonomie und Tarifautonomie, S. 91 f.:.

457 Art. 9 Abs. 1 GG gewährleistet neben der positiven auch die negative Vereinigungsfreiheit, also das Fernbleiben von und den Austritt aus Vereinigungen (BVerfGE 50, 290, 354; *Jarass*, in: Jarass / Pieroth, GG, Art. 9 Rn. 7). Hieraus ergibt sich, dass Zwangskorporationen nicht dem Schutzbereich der allgemeinen Vereinigungsfreiheit unterfallen, sondern allein solche Vereinigungen, die sich im Wege des freiwilligen Beitritts konstituieren (BVerfG, BB 2002, 381).

458 BVerfG, BB 2002, 381.

459 Die Betriebsratswahl ersetzt nicht einen individualrechtlichen Unterwerfungsakt, vgl. *Richardi*, BetrVG, § 77 Rn. 65, Einl. Rn. 105; *Kreutz*, Grenzen der Betriebsautonomie, S. 66 ff.; *Hanau*, Individualautonomie, 61 f.; *Waltermann*, Rechtsetzung durch Betriebsvereinbarung zwischen Privatautonomie und Tarifautonomie, S. 91 f.; *Raab*, ZfA 2004, 371, 400 f.

460 *Ehmann / Lambrich*, NZA 1996, 346, 349 ff.; *Kissel*, NZA 1986, 73, 74.

dar.[461] An einem Beitritt oder einem anderen legitimierenden Willensakt durch den Arbeitnehmer fehlt es bei der Betriebsautonomie.[462] Die Rechtsetzung

---

[461] Die Privatautonomie stellt den praktisch wichtigsten Aspekt der Gewährleistung der allgemeinen Handlungsfreiheit dar und gewährleistet, dass der Selbstbestimmung des Einzelnen im Rechtsleben ein angemessener Betätigungsraum eröffnet wird (BVerfGE 8, 274; 328; BVerfGE 65, 196, 210; BVerfGE 70, 115, 123; BVerfGE 74, 129, 151 f.; BVerfGE 81, 242, 254 f.; *Murswiek*, in: Sachs, GG, Art. 2 Rn. 54 ff.; *Jarass*, in: Jarass / Pieroth, GG, Art. 2 Rn. 4). Voraussetzung für eine Anerkennung der Betriebsautonomie als Erscheinungsform der Privatautonomie und als Schutzgut des Art. 2 Abs. 1 GG ist dementsprechend, dass die Regelungsbefugnis der Betriebsvereinbarungsparteien und damit die Geltung der Betriebsvereinbarungen von der frei verantwortlichen Selbstbestimmung des einzelnen Arbeitnehmers, d.h. seinem eigenen Willen, getragen ist (BVerfGE 8, 274; 328; BVerfGE 65, 196, 210; BVerfGE 70, 115, 123; BVerfGE 74, 129, 151 f.; *Ehmann / Lambrich*, NZA 1996, 346, 350 f.; *Zöllner*, Die Rechtsnatur der Tarifnormen nach deutschem Recht, S. 30 f.; *Murswiek*, in: Sachs, GG, Art. 2 Rn. 54 ff.; *Jarass*, in: Jarass / Pieroth, GG, Art. 2 Rn. 4; *Germelmann*, NZA 1997, 236, 237). Infolge der normativen Wirkung der Betriebsvereinbarungen gemäß § 77 Abs. 4 Satz 1 BetrVG ist der einzelne Arbeitnehmer Regelungen durch Betriebsvereinbarung unabhängig von seinem Willen unterworfen (*Richardi*, Kollektivgewalt und Individualwille, S. 313 f.; *ders.*, Betriebsverfassung und Privatautonomie, S. 12 f.; *ders.*, BetrVG, 6. Aufl., § 77 Rn. 61 f.; *Kreutz*, Grenzen der Betriebsautonomie, S. 61 ff.; *Veit*, Die funktionelle Zuständigkeit des Betriebsrats, S. 169 ff.). Die Normsetzungsmacht der Betriebsvereinbarungsparteien beruht daher nicht auf einer eigenen Entscheidung der Arbeitnehmer, sich durch Beitritt der Rechtsetzungsmacht der Betriebsvereinbarungs-parteien zu entwerfen und somit Privatautonomie kollektiv auszuüben (vgl. *Richardi*, BetrVG, § 77 Rn. 65, Einl. Rn. 105; *Kreutz*, Grenzen der Betriebsautonomie, S. 66 ff.; *Hanau*, Individualautonomie, S. 61 f.; *Waltermann*, Rechtsetzung durch Betriebs-vereinbarung zwischen Privatautonomie und Tarifautonomie, S. 91 f.). Vielmehr unterfällt der Arbeitnehmer schon per Norm des Betriebsverfassungsgesetzes der Normsetzungsmacht der Betriebsvereinbarungsparteien, ohne dass es eines sie legitimierenden, privatautonomen Willensaktes des Arbeitnehmers bedarf (*Löwisch*, JZ 1996, 812, 817; *Walker*, ZfA 1996, 353, 377). Vor diesem Hintergrund bestehen gewichtige Bedenken gegen eine Interpretation, die die Entscheidung des Arbeitnehmers zum Abschluss des Arbeitsvertrags und zum Eintritt in den Betrieb als Legitimation betriebsvereinbarungsrechtlicher Normsetzungsbefugnis deutet. Die Aufnahme des Arbeitsverhältnisses stellt allein die Ausübung des Freiheitsrechtes des Art. 12 Abs. 1 GG dar. Ihr zugleich die Legitimation für eine kollektivrechtliche Gestaltung des Arbeitsverhältnisses durch die Betriebsvereinbarungsparteien beimessen zu wollen, verkehrt das Wesen dieser Freiheitsausübung und verdeckt, dass es sich bei der Unterworfenheit unter der Rechtsetzungsmacht der Betriebs-vereinbarungsparteien um eine Folge der Zwangsmitgliedschaft[461] handelt (*Kreutz*, ZfA 1975, 65, 78 f.; *v.Hoyningen-Huene*, Die Billigkeit im Arbeitsrecht, S. 165; *Isensee*, Der Staat 20 (1981), 161, 164 f.; *Waltermann*, RdA 1996, 129, 134; vgl. auch *Richardi*, BetrVG, § 77 Rn. 65, Einl. Rn. 105; *Kreutz*, Grenzen der Betriebsautonomie, S. 74; *Hanau*, Individualautonomie, S. 59 ff., 66 ff.; *Waltermann*, Rechtsetzung durch Betriebsvereinbarung zwischen Privatautonomie und Tarifauto-

nomie, S. 91 f., 131), die mit dem Wesen privatautonomer Gestaltung von Rechtsverhältnissen nicht vereinbar ist.

462 Zur Herstellung einer privatautonomen Legitimationsgrundlage für die kollektivrechtliche Gestaltung des Arbeitsverhältnisses bedarf es eines weiteren Willensaktes, wie sie etwa der Beitritt zu einer Gewerkschaft oder einem Arbeitgeberverband darstellt (vgl. *Richardi*, BetrVG, § 77 Rn. 61; *Kreutz*, Grenzen der Betriebsautonomie, S. 66 ff.; *Hanau*, Individualautonomie, S. 61 f.; *Waltermann*, Rechtsetzung durch Betriebsvereinbarung zwischen Privatautonomie und Tarifautonomie, S. 91 f.; *Walker*, ZfA 1996, 353, 357; *Richardi*, Gutachten zum 61. DJT, B 26). Ein solcher fehlt bei der Betriebsautonomie. Die Rechtsetzung durch Betriebsvereinbarung folgt daher nicht dem Rechtsprinzip der Privatautonomie, sondern stellt eine Fremdbestimmungsordnung auf (*Waltermann*, RdA 1996, 129, 134; *ders.*, NZA 1996, 357, 360; *Belling*, Die Haftung des Betriebsrats und seiner Mitglieder für Pflichtverletzungen, S. 54; *Beuthien*, ZfA 1983, 141, 164; *Heinze*, ZfA 1988, 53, 62; GK-*Kreutz*, BetrVG, § 77 Rn. 38). Die Betriebsvereinbarung läuft damit einem Grundzug des Privatrechts zuwider, nämlich dem der rechtlichen Gleichordnung, der es ausschließt, dass ein Privater dem anderen rechtlich verbindliche Anordnungen in dessen eigenen Angelegenheiten erteilt (*Waltermann*, Rechtsetzung durch Betriebsvereinbarung zwischen Privatautonomie und Tarifautonomie, S. 98). Dementsprechend gewährleistet Art. 9 Abs. 3 GG als kollektive Privatautonomie neben der positiven Koalitionsfreiheit auch zwingend die negative Koalitionsfreiheit, also die Freiheit des Nichtunterwerfens bzw. Nichtunterworfenwerdens unter kollektivrechtliche Regelungen des Arbeitsverhältnisses. Diese Freiheit besteht im Rahmen der Betriebsautonomie nicht, so dass es sich verbietet, den Abschluss des Arbeitsvertrags als privatautonome Legitimation der Betriebsautonomie anzusehen (*Löwisch*, JZ 1996, 812, 817; *Walker*, ZfA 1996, 353, 377). Eine anderweitige Auslegung würde dazu führen, dass Art. 2 Abs. 1 GG seinerseits der Vertragsfreiheit Grenzen setzen würde (vgl. *Zöllner*, AcP 196 (1996), 1, 36). Sie würde die Gewährleistung des Art. 2 Abs. 1 GG konterkarieren und ist daher unzulässig. Als weiteres Argument privatautonomer Legitimation der Betriebsautonomie wird behauptet, dass die Rechtsetzung durch die Betriebsvereinbarungsparteien vergleichbar dispositiven oder zwingenden gesetzlichen Regelungen durch Abschluss des Vertrages akzeptiert werde und daher privatautonom legitimiert sei (*Ehmann / Lambrich*, NZA 1996, 346, 351; *Reuter*, FS Wiedemann, S. 449, 481 f.). Zwar besteht kein Zweifel, dass der Abschluss eines schuldrechtlichen Vertrags prinzipiell mit der Unterwerfung unter die dispositiven und zwingenden Vorschriften dieses Vertragstyps einhergeht und demnach sowohl der Abschluss als auch seine rechtlichen Wirkungen Ausfluss der Privatautonomie sind (*Ehmann / Lambrich*, NZA 1996, 346, 351). Dennoch ist dieser Vergleich untauglich, um auch die Rechtsetzung im Rahmen der Betriebsautonomie als durch den Abschluss des Arbeitsvertrags privatautonom legitimiert anzusehen. Im Gegensatz zur Unterwerfung unter bereits feststehende gesetzliche Regelungen, die der Vertragschließende vor Abschluss des Vertrages kennt und damit privatautonom als Vertragsinhalt akzeptiert, unterwirft die Betriebsautonomie den Arbeitnehmer auch unbekannten, weil zukünftigen, Regelungen, die der Normsetzungsmacht eines ihm gegenüber nicht privatautonom oder hoheitlich legitimierten Normgebers entspringen. Entgegen der Akzeptanz bereits feststehender Regelungen durch Vertragsschluss geht die Unterwerfung unter die zukünftige Rechtsetzung eines zwangskorporatistisch organisierten Normgebers über das hinaus, was

durch Betriebsvereinbarung folgt daher nicht dem Rechtsprinzip der Privatautonomie und unterfällt damit nicht dem Schutz des Art. 2 Abs. 1 GG.[463]
Eine letzte Auffassung sieht die Betriebsautonomie durch die Menschenwürdegarantie des Art. 1 Abs. 1 GG gewährleistet, weil der Arbeitnehmer durch den Eintritt in die betriebliche Organisation und die dadurch bewirkten Abhängigkeiten in eine Objektstellung gegenüber dem Arbeitgeber getrieben werde, in der er dessen Fremdbestimmung schrankenlos ausgeliefert sei.[464]
Das Arbeitsverhältnis in seiner heutigen Gestalt, die es insbesondere in seiner Funktion als „Arbeitnehmerschutzrecht" erfahren hat, ist längst ein sozialadäquates Beziehungsgeflecht wechselseitiger Arbeitnehmer- und Arbeitgeberpflichten geworden. Eine Herabwürdigung des Arbeitnehmers zum Objekt und eine Verletzung seiner Würde durch die Integration in den Arbeitsprozess kann hierin nicht gesehen werden,[465] so dass auch dieser Auffassung nicht gefolgt werden kann.

---

ernsthaft als durch einen Vertragsschluss akzeptiert gelten darf. Es fehlt daher an einer Vergleichbarkeit der beiden Sachverhalte, die eine privatautonome Legitimation der Betriebsautonomie zu begründen vermöchte. Auch das Argument, Tarifverträge stellten aufgrund ihres Zustandekommens im Wege des Arbeitskampfes „Zwangsverträge" dar und seien im Vergleich zu Betriebsvereinbarungen, die aufgrund des Arbeitskampfverbots des Art. 74 Abs. 2 Satz 1 BetrVG lediglich durch Einigung oder Einigungsstellenspruch zustande kämen, die privatautonomiefernere Kollektivregelung (*Ehmann / Lambrich*, NZA 1996, 346, 352; vgl. auch *Reuter*, FS Wiedemann, S. 449, 484), ist nicht tragfähig. Gerade die Zwangsschlichtung durch den Einigungsstellenspruch widerspricht der freien Einigung als einem elementaren Element der Privatautonomie (so aber *Ehmann / Lambrich*, NZA 1996, 346, 352). Andererseits ist es auch verfehlt, den Arbeitskampf als privatautonome Regelungsprinzipien konterkarierend zu qualifizieren. Ebenso wie die durch Art. 9 Abs. 3 GG gewährleistete Kartellbefugnis stellt die Möglichkeit des Arbeitskampfes gerade die zur Ausübung von Privatautonomie erforderliche Parität der sozialen Gegenspieler her (vgl. BVerfGE 18, 18, 30; BVerfGE 38, 281, 307; BVerfGE 84, 212, 215). Die Arbeitskampffreiheit ist daher nicht Zwang wider die Privatautonomie, sondern Machtgewährung zum Zwecke der Ermöglichung von Privatautonomie.

463 *Waltermann*, RdA 1996, 129, 134; *ders.*, NZA 1996, 357, 360; *Belling*, Die Haftung des Betriebsrats und seiner Mitglieder für Pflichtverletzungen, S. 54; *Beuthien*, ZfA 1983, 141, 164; *Heinze*, ZfA 1988, 53, 62; GK-*Kreutz*, BetrVG, § 77 Rn. 38.

464 *Däubler*, Das Grundrecht auf Mitbestimmung, S. 129 ff., 161; a.A. *Ehmann*, RdA 1976, 175, 182 ff.; *Veit*, Die funktionelle Zuständigkeit des Betriebsrats, S. 191 ff.

465 Diese Ansicht geht davon aus, dass Art. 1 Abs. 1 GG verbiete, dass der Arbeitnehmer im Produktionsprozess Objekt fremder Herrschaft werde. Daher gebiete der Schutz der Menschenwürde, dass der Arbeitnehmer auf seine Lebens- und Arbeitsbedingungen gestaltend einwirken könne. Zum Ausgleich der Abhängigkeiten und zur Aufhebung der Objektstellung bedürfe der Arbeitnehmer der Gewährung von Mitwirkungs- und Mitbestimmungsrechten. Diesen Anforderungen an den Schutz der Menschenwürde würde nur Genüge getan, wenn eine umfassende Beteiligung der Arbeitnehmer an den

Unternehmerentscheidungen in der Form installiert werde, dass nichts gegen ihren Willen geschehen könne. Einen entsprechenden Anspruch statuiere Art. 1 Abs. 1 GG (*Däubler*, Das Grundrecht auf Mitbestimmung, S. 129 ff., 157 ff., 161). Nach der Objektformel des Art. 1 Abs. 1 GG ist die Menschenwürde betroffen, wenn der konkrete Mensch zum Objekt, zu einem bloßen Mittel, zur vertretbaren Größe herabgewürdigt wird (*Dürig*, AöR 81 (1956), 117, 127; *Höfling*, in: Sachs, GG, Art. 9 Rn. 13; *Herdegen*, in: Maunz / Dürig, GG, Art. 1 Abs. 1 Rn. 34). Element der Gewährleistung nach Art. 1 Abs. 1 GG ist auch die Achtung der elementaren Basisgleichheit im Rechtsleben (*Kirchhof*, HStR V, § 124 Rn. 99 ff.; *Höfling*, in: Sachs, GG, Art. 1 Rn. 27). Danach umfasst der Schutz der Menschenwürde in einem Gemeinwesen auch den Schutz vor Zuweisung eines rechtlich abgewerteten Status an eine Person (*Podlech*, AK GG, Art. 1 Abs. 1 Rn. 29, 33; *Höfling*, in: Sachs, GG, Art. 1 Rn. 27). Verboten sind danach Sklaverei, rassische Diskriminierung und andere in der Intensität vergleichbare demütigende Ungleichbehandlungen (*Podlech*, AK GG, Art. 1 Abs. 1 Rn. 30 ff.). Die These einer mit diesen Erscheinungsformen vergleichbaren Objektstellung des Arbeitnehmers im Produktionsprozess entspricht nicht unserer grundgesetzlichen Wirtschaftsverfassung. Durch die Eingliederung des Arbeitnehmers in die Arbeitsorganisation des Arbeitgebers wird dieser nicht zum Objekt arbeitgeberischer Willkür und dadurch in seiner Würde verletzt. Grundlage der grundgesetzlichen Wirtschaftsverfassung ist die Privatautonomie, sowohl in der Form der Individualautonomie als auch in ihrer kollektiven Ausübungsform der Tarifautonomie. Dadurch gewährleistet der Verfassungsgeber auch im Bereich der Arbeits- und Wirtschaftsverfassung einen gerechten und damit sozialverträglichen Interessenausgleich zwischen den (Arbeits-)Vertragsparteien durch das Instrument der richtigkeitsgewährleistenden Privatautonomie (*Richardi*, Gutachten zum 61. DJT, B 25 f.). Einseitig privatautonomieleugnende Deutungen des Arbeitnehmer-/ Arbeitgeberverhältnisses widersprechen daher in fundamentaler Weise der bestehenden Grundrechtsordnung und verbieten sich. Das Arbeitsverhältnis in seiner heutigen Gestalt, die es insbesondere in seiner Funktion als „Arbeitnehmer-schutzrecht" erfahren hat, ist längst ein sozialadäquates Beziehungsgeflecht wechselseitiger Arbeitnehmer- und Arbeitgeberpflichten geworden. Eine Herabwürdigung des Arbeitnehmers zum Objekt und eine Verletzung seiner Würde durch die Integration in den Arbeitsprozess kann hierin nicht gesehen werden. Das Direktionsrecht des Arbeitgebers stellt keine Herabwürdigung des Arbeitnehmers dar, sondern ist durch den privatautonomen Abschluss des Arbeitsvertrags nicht nur legitimiert, sondern wird hierdurch auch sachlich begrenzt. Der Arbeitnehmer bestimmt mit dem Abschluss des Arbeitsvertrags eigenverantwortlich, welche Dienste der Arbeitgeber von ihm verlangen kann und bestimmt damit auch die Reichweite des Direktionsrechts. Insoweit aktualisiert der Arbeitnehmer mit dem Vertragsschluss sein Grundrecht aus Art. 12 Abs. 1 GG (*v.Hoyningen-Huene*, in: Richardi / Wlotzke (Hrsg.), MünchArbR, § 297 Rn. 14). Die Aufnahme des Arbeitsverhältnisses ist daher Freiheitsausübung und nicht etwa eine Verletzung der Menschenwürde. Eine anderweitige Deutung widerspricht in eklatanter Weise dem Selbstverständnis der Arbeitnehmerschaft, die sich nicht als bloßes Objekt arbeitgeberischer Willkür sieht, sondern die Arbeit auch als Persönlichkeitsentfaltung und Selbstverwirklichung begreift. Zu Recht betont daher das Bundesverfassungsgericht, dass die Berufstätigkeit für die Arbeitnehmer insbesondere dem Ziel diene, „sich durch Arbeit in ihrer Persönlichkeit zu entfalten und darüber

Damit steht fest, dass jedenfalls aus einer grundrechtlichen Gewährleistung der Betriebsautonomie nicht auf einen Selbstbestimmungscharakter ihrer Rechtsetzung geschlossen werden kann.

(ii) Die Betriebsautonomie als Autonomie?

Damit verbleibt zur Begründung des Selbstbestimmungscharakters der Betriebsautonomie noch die Deutung der betriebsverfassungsrechtlichen Rechtsetzungsmacht als Autonomie.
Den Begrifflichkeiten der Autonomie und der Selbstbestimmung ist die eigenverantwortliche Gestaltung von Rechtsverhältnisse gemein.
Dementsprechend impliziert der Begriff der Betriebsautonomie eine Wesenheit der betriebsverfassungsrechtlichen Gesetzgebung als Selbstbestimmungsordnung vergleichbar der - grundrechtlich gewährleisteten - Privatautonomie und Tarifautonomie.

Zulässig ist dieser Rückschluss aber nur dann, wenn die Betriebsautonomie auch tatsächlich Autonomie ist.
Vielfach wird der Begriff der Autonomie als Synonym für die Möglichkeit der Rechtsnormsetzung verwandt.[466] Daher wird aus dem Vorliegen umfassender Normsetzungsbefugnisse mittels Betriebsvereinbarung auf das Vorliegen von Autonomie der Betriebsvereinbarungsparteien geschlossen. Ob ein derartiger Rückschluss zulässig ist, steht jedoch zu bezweifeln.

Ausgangspunkt für die Deutung des Wirkens, insbesondere der Normsetzungsmacht der Betriebsvereinbarungsparteien als „Autonomie“ sind die Rechtsprechung des Bundesarbeitsgerichts zur Umfassendheit der Regelungsbefugnisse sowie die in § 77 BetrVG positivierte Normsetzungsbefugnis der Betriebsvereinbarungsparteien.[467]
§ 77 Abs. 4 BetrVG positiviert die Befugnis der Betriebsvereinbarungsparteien zur Normsetzung. Nach der Rechtsprechung des Bundesarbeitsgerichts ist diese Normsetzungsbefugnis der Betriebsvereinbarungsparteien umfassend zu begrei-

---

Achtung und Selbstachtung zu erfahren“ (BVerfGE 103, 293, 306 f.; vgl. BVerfGE 100, 271, 284).

[466] GK-*Kreutz*, BetrVG, § 77 Rn. 250; vgl. auch *Waltermann*, Rechtsetzung durch Betriebsvereinbarung zwischen Privatautonomie und Tarifautonomie, S. 53, 55.

[467] Dementsprechend werden gerade die Begriffe Betriebsautonomie, Regelungsbefugnis, Regelungsmacht und Normsetzungsbefugnis nahezu durchweg nicht geklärt, sondern oft synonym gebraucht; vgl. *Waltermann*, Rechtsetzung durch Betriebsvereinbarung zwischen Privatautonomie und Tarifautonomie, S. 53.

fen.[468] Danach steht den Betriebsvereinbarungsparteien eine ebenso umfassende und zwingende Regelungs- und Normsetzungsbefugnis zu wie den Tarifvertragsparteien.[469]
Aus dieser Deutung der Regelungsbefugnisse der Betriebsvereinbarungsparteien als umfassend sowie ihrer Befugnis zur Normsetzung durch Betriebsvereinbarung wird auf das Vorliegen von „Autonomie“ geschlossen.

Die Schlussfolgerung von einer umfassenden Normsetzungsbefugnis der Betriebsvereinbarungsparteien auf eine Autonomie in ihrem Wirken resultiert aus einer - unzulässigen - Gleichsetzung der Begriffe der Normsetzungsbefugnis und der Autonomie.
Seiner rechtlichen Bedeutung nach beschreibt der Autonomiebegriff die Freiheit gegenüber dem Staat im Sinne eines status negativus.[470] Soweit die Autonomie

[468] BAGE 56, 18, 25 f.; BAGE 63, 211, 216 f.; BAG, NZA 1991, 734; BAG, NZA 1993, 711; BAG, NZA 1993, 613, 614; *Fitting / Engels / Schmidt / Trebinger / Linsenmaier*, BetrVG, § 77 Rn. 45 ff.; *Galperin / Löwisch*, BetrVG, § 77 Rn. 24 ff., § 88 Rn. 1 ff.; *Hromadka*, DB 1985, 864, 865 f.

[469] Diese Umfassendheit der betriebsvereinbarungsrechtlichen Normsetzungskompetenz wird durch einen Umkehrschluss aus der Festlegung des Tarifvorbehalts in § 77 Abs. 3 BetrVG und aus dem Umstand hergeleitet, dass die Regelung über die Zulässigkeit freiwilliger Betriebsvereinbarungen in § 88 BetrVG als Beispielskatalog ausgestaltet ist (BAG, AP Nr. 46 zu § 77 BetrVG; BAG, NZA 1987, 779; *Richardi*, NZA 2000, 617, 618; *Löwisch*, JZ 1996, 812, 813 f.; *Waltermann*, Rechtsetzung durch Betriebsvereinbarung zwischen Privatautonomie und Tarifautonomie, S. 189; *Löwisch / Kaiser*, BetrVG, § 88 Rn. 1; *Fitting / Engels / Schmidt / Trebinger / Linsenmaier*, BetrVG, 18. Aufl. 1996, § 88 Rn. 3). Demnach sollen alle Materien, die Gegenstand eines Tarifvertrags sein können, prinzipiell auch tauglicher Regelungsgegenstand einer Betriebsvereinbarung sein. Diese Auffassung ist indes nicht unbestritten. Ein Teil der Literatur geht davon aus, dass den Betriebs-vereinbarungsparteien keine umfassende Befugnis zu Regelungen von Arbeits- und Wirtschaftsbedingungen durch Betriebsvereinbarungen zusteht (anders *Picker*, Die Tarifautonomie in der deutschen Arbeitsverfassung, S. 52 ff.; *Richardi*, Gutachten zum 61. DJT, B 24 ff., B 95; *ders.*, Beilage NJW 1996, Heft 23, 13, 15; *Rieble*, RdA 1996, 151, 152). Insbesondere im Hinblick auf Betriebsvereinbarungen, die sich belastend auf die Lohn- und Arbeitsbedingungen der Arbeitnehmer auswirken, wird die Zulässigkeit einer Regelung durch Betriebsvereinbarungen von einer Reihe von Stimmen in der Literatur aus unterschiedlichen Gründen verneint (vgl. *Canaris*, ArbuR 1966, 129, 129 ff.; *Kreutz*, Grenzen der Betriebsautonomie, S. 246 ff.; *Löwisch*, ArbuR 1978, 97, 100; *Richardi*, Kollektivgewalt und Individualwille, S. 317; *Richardi*, ZfA 1990, 211 ff., 230 ff.; *Walker*, FS Kissel, S. 1205, 1205 ff., 1212 ff.; *Waltermann*, RdA 1990, 138, 143 f.; *ders.*, Rechtsetzung durch Betriebs-vereinbarung zwischen Privatautonomie und Tarifautonomie, S. 148 ff.; *ders.*, NZA 1996, 357, 358 ff.;).

[470] *Bogs*, RdA 1956, 1, 1 ff.; *Schnorr*, JR 1966, 327, 328; *Waltermann*, Rechtsetzung durch Betriebsvereinbarung zwischen Privatautonomie und Tarifautonomie, S. 55.

reicht, schaffen sich die Autonomie-Träger eine Ordnung „aus eigenem Gesetz".[471]
Die Befugnis zur Rechtsnormsetzung stellt dabei keine notwendige Bedingung von Autonomie dar. Vielmehr ist sie lediglich eine ihrer Erscheinungsformen. Dies zeigt schon die Privatautonomie als Prototyp und wichtigstes Prinzip unserer Gemeinschaftsordnung. Sie kennt eine Vielzahl rechtlicher Formen, in denen selbstbestimmtes Handeln ohne die Fähigkeit zur Rechtsnormsetzung möglich ist.[472] Wo es allerdings um die Autonomie sozialer Gemeinschaften geht, stellt die Normsetzungsbefugnis die wichtigste und sachdienlichste Form der Selbstregelung dar.[473] Daher bildet die Befugnis zur Rechtsnormsetzung ein wesentliches Element der Autonomie,[474] ist aber - als lediglich eine unter mehreren Erscheinungsformen - keinesfalls mit ihr gleichzusetzen.[475]

Zu Recht wird daher darauf hingewiesen, dass der gängigen Praxis zum Trotz nicht aus den Regelungsformen oder dem Vorliegen einer umfassenden Regelungsbefugnis eine Autonomie der Betriebsvereinbarungsparteien hergeleitet werden kann.[476] Eine derartige Argumentation greift zu kurz.
Aus diesen Grunde müssten auch jegliche Versuche, die Betriebsautonomie gleichsam als „Tarifautonomie auf Betriebsebene" zu etablieren,[477] scheitern.[478]

---

[471] *Gamillscheg*, Koalitionsfreiheit und soziale Selbstverwaltung, S. 39; *Nikisch*, Arbeitsrecht, Bd. 2, S. 48.

[472] *Flume*, Das Rechtsgeschäft, S. 7 ff.; *Waltermann*, Rechtsetzung durch Betriebs-vereinbarung zwischen Privatautonomie und Tarifautonomie, S. 57.

[473] *Hendler*, Selbstverwaltung als Ordnungsprinzip, S. 293 f.; *Waltermann*, Rechtsetzung durch Betriebsvereinbarung zwischen Privatautonomie und Tarifautonomie, S. 57.

[474] Vgl. BVerfGE 12, 319, 325; *Badura*, DÖV 1963, S. 561, 562 f.

[475] *Waltermann*, Rechtsetzung durch Betriebsvereinbarung zwischen Privatautonomie und Tarifautonomie, S. 58, 119; *ders.*, ZfA 2000, 53, 57 f.; *Kirchhof*, Private Rechtsetzung, S. 116, 134; *Lieb*, Allgemeinverbindlicherklärung, S. 58 ff.; *Söllner*, Grundriß des Arbeitsrechts, § 15 II 3; *Zöllner*, Die Rechtsnatur der Tarifnormen nach deutschem Recht, S. 14, 16 f, 19.

[476] So auch insbesondere *Picker*, NZA 2002, 761, 762 m.w.N.

[477] Vgl. *Bogs*, RdA 1956, 1, 4; *Galperin*, FS Molitor, S. 143, 147 ff.; *Nikisch*, Arbeitsrecht, Bd. 3, S. 275 f.; *Säcker*, Gruppenautonomie und Übermachtkontrolle im Arbeitsrecht, S. 341 ff.; vgl. auch *Waltermann*, Rechtsetzung durch Betriebsvereinbarung zwischen Privatautonomie und Tarifautonomie, S. 114; *Hromadka*, NJW 2003, 1273, 1274; *Löwisch*, NJW 1997, 905, 911.

[478] Vgl. *Waltermann*, Rechtsetzung durch Betriebsvereinbarung zwischen Privatautonomie und Tarifautonomie, S. 55: „Wer im Arbeitsrecht von Tarifautonomie spricht, bezeichnet nicht selten sogleich die Fähigkeit der Tarifvertragsparteien, Rechts-normen zu setzen, von der Betriebsautonomie spricht man oft in demselben Sinn."; vgl. auch kritisch: *Richardi*, BetrVG, § 77 Rn. 27, der die Sicht der Betriebs-vereinbarung als „Bild eines auf die Stufe des Betriebs projizierten Tarifvertrags" als „Ausdruck einer mangelnden dogmatischen Durchdringung" wertet; *Richardi*, ZfA 1990, 211, 241.

Die lediglich vordergründige Ähnlichkeit der Normsetzungsbefugnisse der Betriebsvereinbarungsparteien mit denen der Tarifvertragsparteien vermag die Annahme einer Autonomie der Betriebsvereinbarungsparteien nicht zu tragen.[479]

Demnach muss bei der Beantwortung der Frage nach der Autonomie der Betriebsvereinbarungsparteien vom Rechtsbegriff der Autonomie ausgegangen werden.
Dieser ist im kollektiven Arbeitsrecht bisher nicht befriedigend geklärt.[480]
Einigkeit besteht allerdings insoweit, als dass der Autonomiebegriff rechtlich (zumindest) die Freiheit gegenüber dem Staat im Sinne eines status negativus beschreibt.[481]
Welche Anforderungen über diesen Grundkonsens hinaus im Einzelnen an den Begriff der Autonomie zu stellen sind, ist demgegenüber fraglich.
Während zum Teil nur solche Kompetenzen als Autonomie qualifiziert werden, die den Autonomie-Trägern nach der Grundwertung der geltenden Ordnung als eigene, d.h. nicht-abgeleitete, zugewiesen sind,[482] lassen andere Stimmen schon das Zurücktreten des Staates zugunsten einer sozialen Selbstverwaltung genügen, um den so gewährten Selbstverwaltungsspielraum als Autonomiebereich anzuerkennen.[483]

Soweit als Anforderung an das Vorliegen von Autonomie gefordert wird, dass die Autonomie-Träger eine Kompetenz reklamieren, die ihnen nach der Grundwertung der geltenden Ordnung als eigene, d.h. nicht-abgeleitete, zugewiesen ist,[484] wäre den Betriebsvereinbarungsparteien eine Autonomie nur dann zuzusprechen, wenn die Kompetenzen der Betriebsvereinbarungsparteien auf einer grundrechtlichen Gewährleistung beruhen würden.

---

479 *Richardi*, Kollektivgewalt und Individualwille, S. 312 ff.; *Kreutz*, Grenzen der Betriebsautonomie, S. 79 ff.; *Waltermann*, Rechtsetzung durch Betriebsvereinbarung zwischen Privatautonomie und Tarifautonomie, S. 113 ff.

480 *Waltermann*, Rechtsetzung durch Betriebsvereinbarung zwischen Privatautonomie und Tarifautonomie, S. 54 ff.

481 *Bogs*, RdA 1956, 1, 1 ff.; *Schnorr*, JR 1966, 327, 328; *Waltermann*, Rechtsetzung durch Betriebsvereinbarung zwischen Privatautonomie und Tarifautonomie, S. 55.

482 *Picker*, NZA 2002, 761, 762 m.w.N.

483 Vgl. BVerfGE 19, 303, 312 f.; die Betriebsautonomie als Autonomie kraft gesetzgeberischer Entscheidung anerkennend *Biberacher*, Betriebliche Recht-setzungsmacht, S. 57; *Heinze*, NZA 1989, 41, 42; *Richardi*, ZfA 1990, 211, 241; *Söllner*, RdA 1989, 144, 149.

484 Das Kriterium der Nichtabgeleitetheit der Normsetzungsbefugnis ebenfalls als maßgeblich anerkennend, aber sowohl die Autonomie der Tarifvertragsparteien als auch die der Betriebsvereinbarungsparteien verneinend *Picker*, NZA 2002, 761, 762.

Als zivilrechtlichen und damit nichtstaatlichen Vereinigungen[485] kann den Betriebsvereinbarungsparteien eine originäre Regelungskompetenz nur aus einer freiheitlichen Gewährleistung gegenüber dem Staat erwachsen,[486] die ihre Rechtsetzungskompetenzen gegenüber dem Staat emanzipiert.
Eine solche originäre Rechtsetzungsmacht bedarf daher der grundrechtlichen Gewährleistung der freiheitlichen Ausübung von Regelungsbefugnissen zugunsten der Normsetzenden.

Wie ausgeführt ist die Betriebsautonomie jedoch nicht grundrechtlich gewährleistet.[487] Mangels originärer Zuweisung der Normsetzungsbefugnisse der Be-

---

[485] Die Autonomie beanspruchenden Betriebsvereinbarungsparteien sind keine öffentlich-rechtlichen Vereinigungen, sondern dem Zivilrecht zuzuordnen (vgl. BAG 15.2.1989 AP Nr. 17 zu § 19 BetrVG 1072; *v.Hoyningen-H*uene, BetrVR § 1 III 1; *Konzen*, ZfA 1985, 469, 469; *Richardi*, BetrVG, Einl. Rn. 100 ff.; *Weitnauer*, FS Duden, S. 705, 705 ff.). Der Arbeitgeber ist entweder eine natürliche Person oder eine juristische Person oder eine Gesamthandsgemeinschaft (*Fitting / Engels / Schmidt / Trebinger / Linsenmaier*, BetrVG, § 1 Rn. 238). Der Betriebsrat besitzt demgegenüber keine eigene Rechtspersönlichkeit. Über seine Rechtsnatur herrscht terminologisch heftiger Streit (vgl. v.*Hoyningen-Huene*, in: Richardi / Wlotzke (Hrsg.), MünchArbR, § 299 Rn. 15 ff.; *ders.*, BetrVR § 4 II 1 a; *Belling*, Die Haftung des Betriebsrats und seiner Mitglieder für Pflichtverletzungen, S. 108 ff.; *Richardi*, BetrVG, Einl. Rn. 94 ff.; *Weitnauer*, FS Duden, S. 705, 707, 709 f.). Weitgehende Einigkeit besteht insoweit, dass er den zivilrechtlichen Vereinigungen zuzurechnen ist (vgl. *v.Hoyningen-Huene*, in: Richardi / Wlotzke (Hrsg.), MünchArbR, § 299 Rn. 15 ff.; *Belling*, Die Haftung des Betriebsrats und seiner Mitglieder für Pflichtverletzungen, S. 108 ff.; *Richardi*, BetrVG, Einl. Rn. 100 ff.; *Weitnauer*, FS Duden, S. 705, 707, 709 f.). Die Betriebsvereinbarungsparteien regeln auch im Rahmen der betriebsverfassungs-rechtlichen Normsetzung die Beziehungen zwischen Arbeitgeber und Arbeitnehmern in ihrer Eigenschaft als Beteiligte des Arbeitsverhältnisses, mithin als Privatrechtssubjekte (*v.Hoyningen-Huene*, in: Richardi / Wlotzke (Hrsg.), MünchArbR, § 297 Rn. 79; *Richardi*, BetrVG, § 77 Rn. 29; *Nikisch*, Arbeitsrecht, Bd. 3, 275; *Hueck / Nipperdey*, Arbeitsrecht, Bd. II/2, § 65, S. 1257, 1274; *Hueck*, Die Betriebsvereinbarung, S. 29; *Kreutz*, Grenzen der Betriebsautonomie, S. 99 ff.; *Waltermann*, Rechtsetzung durch Betriebsvereinbarung zwischen Privatautonomie und Tarifautonomie, S. 140 f.).

[486] Die Lehre von der originären Rechtsetzungsmacht, die davon ausging, dass Verbände von sich aus originäres Recht setzen können (*v.Gierke*, Deutsches Privatrecht, 1. Bd., S. 119 ff., 142 ff., 150 f.; *Herschel*, FS Bogs, S. 125, 130 f.), darf heute als überwunden gelten. Unter der Geltung des Grundgesetzes, nach dem die Staatsgewalt vom Volk ausgeht (Art. 20 Abs. 2 Satz 1 GG) und nach welchem der Staat Träger der Rechtsordnung ist und die Bedingungen des Gemeinwesens verbindlich zu bestimmen vermag, ist die Autonomie nicht als gegen den Staat gerichtet denkbar (*Waltermann*, Rechtsetzung durch Betriebsvereinbarung zwischen Privatautonomie und Tarifautonomie, S. 112 f.).

[487] *Adomeit*, Rechtsquellenfragen im Arbeitsrecht, S. 136 ff.; *Biberacher*, Betriebliche Rechtsetzungsmacht, S. 36 ff., 47 ff.; *Huber*, Wirtschaftsverwaltungsrecht, Bd. 2,

triebsvereinbarungsparteien durch das Grundgesetz stellt die sog. Betriebsautonomie nach dieser Auffassung keine echte Autonomie dar.

Soweit hingegen schon das Zurücktreten des Staates zugunsten einer sozialen Selbstverwaltung genügen soll, um den so gewährten Selbstverwaltungsspielraum als Autonomiebereich anzuerkennen,[488] bedürfte die Autonomie nicht der verfassungsrechtlichen Gewährleistung.[489] Demnach könnte Autonomie auch auf einer Entscheidung des Gesetzgebers beruhen.[490]
Auch wenn es keine dem Art. 9 Abs. 3 GG vergleichbare verfassungsrechtliche Garantie der Betriebsautonomie gibt, ist der staatliche Gesetzgeber bei der ihm nach Art. 74 Abs. 1 Nr. 12 GG obliegenden Regelung der Betriebsverfassung berechtigt, Arbeitnehmern und Arbeitgebern die kollektive Regelung der betrieblichen Angelegenheiten durch Gesamtvereinbarung anzuvertrauen und dieser Gesamtvereinbarung zu normativer Wirkung zu verhelfen.[491] Nach dieser

---

S. 521; *Neumann-Duesberg*, Betriebsverfassungsrecht, S. 371 f.; *Hueck / Nipperdey*, Arbeitsrecht, Bd. II/2, § 65, S. 1275 f., Nachtrag, S. 1669 f.; *Hueck*, Die Betriebsvereinbarung, S. 27 f.; *Säcker*, Gruppenautonomie und Übermachtkontrolle im Arbeitsrecht, S. 243 Fn. 24, 344; *Strasser*, Betriebsvereinbarung, S. 149.

[488] Vgl. BVerfGE 19, 303, 312 f.; die Betriebsautonomie als Autonomie kraft gesetzgeberischer Entscheidung anerkennend *Biberacher*, Betriebliche Rechtsetzungsmacht, S. 57; *Heinze*, NZA 1989, 41, 42; *Richardi*, ZfA 1990, 211, 241; *Söllner*, RdA 1989, 144, 149.

[489] *Waltermann*, Rechtsetzung durch Betriebsvereinbarung zwischen Privatautonomie und Tarifautonomie, S. 58; *ders.*, ZfA 2000, 53, 84; *Kleine-Cosack*, Berufständische Autonomie, 85 ff.; *Schneider*, FS Möhring, S. 521, 521 ff.

[490] Vgl. BVerfGE 19, 303, 312 f.; *Beuthien*, ZfA 1983, 141, 164; *Biberacher*, Betriebliche Rechtsetzungsmacht, S. 57; *Heinze*, NZA 1989, 41, 42; *Jahnke*, Tarifautonomie und Mitbestimmung, S. 29 ff.; streitig ist indessen, ob den Betriebsvereinbarungsparteien durch Gesetz hoheitliche Rechtsetzungsbefugnisse im Sinne einer echten Delegation übertragen worden sind, so dass sie staatliches Recht produzieren (so *Adomeit*, Rechtsquellenfragen im Arbeitsrecht, S. 136 ff.; *Biberacher*, Betriebliche Recht-setzungsmacht, S. 36 ff., 47 ff.; *Huber*, Wirtschaftsverwaltungsrecht, Bd. 2, S. 521; *Neumann-Duesberg*, Betriebsverfassungsrecht, S. 371 f.), oder ob es sich bei der betriebsvereinbarungsrechtlichen Rechtsetzung um eine auf staatlicher Ermächtigung beruhende Befugnis handelt, eigene Angelegenheiten durch Rechtsregeln zu ordnen, die der privaten Rechtsetzung zuzuordnen sind (so *Hueck / Nipperdey*, Arbeitsrecht, Bd. II/2, § 65, S. 1275 f., Nachtrag, S. 1669 f.; *Fitting / Engels / Schmidt / Trebinger / Linsenmaier*, BetrVG, § 77 Rn. 13; *Hueck*, Die Betriebsvereinbarung, S. 27 f.; *Säcker*, Gruppenautonomie und Übermachtkontrolle im Arbeitsrecht, S. 243 Fn. 24, 344; *Strasser*, Betriebsvereinbarung, S. 149).

[491] *Waltermann*, Rechtsetzung durch Betriebsvereinbarung zwischen Privatautonomie und Tarifautonomie, S. 132 f.; a.A. *Kreutz*, Grenzen der Betriebsautonomie, S. 98, der dieses Zurücktreten des Staates als rechtsstaatswidriges Sichentziehen einer ihm zukommenden Gestaltungsaufgabe und seiner politischen Verantwortung bewertet.

Auffassung delegiert der Gesetzgeber den Betriebsvereinbarungsparteien Autonomie, nämlich eine auf staatlicher Ermächtigung beruhende Befugnis, eigene Angelegenheiten durch Rechtsregeln zu ordnen.[492]

Eine Entscheidung dieser Streitfrage kann hier jedoch letztlich dahinstehen: Verzichtet man für das Vorliegen von Autonomie auf das Erfordernis einer originären, d.h. grundrechtlichen Zuweisung des Selbstverwaltungsbereichs und lässt allein das Zurücktreten des Staates für die Begründung von Autonomie ausreichen, so mag man die so eröffnete Gestaltungsmacht als Autonomie deuten. Diese Interpretation entfaltet Geltung indessen allein für die Betriebsvereinbarungsparteien, d.h. den Betriebsrat und den Arbeitgeber. Für die Frage, ob die Rechtsetzung dieser Parteien für die normunterworfenen Arbeitnehmer indessen Fremdbestimmung oder Selbstbestimmung darstellt, würde die Qualifizierung als Autonomie indessen unergiebig:
Die Betriebsautonomie kann nur dann Selbstbestimmung für die normunterworfenen Arbeitnehmer darstellen, wenn die Normgeltung durch die Arbeitnehmer legitimiert ist.
Während aber eine grundrechtliche Gewährleistung der Betriebsautonomie zwingend auf eine Legitimation durch die normunterworfenen Arbeitnehmer schließen ließe, da eine Grundrechtsträgerschaft des Betriebsrats ohne entsprechende Ableitung dieser Grundrechtsträgerschaft aus der Grundrechtsträgerschaft der normunterworfenen Arbeitnehmer nicht denkbar ist, lässt allein das Zurücktreten des Staates keinen Rückschluss auf die Legitimation der betriebsverfassungsrechtlichen Normsetzungsbefugnisse zu.

(iii) Die Betriebsautonomie als Fremdbestimmungsordnung

Nachdem feststeht, dass die Frage nach dem Bestehen einer Autonomie der Betriebsvereinbarungsparteien keinen Rückschluss auf den Selbst- bzw. Fremdbestimmungscharakter der Betriebsautonomie zulässt, gilt es die Legitimation der Normgeltung gegenüber den normunterworfenen Arbeitnehmern zu klären.

Die Betriebsautonomie findet ihren Ursprung in betriebsverfassungsrechtlichen Rechtsetzungskompetenzen.
Die Betriebsverfassung selbst ist Folge einer Grundsituation im Arbeitsverhältnis, die dadurch charakterisiert ist, dass die Arbeitnehmer unselbständige,

---

[492] H.M. sog. Theorie delegierter Autonomie: *Hueck / Nipperdey*, Arbeitsrecht, Bd. II/2, § 65, S. 1275 f., Nachtrag, S. 1669 f.; *Fitting / Engels / Schmidt / Trebinger / Linsenmaier*, BetrVG, § 77 Rn. 13; *Hueck*, Die Betriebsvereinbarung, S. 27 f.; *Säcker*, Gruppenautonomie und Übermachtkontrolle im Arbeitsrecht, S. 243 Fn. 24, 344; *Strasser*, Betriebsvereinbarung, S. 149.

fremdbestimmte Arbeit in persönlicher und meist auch wirtschaftlicher Abhängigkeit leisten, während der Arbeitgeber über diese Arbeitskraft verfügt und seinen Betrieb organisiert. Der Arbeitgeber bestimmt damit über die Arbeitsbedingungen der Arbeitnehmer und übt so soziale Macht aus.[493] Diese Macht wird zum Schutze des Arbeitnehmers begrenzt, indem eine Interessenvertretung für die Arbeitnehmerschaft geschaffen und mit Rechten ausgestattet wird.[494] Der zu diesem Zweck institutionalisierte Betriebsrat nimmt an der Willensbildung und an der Entscheidung des Arbeitgebers durch Mitwirkungs- und Mitbestimmungsrechte teil und verschafft dem arbeitgeberischen Handeln zusätzliche Legitimation.

Die Betriebsverfassung selbst ist indessen nicht durch das Grundgesetz gewährleistet, sondern wird durch das Sozialstaatsprinzip, das Demokratieprinzip sowie die Sozialpflichtigkeit des Eigentums legitimiert.[495] Nach der rechtspolitischen Zielsetzung des Gesetzgebers dient sie dazu, auf dem Grundgedanken der Demokratie aufbauend den Arbeitnehmer an den jeweiligen Entscheidungen des Unternehmers durch die Einräumung von Mitbestimmungsrechten zu beteiligen.[496]

Darüber hinaus stellt die Betriebsverfassung im Hinblick auf den arbeitsrechtlichen Schutzgedanken eine Staatsintervention zur Verteilung von Regelungsmacht zwischen der Arbeitgeber- und der Arbeitnehmerseite innerhalb der Arbeitsorganisation der Unternehmen dar.[497] Als solche intendiert sie die sozialverträgliche Gestaltung von Regelungsproblemen des Zusammenwirkens in der Arbeitsorganisation durch Einräumung von Mitwirkungs- bzw. Mitbestimmungsrechten.

Diese Mitwirkungs- und Mitbestimmungsrechte sollen den Arbeitnehmer in sozialen Angelegenheiten (§§ 87 - 89 BetrVG), bei der Gestaltung von Arbeitsplatz, Arbeitsablauf und Arbeitsumgebung (§§ 90, 91 BetrVG) sowie bei personellen (§§ 92 - 105 BetrVG) und wirtschaftlichen (§§ 113 BetrVG) Angelegenheiten vor einer uneingeschränkten Unternehmerautonomie und einem uneingeschränkten Direktionsrecht des Arbeitgebers schützen und den arbeitgeberi-

---

[493] GK-*Wiese*, BetrVG, Einl. Rn. 44 ff.

[494] *Gast*, Arbeitsvertrag und Direktion, S. 357 ff.; *ders.*, Arbeitsrecht als Vertragsrecht, S. 58 ff., 100 ff.; *Nagel*, Paritätische Mitbestimmung und Grundgesetz, S. 221; *Weis*, Wirtschaftsunternehmen und Demokratie, S. 105 ff.

[495] *v.Hoyningen-Huene*, in: Richardi / Wlotzke (Hrsg.), MünchArbR, § 297 Rn. 11; *ders.*, FS Stahlhacke, S. 173, 173 ff.; *Waltermann*, Rechtsetzung durch Betriebsvereinbarung zwischen Privatautonomie und Tarifautonomie, S. 59; *Scholz*, Die Koalitionsfreiheit als Verfassungsproblem, S. 7.

[496] *v.Hoyningen-Huene*, in: Richardi / Wlotzke (Hrsg.), MünchArbR, § 297 Rn. 11; *ders.*, FS Stahlhacke, S. 173, 173 ff.; *ders.*, BetrVR § 1 II 2.

[497] *Richardi*, NZA 2000, 617, 618; *v.Hoyningen-Huene*, in: Richardi / Wlotzke (Hrsg.), MünchArbR § 297 Rn. 4; *ders.*, BetrVR § 1 III 1.

schen Entscheidungen und Maßnahmen zusätzliche Legitimation verleihen. Insbesondere für die Gegenstände des § 87 Abs. 1 BetrVG wird das Direktionsrecht durch das Mitbestimmungsrecht des Betriebsrats eingeschränkt.[498]
Hierin liegt die eigentliche Zwecksetzung der Betriebsverfassung sowie der durch sie verliehenen Rechtsetzungsmacht in Form von unmittelbar und zwingend wirkenden Betriebsvereinbarungen.

Durch die Rechtsprechung des Bundesarbeitsgerichts zur Umfassendheit der Regelungsbefugnisse, welche den Betriebsvereinbarungsparteien eine ebenso umfassende und zwingende Regelungs- und Normsetzungsbefugnis zuweist wie den Tarifvertragsparteien,[499] hat die betriebsvereinbarungsrechtliche Normsetzung einen Funktionswandel erfahren. Aufgrund der durch die Rechtsprechung ermöglichten Regelung aller Arbeitsbedingungen entwickelte sich die Betriebsautonomie vom Arbeitnehmerschutzinstrument zum arbeits- und wirtschaftpolitischen Lenkungsmittel.

Wie gesehen erlaubt das Bestehen umfassender Regelungsbefugnisse aber keinerlei Rückschluss auf das Vorliegen von Autonomie, geschweige denn auf den Selbstbestimmungscharakter einer Normsetzung.
Führt man sich dies vor Augen, so wird deutlich, dass die Betriebsautonomie bei näherer Betrachtung keine Selbstbestimmungsordnung ist, sondern eine Fehlinterpretation der gesetzlich positivierten Rechtsetzungsmacht der Betriebsvereinbarungsparteien und der sie als umfassend deutenden Rechtsprechung.
Auch wenn die ihrem Ursprung nach mitbestimmungsrechtliche und -motivierte Regelungsbefugnis der Betriebsvereinbarungsparteien durch die arbeitsgerichtliche Rechtsprechung eine Erweiterung über diese eigentliche Zwecksetzung in der Betriebsverfassung hinaus zu einem umfassenden Regelungsinstrument von Arbeits- und Wirtschaftsbedingungen gefunden hat, so ändert dies nichts am Wesen der Regelungsbefugnis der Betriebsvereinbarungsparteien:
Die von den Betriebsvereinbarungsparteien ausgeübte Normsetzungskompetenz stellt im Hinblick auf den arbeitsrechtlichen Schutzgedanken eine Staatsintervention zur Verteilung von Regelungsmacht zwischen der Arbeitgeber- und der Arbeitnehmerseite innerhalb der Arbeitsorganisation der Unternehmen dar[500]

---

498 *Rieble*, Arbeitsmarkt und Wettbewerb, Rn. 19 ff., 1411 ff., 1531.

499 Anders *Picker*, Die Tarifautonomie in der deutschen Arbeitsverfassung, S. 52 ff.; *Richardi*, Gutachten zum 61. DJT, B 24 ff., B 95; *Rieble*, RdA 1996, 151, 152; *Richardi*, Beilage NJW 1996, Heft 23, 13, 15.

500 *Richardi*, NZA 2000, 617, 618; *v.Hoyningen-Huene*, in: Richardi / Wlotzke (Hrsg.), MünchArbR § 297 Rn. 4; *ders.*, BetrVR § 1 III 1.

und beruht somit auf einer Delegation staatlicher Rechtsetzungsmacht.[501] Die Unterwerfung unter die Rechtsetzungsmacht der Betriebsvereinbarungsparteien ist somit allein Rechtsfolge staatlicher Unterwerfung unter diese Regelungsmacht. Die Rechtsetzung durch Betriebsvereinbarung folgt daher nicht dem Rechtsprinzip der Selbstbestimmung, sondern statuiert für die normunterworfenen Arbeitnehmer eine Fremdbestimmungsordnung[502].[503]

---

501 Vgl. BVerfGE 19, 303, 312 f.; *Biberacher*, Betriebliche Rechtsetzungsmacht, S. 57; *Heinze*, NZA 1989, 41, 42; *Waltermann*, Rechtsetzung durch Betriebsvereinbarung zwischen Privatautonomie und Tarifautonomie, S. 59.

502 *Waltermann*, RdA 1996, 129, 134; *ders.*, NZA 1996, 357, 360; *Höfling / Burkiczak*, NJW 2005, 469, 471; *Belling*, Die Haftung des Betriebsrats und seiner Mitglieder für Pflichtverletzungen, S. 54; *Beuthien*, ZfA 1983, 141, 164; *Heinze*, ZfA 1988, 53, 62; GK-*Kreutz*, BetrVG, § 77 Rn. 38.

503 Die gesetzlich positivierte Rechtsetzungsmacht der Betriebsvereinbarungsparteien und die sie als umfassend deutende Rechtsprechung haben noch zu einer weiteren Fehlinterpretation geführt, nämlich der, dass die Betriebsautonomie ein eigenständiges Rechtsgut darstelle.
Der Begriff der Betriebsautonomie wird in der Diskussion um die Deregulierung des Arbeitsmarktes oft zur Rechtfertigung von Eingriffen in die Tarifautonomie herangezogen. Die Betriebsautonomie soll der Flexibilisierung des Arbeitsmarkts und der Schaffung von Arbeitsplätzen bzw. der Vermeidung von Massenarbeitslosigkeit dienen. Dementsprechend sei diese auch gegenüber der Tarifautonomie zu schützen.
Die Berufung auf die Erforderlichkeit ihres Schutzes bzw. ihre eingriffslegitimierende Wirkung impliziert einen eigenständigen Rechtsgutcharakter der Betriebsautonomie.
Angesichts des historischen Ursprungs der Betriebsautonomie in betriebsverfassungsrechtlichen Rechtsetzungskompetenzen muss es jedoch verwundern, dass die Betriebsautonomie nunmehr - über ihre anfängliche Zielsetzung der Begrenzung der sozialen Macht des Arbeitgeber mittels Mitbestimmung durch die Arbeitnehmer hinaus - auch weitergehenden arbeitsmarkt- und wirtschaftspolitischen Zielsetzungen dienen (können) soll.
Diese Wandelbarkeit von der Begrenzung der sozialen Macht des Arbeitgeber mittels Mitbestimmung hin zur Verfolgung weitergehender arbeitsmarkt- und wirtschafts-politischer Zwecksetzungen offenbart eine Offenheit der Betriebsautonomie in Bezug auf die mit ihr verfolgten Zielsetzungen. Ihre Flexibilität im Hinblick auf potentielle Regelungsziele wiederum zeigt, dass die Betriebsautonomie kein eigenständiges Rechtsgut, sondern lediglich eine Umsetzungsform zur Verfolgung diverser staatlicher Regelungsziele ist.
Diese Erkenntnis wird augenfällig, wenn man sich vor Augen führt, dass die Deutung der Betriebsautonomie als Rechtsgut allein auf der Zubilligung umfassender Regelungsbefugnisse an die Betriebsvereinbarungsparteien durch die arbeits-gerichtliche Rechtsprechung beruht.
Soweit die betriebsvereinbarungsrechtliche Normsetzung den ureigensten Zielen der Betriebsverfassung, nämlich dem Arbeitnehmerschutz dient, wird die Legitimation der Rechtsetzung der Betriebsvereinbarungsparteien unproblematisch auf das Sozialstaatsprinzip, das Demokratieprinzip sowie die Sozialpflichtigkeit des Eigentums zurückgeführt (v.Hoyningen-Huene, in: Richardi / Wlotzke (Hrsg.), MünchArbR, § 297

Rn. 11; ders., FS Stahlhacke, S. 173, 173 ff.; Waltermann, Rechtsetzung durch Betriebsvereinbarung zwischen Privatautonomie und Tarifautonomie, S. 59; Scholz, Die Koalitionsfreiheit als Verfassungsproblem, S. 7). Erst durch die Rechtsprechung des Bundesarbeitsgerichts zur Umfassendheit betriebsvereinbarungsrechtlicher Regelungsbefugnisse, wurde der Gedanke von der Betriebsautonomie als einem eigenständigen Rechtsgut veranlasst. Aufgrund des dadurch ermöglichten Funktions-wandels vom Arbeitnehmerschutzinstrument zum arbeits- und wirtschaftspolitischen Lenkungsmittel, lag der Gedanke nahe, der Betriebsautonomie ebenso wie der Tarifautonomie Rechtsgutcharakter zuzubilligen.
Auch wenn die ihrem Ursprung nach mitbestimmungsrechtliche und -motivierte Regelungsbefugnis der Betriebsvereinbarungsparteien durch die arbeitsgerichtliche Rechtsprechung eine Erweiterung über diese eigentliche Zwecksetzung in der Betriebsverfassung hinaus zu einem umfassenden Regelungsinstrument von Arbeits- und Wirtschaftsbedingungen gefunden hat, so ändert dies nichts am Wesen der Regelungsbefugnis der Betriebsvereinbarungsparteien: Sie bleibt weiterhin staatlich delegierte Rechtsetzungsmacht und gewinnt durch ihre extensive Auslegung nicht den Charakter eines eigenständigen Rechtsguts.
Ebenso wenig wie Bestehen umfassender Regelungsbefugnisse einen Rückschluss auf das Vorliegen von Autonomie erlaubt, ermöglicht es die Herleitung eines Rechtsgutcharakters. Führt man sich dies vor Augen, so wird deutlich, dass die Betriebsautonomie bei näherer Betrachtung kein eigenständiges Rechtsgut ist, sondern eine Fehlinterpretation der gesetzlich positivierten Rechtsetzungsmacht der Betriebsvereinbarungsparteien und der sie als umfassend deutenden Rechtsprechung.
Die Divergenz der verschiedene Regelungsziele, denen die Betriebsautonomie zu dienen geeignet ist, offenbart vielmehr ihre Offenheit in Bezug auf die verfolgten Zielsetzungen. Diese Flexibilität im Hinblick auf potentielle Regelungsziele wiederum zeigt, dass die Betriebsautonomie lediglich eine Umsetzungsform zur Verfolgung diverser staatlicher Regelungsziele ist.
Dies gilt es zu beachten, soweit der Schutz der Betriebsautonomie zur Rechtfertigung von Eingriffen in die Koalitionsfreiheit herangezogen werden soll.
Da die Betriebsautonomie lediglich eine Umsetzungsform für staatlich delegierte Regelungsmacht und damit gleichsam bloße Hülle der sie ausfüllenden Regelungsziele ist, bildet sie nicht selbst eine etwaige Rechtfertigung für Eingriffe in die Koalitionsfreiheit. Eine solche Legitimation fließt allenfalls aus den mit dem Mittel betriebsvereinbarungsrechtlicher Normsetzung verfolgten Regelungszielen.
Der bloße Verweis auf die Betriebsautonomie zur Legitimation von Eingriffen in die Koalitionsfreiheit würde daher zu kurz greifen. Vielmehr gelte es zu fragen, welche verfassungsrechtlich verankerten Rechtsgüter den Gesetzgeber zu einem entsprechenden Eingriff in die Koalitionsfreiheit bzw. die Tarifautonomie durch die delegierte Rechtsetzungsmacht berechtigen. Das oft verwendete Argument, der Schutz der Betriebsautonomie sei ein legitimes Ziel staatlicher Regelungsmaßnahmen und berechtige auch zu Eingriffen in die Koalitionsfreiheit, geht daher fehl, weil es den Blick auf die hinter den Deregulierungsbestrebungen stehenden legitimierenden Regelungsziele verstellt. Die Betriebsautonomie ist nicht Ziel, sondern Mittel etwaiger Deregulierungsbestrebungen. Sie ist daher auch nicht geeignet, der Tarifautonomie Grenzen zu ziehen (Heinze, NZA 1989, 41, 42; Kissel, NZA 1986, 73, 74, 79; ders., NZA 1995, 1, 3; Neumann, RdA 1990, 257, 257 ff.; Waltermann, Rechtsetzung durch Betriebs-

(b) Fazit

Die Betriebsautonomie entbehrt einer verfassungsrechtlichen Legitimation. Vielmehr wird die Betriebsverfassung durch das Sozialstaatsprinzip, das Demokratieprinzip sowie die Sozialpflichtigkeit des Eigentums legitimiert. Sie stellt im Hinblick auf den arbeitsrechtlichen Schutzgedanken eine Staatsintervention zur Verteilung von Regelungsmacht zwischen der Arbeitgeber- und der Arbeitnehmerseite innerhalb der Arbeitsorganisation der Unternehmen dar. Als solche intendiert sie die sozialverträgliche Gestaltung von Regelungsproblemen des Zusammenwirkens in der Arbeitsorganisation durch Einräumung von Mitwirkungs- bzw. Mitbestimmungsrechten. Aufgrund ihrer fehlenden privatautonomen Legitimation, sondern vielmehr der staatlichen Unterwerfung der Arbeitnehmer unter ihre Regelungsmacht ist, stellt die Betriebsautonomie für die Arbeitnehmer eine Fremdbestimmungsordnung auf.

(2) Fortsetzung: Beschränkte Regelungsbefugnis der Betriebsvereinbarungsparteien?

Die Rechtsetzungsmacht der Betriebsvereinbarungsparteien stellt - wie gerade gesehen - Fremdbestimmung[504] dar. Vor diesem Hintergrund werden gegen die herrschende Meinung verfassungsrechtliche Bedenken geäußert, die darauf beruhen, dass das private Regeln von Arbeitsbedingungen in Form von Betriebsvereinbarungen unter dem staatlichen Geltungsbefehl des BetrVG objektives Recht schafft, das auf die Rechtsstellung des einzelnen Arbeitnehmers unabhängig von seinem Willen einwirkt.[505]

(a) Die Begrenzung der Regelungsmacht der Betriebsvereinbarungsparteien durch den Vorbehalt des Gesetzes

Schon bisher üben die Betriebsvereinbarungsparteien kollektivrechtliche Rechtsetzungsmacht gegenüber den Arbeitnehmern des Betriebs aus. Ihre Befugnis zur normativen Strukturierung der Arbeitsbedingungen ist jedoch Teil der be-

---

vereinbarung zwischen Privatautonomie und Betriebsautonomie, S. 259 ff.; Wank, RdA 1991, 129, 130; Walker, ZfA 1996, 353; 355).

[504] *Kreutz*, Grenzen der Betriebsautonomie, S. 74; *Hanau*, Individualautonomie, S. 59 ff., 69 f.; *Waltermann*, Rechtsetzung durch Betriebsvereinbarung zwischen Privatautonomie und Tarifautonomie, S. 131 ff.; *Richardi*, Kollektivgewalt und Individualwille, S. 316 f.; *Waltermann*, RdA 1996, 129, 134; *ders.*, in: Hromadka, Betriebsverfassung, S. 49, 58; *ders.*, ZFA 2005, 505, 513.

[505] *Waltermann*, Rechtsetzung durch Betriebsvereinbarung zwischen Privatautonomie und Tarifautonomie, S. 148; *ders.*, RdA 1996, 129, 134; *ders.*, NZA 1996, 357, 357, 360; *ders.*, RdA 1990, 138, 143.

triebsverfassungsrechtlichen Mitbestimmungsordnung und beruht auf einer Staatsintervention zur Verteilung von Regelungsmacht zwischen der Arbeitgeber- und Arbeitnehmerseite innerhalb der Arbeitsorganisation der Unternehmen.[506] Hierin liegt die eigentliche Legitimation betriebsvereinbarungsrechtlicher Normsetzungsbefugnisse und dementsprechend sind diese grundsätzlich auf die Wahrnehmung der Mitbestimmung begrenzt.

Die Rechtsetzung durch Betriebsvereinbarungen vermag - insbesondere im Falle verschlechternder Betriebsvereinbarungen - in Grundrechte der regelungsunterworfenen Arbeitnehmer, namentlich die Berufsfreiheit und die eng damit verknüpfte Entfaltung der Persönlichkeit, einzugreifen.[507]

Eingedenk dieser Tatsache stellt sich die Frage, ob die Annahme einer prinzipiell umfassenden Rechtsetzungsmacht der Betriebsvereinbarungsparteien mit dem Grundsatz vom Vorbehalt des Gesetzes vereinbar ist.

(i) Der Vorbehalt des Gesetzes

Von Verfassungs wegen besteht ein Vorbehalt des Gesetzes, der verlangt, dass grundlegende Fragen durch den Parlamentsgesetzgeber in dem hierfür vorgesehenen Gesetzgebungsverfahren entschieden werden.[508]
Dabei ist aus grundrechtlicher und rechtsstaatlicher Sicht bedeutsam, ob die Entscheidung als „wesentlich für die Verwirklichung der Grundrechte" angesehen werden muss.[509]

(ii) Die betriebsvereinbarungsrechtliche Regelungsbefugnis

Das Bundesarbeitsgericht sowie die herrschende arbeitsrechtliche Lehre leiten die prinzipiell umfassende Rechtsetzungsmacht der Betriebsvereinbarungsparteien durch einen Umkehrschluss aus der Festlegung des Tarifvorbehalts in § 77 Abs. 3 BetrVG und aus dem Umstand her, dass die Regelung über die Zulässigkeit freiwilliger Betriebsvereinbarungen in § 88 BetrVG als Beispielskatalog

---

[506] *Richardi*, NZA 2000, 617, 618; *ders.*, Beilage NJW 1996, Heft 23, 13, 14.

[507] vgl. *Hess / Schlochauer / Worzalla / Glock*, BetrVG, § 77 Rn. 20; *Fitting / Engels / Schmidt / Trebinger / Linsenmaier*, BetrVG, § 77 Rn. 55; *Richardi*, BetrvG, § 77 Rn. 71, 100; *Berg*, in: Däubler / Kittner / Klebe, BetrVG, § 77 Rn. 9.

[508] BVerfGE 33, 1, 10 f.; BVerfGE 47, 46, 78 ff.; BVerfGE 48, 89, 126 ff.; BVerfGE 57, 295, 320 f.; BVerfGE 58, 257, 268 ff.; BVerfGE 61, 260, 275; BVerfGE 76, 1, 75; BVerfGE 77, 170, 230 f.; BVerfGE 83, 130, 151 f.; *Ossenbühl*, HStR III, § 62 Rn. 7 ff.

[509] BVerfGE 34, 165, 192; BVerfGE 40, 237. 248 f.; BVerfGE 47, 46, 79.

ausgestaltet ist.[510] Demzufolge sollen alle Materien, die Gegenstand eines Tarifvertrags sein können, prinzipiell auch tauglicher Regelungsgegenstand einer Betriebsvereinbarung sein.
Somit stellt sich die Frage, ob allein die pauschale Anordnung des § 77 Abs. 4 S. 1 BetrVG die Betriebsvereinbarungsparteien zu Regelungen von wesentlicher Bedeutung, insbesondere zu Eingriffen in Grundrechtspositionen, zu legitimieren vermag, oder ob der Gesetzgeber über diesen Geltungsbefehl hinaus nicht weitere Vorgaben regeln muss, wenn Eingriffe in Grundrechtspositionen der betriebsvereinbarungsunterworfenen Arbeitnehmer in Rede stehen.[511]

(iii) Die Geltung des Vorbehalts des Gesetzes im Bereich der privaten Rechtsetzung

Die Grenzen staatlicher Ermächtigung zur Rechtsetzung durch Selbstverwaltungsträger haben in der Rechtsprechung des Bundesverfassungsgerichts mehrfach Niederschlag gefunden. Danach hängt von der Intensität des Grundrechtseingriffs ab, inwieweit ein Selbstverwaltungsträger zu grundrechtsrelevanter Rechtsetzung ermächtigt werden darf und inwieweit die Bestimmung der Grenzen des Grundrechts Sache des Gesetzgebers selbst ist.[512]
Allerdings gilt es zu beachten, dass Gegenstand dieser Rechtsprechung die Rechtsetzung durch autonomiebegabte Körperschaften des öffentlichen Rechts ist,[513] so dass die Frage zu beantworten ist, ob diese Grenzen in entsprechender Weise auch im Bereich des Privatrechts - namentlich für die Rechtssetzung im Wege von Betriebsvereinbarungen - Geltung entfalten.

Der Vorbehalt des Gesetzes präzisiert die Verantwortung des Gesetzgebers für den Grundrechtsbereich und seine Aufgabe, die Tragweite der Grundrechte zu konkretisieren sowie die Grundrechte auszugestalten und unter Umständen zu begrenzen.[514]

---

[510] BAG, AP Nr. 46 zu § 77 BetrVG; BAG, NZA 1987, 779; *Richardi*, NZA 2000, 617, 618; *Löwisch*, JZ 1996, 812, 813 f.; *Waltermann*, Rechtsetzung durch Betriebsvereinbarung zwischen Privatautonomie und Tarifautonomie, S. 189; *Löwisch / Kaiser*, BetrVG, § 88 Rn. 1; *Fitting / Engels / Schmidt / Trebinger / Linsenmaier*, BetrVG, § 88 Rn. 3.

[511] *Papier*, RdA 1989, 137, 142; *Waltermann*, Rechtsetzung durch Betriebsvereinbarung zwischen Privatautonomie und Tarifautonomie, S. 148 f.; *ders.*, RdA 1990, 138, 142 ff.

[512] BVerfGE 33, 125, 155 ff.; BVerfGE 76, 171, 184 ff.; *Waltermann*, Rechtsetzung durch Betriebsvereinbarung zwischen Privatautonomie und Tarifautonomie, S. 149 f.

[513] Vgl. BVerfGE 41, 251, 263 ff.; BVerfGE 58, 257, 268 ff.; *Friauf*, RdA 1996, 188, 192.

[514] *Waltermann*, Rechtsetzung durch Betriebsvereinbarung zwischen Privatautonomie und Tarifautonomie, S. 152.

Nach der Wertordnung des Grundgesetzes obliegt dem Gesetzgeber die Verantwortung für die Grundrechtsregulierung, da er in nahezu allen Bereichen der Gesellschaft gesteigerte Verantwortung übernommen hat. Dies gilt namentlich für die Bereiche der Arbeit und Wirtschaft.

Dieser Verantwortung kann sich der Gesetzgeber nicht beliebig entziehen, so dass eine Substitution des Gesetzgebers durch andere Institutionen nicht ohne weiteres zulässig ist.[515] Insbesondere ist es dem Gesetzgeber verwehrt, sich durch globale Ermächtigung anderer Stellen seiner diesbezüglichen Pflichten zu entziehen; vielmehr bleibt der Gesetzgeber verpflichtet, Grundrechtsbegrenzungen selbst vorzunehmen oder die Voraussetzungen zu normieren, unter denen Begrenzungen durch andere Stellen vorgenommen werden dürfen.

Führt man sich diese Ratio des Verfassungsprinzips vom Vorbehalt des Gesetzes vor Augen, so wird offenkundig, dass der Vorbehalt des Gesetzes nicht nur für öffentlich-rechtliche Selbstverwaltungsträger Geltung beansprucht, sondern auch für die Rechtsetzung all derjenigen Normgeber gilt, die ihre Normsetzungsmacht aufgrund staatlichen Geltungsbefehls erlangen.[516] Daher gilt auch im Bereich des Privatrechts für die Normsetzung aufgrund staatlichen Geltungsbefehls, dass es prinzipiell Verantwortung des Gesetzgebers ist, die Voraussetzungen festzulegen, unter denen gesetzlich institutionalisierte Normgeber Grundrechtsregulierungen vornehmen dürfen.[517]

(iv) Die Konsequenz der Anwendung des Vorbehalts des Gesetzes für die private Rechtsetzung durch Betriebsvereinbarung

Die Rechtsetzung durch Betriebsvereinbarung ermöglicht den Betriebsvereinbarungsparteien einseitig zwingende, grundrechtsrelevante Regelungen gegenüber den normunterworfenen Arbeitnehmern. Sie eröffnet eine Grundrechtsregulierung durch Sätze objektiven Rechts.
Bei der Einräumung dieser Möglichkeit, eine Fremdbestimmungsordnung zu errichten, ist der Gesetzgeber nicht gänzlich frei.[518] Die Grundrechtsordnung

---

[515] BVerfGE 33, 125, 159; BVerfGE 76, 171, 184 f.; *Waltermann*, Rechtsetzung durch Betriebsvereinbarung zwischen Privatautonomie und Tarifautonomie, S. 152.

[516] Vgl. *Waltermann*, Rechtsetzung durch Betriebsvereinbarung zwischen Privatautonomie und Tarifautonomie, S. 152.

[517] *Waltermann*, Rechtsetzung durch Betriebsvereinbarung zwischen Privatautonomie und Tarifautonomie, S. 152 f.; *ders.*, in: Hromadka, Betriebsverfassung, S. 49, 60 f.; *ders.*, ZfA 2005, 503, 515.

[518] *Waltermann*, Rechtsetzung durch Betriebsvereinbarung zwischen Privatautonomie und Betriebsautonomie, S. 153.

setzt der Verleihung und Ausübung von Fremdbestimmungsmacht Grenzen.[519] „Jede Ordnung eines Lebensbereichs durch Sätze objektiven Rechts [muss] auf eine Willensentschließung der vom Volke bestellten Rechtsetzungsorgane ... zurückgeführt werden können"[520]. Damit beanspruchen die sich aus dem Vorbehalt des Gesetzes ergebenden Anforderungen an den Gesetzgeber auch im Bereich des Privatrechts Geltung, wenn dort die Rechtsetzung durch einseitig verbindliche Regelungen für die Normunterworfenen Grundrechtsrelevanz entfaltet.[521]

Überträgt man diese Erkenntnis auf die Rechtsetzungsmacht der Betriebsvereinbarungsparteien, so wird offenkundig, dass es dem Gesetzgeber verwehrt ist, sich darauf zu beschränken, den Betriebsvereinbarungsparteien in Form der Betriebsvereinbarung ein Regelungsinstrument zur Verfügung zu stellen, das ihnen die Möglichkeit zu Eingriffen in die Grundrechte der regelungsbetroffenen Arbeitnehmer gibt. Vielmehr gebietet seine Verantwortung für die Grundrechtsregulierung, dass der Gesetzgeber zunächst die Entscheidung fällt, welche Gesichtspunkte ein Zurücktreten der Freiheit des einzelnen Arbeitnehmers zu rechtfertigen vermögen.[522]
Insbesondere im Hinblick auf die durch betriebsvereinbarungsrechtliche Regelungen potentiell betroffene Berufsfreiheit und die damit in einem engen Zusammenhang stehende freie Entfaltung der Persönlichkeit muss Berücksichtigung finden, dass die Rechtsetzung der Betriebsvereinbarungsparteien spezifische Gefahren, insbesondere für die an ihrer Entstehung nicht privatautonom beteiligten Arbeitnehmer, mit sich bringen kann.[523] Vor diesem Hintergrund ist es gerade Funktion des Vorbehalts des Gesetzes im Allgemeinen und des Gesetzesvorbehalts in Art. 12 Abs. 1 GG im Besonderen, den daraus resultierenden Gefahren für die Freiheit des Einzelnen vorzubeugen.

Inwieweit die Betriebsvereinbarungsparteien zu Eingriffen in die Grundrechte der normunterworfenen Arbeitnehmer, namentlich durch berufsregelnde Normsetzung, befugt sind bzw. welche Anforderungen im Einzelnen an die gesetzliche Ermächtigung zu einem solchen Handeln zu stellen sind, hängt wie gesehen von der Intensität des Eingriffs ab. Soweit es um Regelungen mit berufsre-

---

[519] BVerfGE 33, 125, 157 f.; vgl. *Waltermann*, Rechtsetzung durch Betriebsvereinbarung zwischen Privatautonomie und Tarifautonomie, S. 153.
[520] BVerfGE 33, 125, 158.
[521] *Papier*, RdA 1989, 137, 142; *Waltermann*, RdA 1990, 138, 142 ff.
[522] *Waltermann*, Rechtsetzung durch Betriebsvereinbarung zwischen Privatautonomie und Tarifautonomie, S. 154.
[523] *Waltermann*, Rechtsetzung durch Betriebsvereinbarung zwischen Privatautonomie und Tarifautonomie, S. 154.

gelnder Wirkung geht, wird die vom Bundesverfassungsgericht entwickelte Stufentheorie[524] entsprechend Anwendung finden können. Damit gilt im Grundsatz, dass das zulässige Maß eines Eingriffs in den Grundrechtsbereich um so deutlicher in der gesetzlichen Ermächtigung bestimmt werden muss, je empfindlicher die betreffende Grundrechtsposition berührt wird und je stärker die Interessen der Allgemeinheit betroffen sind.[525]

Dementsprechend erfordert der Vorbehalt des Gesetzes, dass Betriebsvereinbarungen mit Grundrechtsrelevanz daraufhin zu überprüfen sind, ob für sie eine ausreichende gesetzliche Ermächtigung, insbesondere nach den Normen des Betriebsverfassungsgesetzes, besteht.[526] Umgekehrt bedeutet es auch, dass der Umfang der derzeitigen Ermächtigungsnormen (des Betriebsverfassungsgesetzes, namentlich § 77 Abs. 4 BetrVG) die möglichen Regelungsgegenstände von Betriebsvereinbarungen begrenzt. Insbesondere im Hinblick auf Regelungen, die den Arbeitnehmer belasten, ist zu fragen, ob die in Rede stehenden betriebsvereinbarungsrechtlichen Regelungen vom Gegenstand her durch eine den Anforderungen des Vorbehalts des Gesetzes entsprechende gesetzliche Ermächtigung gedeckt sind. Wie weitgehend eine Regelung der Betriebsvereinbarungsparteien dabei gesetzlicher Vorgaben bedarf, obliegt einer Prüfung des Einzelfalls.[527]

Für den Umfang der Regelungsbefugnisse der Betriebsvereinbarungsparteien ergibt sich daher aus der Anwendbarkeit des Vorbehalts des Gesetzes, dass nicht jede normative Regelung Gegenstand einer Betriebsvereinbarung sein kann. Wesentliche Entscheidungen, insbesondere für die Verwirklichung von Grundrechten wesentliche Entscheidungen, speziell Eingriffe in die Grundrechte der Berufsfreiheit und die freie Entfaltung der Persönlichkeit, bedürfen, je nach Intensität des Eingriffs (zumindest[528]) einer hinreichenden gesetzlichen

---

[524] BVerfGE 7, 377, 401 ff.; BVerfGE 33, 125, 160; BVerfGE 76, 171, 185; *Waltermann*, Rechtsetzung durch Betriebsvereinbarung zwischen Privatautonomie und Tarifautonomie, S. 154.

[525] BVerfGE 33, 125, 160 f.; BVerfGE 58, 257, 274; BVerfGE 71, 162, 172; BVerfGE 76, 171, 185; *Waltermann*, Rechtsetzung durch Betriebsvereinbarung zwischen Privatautonomie und Tarifautonomie, S. 154; *ders.*, RdA 1996, 129, 135; *ders.*, ZfA 2005, 503, 515.

[526] *Waltermann*, RdA 1996, 129, 134.

[527] *Waltermann*, Rechtsetzung durch Betriebsvereinbarung zwischen Privatautonomie und Tarifautonomie, S. 155.

[528] Wenn sie nicht sogar durch den Gesetzgeber selbst zu regeln sind.

Grundlage.[529] Diese kann längst nicht für alle denkbaren Regelungsgegenstände von Betriebsvereinbarungen in der pauschalen Anordnung des § 77 Abs. 4 S. 1 BetrVG gesehen werden.[530]

(v) Fazit

Gegen die These einer umfassenden Regelungsbefugnis der Betriebsvereinbarungsparteien bestehen mithin verfassungsrechtliche Bedenken. Ihre Regelungsmacht unterliegt verfassungsrechtlichen Beschränkungen in Form des Vorbehalts des Gesetzes, wenn und soweit die Regelungen zu Eingriffen in Grundrechte, namentlich das der Berufsfreiheit nach Art. 12 Abs. 1 GG, führen. Demzufolge ist die Betriebsautonomie nur begrenzt in der Lage, den Pflichtenkreis von Arbeitnehmern normativ festzulegen.[531]

(b) Die Begrenzung der Regelungsmacht der Betriebsvereinbarungsparteien durch den Vorrang des Gesetzes

Die Betriebsvereinbarungsparteien haben bei ihrer Rechtsetzung durch Betriebsvereinbarung zwingendes staatliches Recht zu beachten. Dies gilt insbesondere für den Grundsatz des Persönlichkeitsschutzes und die Verpflichtung zur Beachtung grundrechtlicher Wertentscheidungen, zu denen auch der Grund-

---

[529] Vgl. *Richardi*, BetrVG, § 77 Rn. 71, 91; *ders.*, Gutachten zum 61. DJT, B 49 ff.; *Waltermann*, Rechtsetzung durch Betriebsvereinbarung zwischen Privatautonomie und Tarifautonomie, S. 155.

[530] *Waltermann*, Rechtsetzung durch Betriebsvereinbarung zwischen Privatautonomie und Tarifautonomie, S. 155; *Herrmann*, Sonderbeilage zu NZA Heft 3/2000, 14, 20; *Höfling / Burkiczak*, NJW 2005, 469, 471; vgl. hierzu auch: *Waltermann*, ZfA 2005, 505, 515 ff.

[531] vgl. *Richardi*, BetrvG, § 77 Rn. 67, 94; *Berg*, in: Däubler / Kittner / Klebe, BetrVG, § 77 Rn. 9; vgl auch *Fitting / Engels / Schmidt / Trebinger / Linsenmaier*, BetrVG, § 77 Rn. 55: "Es ist allgemein anerkannt, dass es im Interesse eines gebotenen Individualschutzes des einzelnen Arbeitsnehmers erforderlich ist, die Regelungs-kompetenz der Betriebspartner über die durch staatliches und tarifliches Recht gezogenen Grenzen hinaus einzuschränken. Schlagwortartig spricht man von dem notwendigen Individualschutz vor der Kollektivnorm. [...] Über die dogmatische Begründung dieser im Grundsatz unbestrittenen Einschränkung der Regelungs-kompetenz bestehen im Einzelnen erhebliche Meinungsverschiedenheiten. Sie reichen von der Annahme eines "kollektivfreien Individualbereichs" (*Galperin / Löwisch*, BetrVG, § 77 Rn. 48 ff.) über den Grundsatz des "Übermaßverbotes", des Verbotes von Individualnormen, der Sicherung der individuellen Selbstbestimmung durch die Grundrechtsbindung kollektivvertraglicher Regelungen (*Richardi*, BetrvG, § 77 Rn. 94 ff.) bis zur Begrenzung der Betriebsautonomie durch den Schutzzweck der Betriebsvereinbarung (GK-*Kreutz*, BetrVG, § 77 Rn. 273 ff.)".

satz der Verhältnismäßigkeit zählt.[532] Namentlich die Grundsätze der Verhältnismäßigkeit sowie des Vertrauensschutzes setzen den betriebsvereinbarungsrechtlichen Möglichkeiten zu verschlechternden Betriebsvereinbarungen Grenzen.[533]

Grund dieser Beschränkung betriebsvereinbarungsrechtlicher Normsetzungsmacht ist - ebenso wie beim Vorbehalt des Gesetzes - der Fremdbestimmungscharakter der Betriebsvereinbarung.[534] Da Rechtsgrundlage für die Normsetzungsmacht der Betriebsvereinbarungsparteien der Geltungsbefehl des Betriebsverfassungsgesetzes ist und die Betriebsvereinbarungsparteien damit nicht privatautonom legitimiert sind, trifft den Gesetzgeber eine erhöhte Verantwortung zur Sicherung der Grundrechte als sonst bei Vereinbarungen auf Grund privatrechtlichen Handelns.[535]
Demnach ist die Regelungsbefugnis der Betriebsverfassungsparteien auch durch den Vorrang des Gesetzes begrenzt und dazu verpflichtet, insbesondere den Grundsatz des Persönlichkeitsschutzes und grundrechtliche Wertentscheidungen zu beachten.

(c) Zum Vergleich: Der Umfang der Regelungsbefugnis der Tarifvertragsparteien

Nach richtiger Auffassung ist die Tarifautonomie eine kollektive Ausübungsform von Privatautonomie und konstituiert somit eine Selbstbestimmungsordnung für ihre Mitglieder.[536]

---

532 Ihre Beachtung wird schon durch § 75 BetrVG zwingend angeordnet; vgl. *Fitting / Engels / Schmidt / Trebinger / Linsenmaier*, BetrVG, § 77 Rn. 53; *Berg*, in: Däubler / Kittner / Klebe, BetrVG Rn. 9; *Richardi*, BetrVG, § 77 Rn. 94 ff.

533 Vgl. BAG 16.9.86 AP Nr. 17 zu § 77 BetrVG 1972; *Fitting / Engels / Schmidt / Trebinger / Linsenmaier*, BetrVG, § 77 Rn. 193.

534 Vgl. *Kreutz*, Grenzen der Betriebsautonomie, S. 74; *Hanau*, Individualautonomie, S. 59 ff., 69 f.; *Waltermann*, Rechtsetzung durch Betriebsvereinbarung zwischen Privatautonomie und Tarifautonomie, S. 131 ff.; *Richardi*, Kollektivgewalt und Individualwille, S. 316 f.; *Herrmann*, Sonderbeilage zu NZA Heft 3/2000, 14, 15 f.

535 *Richardi*, BetrVG, § 77 Rn. 101; *ders.*, in: Richardi, Wlotzke (Hrsg.), MünchArbR, § 10 Rn. 34 ff.

536 vgl. *Richardi*, BetrvG, § 77 Rn. 61; *Kreutz*, Grenzen der Betriebsautonomie, S. 74; *Hanau*, Individualautonomie, S. 59 ff., 69 f.; *Waltermann*, Rechtsetzung durch Betriebsvereinbarung zwischen Privatautonomie und Tarifautonomie, S. 91 f.; *Richardi*, Kollektivgewalt und Individualwille, S. 316.

Dies ist indessen nicht unbestritten. Aufgrund der Rechtsnatur der Tarifnormen wird zum Teil behauptet, auch die Tarifautonomie stelle Fremdbestimmung dar.[537]

Es entspricht nahezu allgemeiner Ansicht[538], dass Tarifnormen objektives Recht darstellen. Hieraus wird von einigen Stimmen[539] im Schrifttum die Schlussfolgerung gezogen, dass die Tarifnormen Fremdbestimmung gegenüber den tarifgebundenen Arbeitsvertragsparteien bewirkten. Auch wenn die Tarifautonomie mit dem Verbandsbeitritt einen „Akt der Selbstbestimmung“[540] aufweise, so sei doch nicht zu verkennen, dass die Funktionsweise der tarifvertraglichen Normsetzung - trotz ihrer mandatarischen Komponente - maßgeblich durch den Normzwang geprägt sei und daher Fremdbestimmung gegenüber den tarifgebundenen Arbeitsvertragsparteien darstelle.

Aus §§ 1, 4 TVG ergebe sich, dass Tarifnormen unabhängig vom Willen der Arbeitvertragsparteien zwingend auf die Arbeitsverhältnisse einwirken. Der abweichende Wille tarifgebundener Arbeitsvertragsparteien werde durch den Normzwang überwunden.

Damit werde ersichtlich, dass die Normativkraft des Tarifvertrags nicht auf den Willen des einzelnen tarifgebundenen Arbeitnehmers und Arbeitgebers zurückzuführen sei.[541] Vielmehr ließe sich die gesetzesgleiche Wirkungsweise der Tarifnormen angesichts des staatlichen Gesetzgebungsmonopols[542] ausschließlich als vom Hoheitsträger abgeleitet erklären.[543] Dementsprechend stelle auch die Tarifautonomie Fremdbestimmung dar.

---

537 Vgl. *Belling*, Die Haftung des Betriebsrats und seiner Mitglieder für Pflichtverletzungen, S. 150; *Hueck*, JherJB 73 (1923), 33, 82 f.; *Nipperdey*, Kontrahierungszwang und diktierter Vertrag, S. 11; *Freihube*, DB 2000, S. 1022, 1027.

538 BAGE 1, 258, 262; BAGE 1, 348, 350; BAGE 4, 125, 128; BVerfGE 44, 322, 341; BVerfGE 55, 7, 8; *Zöllner*, Die Rechtsnatur der Tarifnormen nach deutschem Recht, S. 13; *Biedenkopf*, Grenzen der Tarifautonomie, S. 9; *Schnorr*, JR 1966, 327, 328; *Säcker / Oetker*, Grundlagen und Grenzen der Tarifautonomie, S. 242 f.; *Boerner*, Altersgrenzen für die Beendigung von Arbeitsverhältnissen in Tarifverträgen und Betriebsvereinbarungen, S. 26; *Wiedemann*, FS Dieterich, S. 661, 663.

539 Vgl. *Belling*, Die Haftung des Betriebsrats und seiner Mitglieder für Pflichtverletzungen, S. 150; *Hueck*, JherJB 73 (1923), 33, 82 f.; *Nipperdey*, Kontrahierungszwang und diktierter Vertrag, S. 11.

540 *Löwisch*, ZfA 1996, 293, 296; *Söllner*, NZA 1996, 897, 901.

541 *Hueck*, JherJB 73 (1923), 33, 82 f.

542 *Lieb*, Allgemeinverbindlicherklärung, S. 60; *ders.*, Arbeitsrecht, Rn. 477 f; *Waltermann*, FS Söllner, S. 1251, 1264 ff.; *Wiedemann*, FS Dieterich, S. 661, 663 Fn. 13; *Biedenkopf*, Gutachten zum 46. DJT, S. 105 f.; a.A. *Galperin*, FS Molitor, S. 143, 154; *Müller*, Inhalt und Formen der Rechtsetzung als Problem der demokratischen Kompetenzordnung, S. 18; *Däubler*, Das Grundrecht auf Mitbestimmung, S. 116.

543 Meinungsunterschiede bestehen hinsichtlich der Begründung und Herleitung der tarifvertraglichen Normsetzungsbefugnis. Das BAG sowie ihm folgend eine Ansicht in der

Literatur gehen davon aus, dass die Tarifvertragsparteien nicht kraft eigenen Rechts zur normativen Regelung der Arbeitverhältnisse berufen und befugt seien. Ihnen stünde also keine originäre Normsetzungsmacht zu; vielmehr bedürften sie deren Übertragung per Verfassung oder Gesetz (so BVerfGE 4, 96, 108; BAGE 1, 258, 264; BAGE 4, 240, 251; *Hueck / Nipperdey*, Arbeitsrecht, Bd. II/1 § 18, S. 373 f.; *Huber*, Wirtschaftsverwaltungsrecht, Bd. 2, S. 432; *Krüger*, RdA 1957, 201, 203; *Reuss*, ArbuR 1960, 33, 33; *Ossenbühl*, NJW 1965, 1561, 1562 Fn. 11; *Peters / Ossenbühl*, Sozialpartner, S. 15; *Adomeit*, Rechtsquellenfragen im Arbeitsrecht, S. 136 ff.; *Hinz*, Tarifhoheit und Verfassungsrecht, S. 137 f.; *Wiedemann*, FS BAG, S. 635, 649; *Küchenhoff*, FS Nipperdey, S. 317, 340 f.). Diese Auffassung geht davon aus, dass die Tarifvertragsparteien ihre Befugnis zur Rechtsetzung von staatlicher Ermächtigung in Gestalt des Tarifvertragsgesetzes ableiten (BAGE 4, 240, 251; *Nikisch*, Arbeitsrecht, Bd. 2, S. 216 ff.). Die Normsetzungsbefugnis sei ihnen konstitutiv durch das TVG vom Gesetzgeber übertragen worden (*Hueck / Nipperdey*, Arbeitsrecht, Bd. II/1, § 18, S. 373 f.; *Huber*, Wirtschaftsverwaltungsrecht, Bd. 2, S. 432; *Krüger*, RdA 1957, 201, 203; *Reuss*, ArbuR 1960, 33, 33; *Ossenbühl*, NJW 1965, 1561, 1562 Fn. 11; *Peters / Ossenbühl*, Sozialpartner, S. 15; *Adomeit*, Rechtsquellenfragen im Arbeitsrecht, S. 136 ff.; *Hinz*, Tarifhoheit und Verfassungsrecht, S. 137 f.; *Wiedemann*, FS BAG, S. 635, 649; *Küchenhoff*, FS Nipperdey, S. 317, 340 f.; *Lieb*, Arbeitsrecht, Rn. 477 f.).

Ein zweiter Erklärungsansatz geht ebenfalls davon aus, dass sich die Tarifmacht aus dem TVG und nicht etwa unmittelbar aus den Verfassung ergebe. Allerdings werde die Normsetzungsbefugnis der Tarifvertragsparteien nicht durch das TVG delegiert, sondern lediglich anerkannt. Dem Gesetzgeber fehle nämlich die Regelungskompetenz für den Bereich des Arbeits- und Wirtschaftsrechts, da Art. 9 Abs. 3 GG dem einfachen Gesetzgeber die ihm nach Art. 74 Nr. 12 i.V.m. Art. 72 GG zukommende Gestaltungskompetenz entzogen und den Koalitionen übertragen habe. Die Kompetenz zur inhaltlichen Festlegung werde nicht durch das TVG, sondern bereits durch die Verfassung den Tarifvertragsparteien überlassen (*Hartmann*, Gleichbehandlung und Tarifautonomie, S. 65; *Waltermann*, RdA 1990, 138, 140 f.; *Biedenkopf*, Grenzen der Tarifautonomie, S. 104). Wegen des staatlichen Norm-setzungsmonopols bedürften die von den Tarifvertragsparteien getroffenen recht-geschäftlichen Vereinbarungen der Zuweisung ihrer verbindlichen Wirkung gegenüber den tarifgebundenen Arbeitnehmern und Arbeitgebern durch den Gesetzgeber. Daher würden die Tarifvertragsinhalte erst durch den konstitutiven Geltungsbefehl der §§ 1, 4 TVG zu Rechtsnormen (*Waltermann*, FS Söllner, S. 1251, 1263 ff.).

Eine dritte Ansicht sieht hingegen die Normsetzungsbefugnis der Tarifvertragsparteien als unmittelbar durch Art. 9 Abs. 3 GG eingeräumt an (*Galperin*, FS Molitor, S. 143, 156 f.; *Biedenkopf*, Grenzen der Tarifautonomie, S. 73 f., 103; *Biedenkopf*, Gutachten zum 46. DJT, S. 111; *Weber*, Koalitionsfreiheit und Tarifautonomie als Verfassungsproblem, S. 24; *Schnorr*, JR 1966, 327, 329 f.; *Singer*, ZfA 1995, 611, 619; *Söllner*, ArbuR 1966, 257, 260 f.; *ders.*, NZA 1996, 897, 898; *Säcker*, RdA 1969, 291, 297). Art. 9 Abs. 3 GG schütze institutionell die Funktionsfähigkeit der Koalitionen und damit auch deren ureigenste Funktion, die einvernehmliche und verbindliche Regelung der Arbeitsbedingungen (BVerfGE 4, 96, 106; BVerfGE 94, 268, 284; BAGE 50, 137, 144; vgl. *Belling*, ZfA 1999, 547, 564). Dem TVG komme insofern

Ist auch der normative Charakter der Tarifnormen nicht zu leugnen,[544] so qualifiziert dieser Normcharakter die Rechtsetzung durch die Tarifvertragsparteien doch nicht als Fremdbestimmung.
Die Normsetzung durch die Tarifvertragsparteien ist vielmehr ein Prozess (kollektiver) Selbstbestimmung und Ausfluss grundrechtlich gewährleisteter Koalitionsfreiheit.[545]
Die Bindungswirkung der Tarifnormen ist nicht primär auf den Staat, sondern auf den Willen der im Verband zusammengeschlossenen Arbeitnehmer bzw. Arbeitgeber zurückzuführen. Die Tarifnormen stellen daher autonomes Recht dar. Ihre zwingende Wirkung gegenüber den Verbandsmitgliedern wird durch den freiwilligen Verbandsbeitritt und damit privatautonom legitimiert.[546] Mit Erteilung dieses Mandats erkennt das Verbandsmitglied die privatrechtliche Gestaltungsmacht in Bezug auf das Arbeitsverhältnis an.[547] Die Beitrittserklärung ist daher Geltungsgrund für die Tarifnormen, so dass ihre zwingende Wirkung auf einem privatrechtlichen Willenselement, dem freiwilligen Anerkenntnis durch das Mitglied, beruht. Trotz des Geltungsbefehls der §§ 1, 4 TVG stellen die Tarifnormen daher keine Fremdbestimmung dar. Das TVG ist lediglich eine seitens des Gesetzgebers aufgrund der leistungsrechtlichen Dimension der Koalitionsfreiheit bereitzustellende typisierte Handlungsform, die dem Wirken der Tarifvertragsparteien indessen nicht ihr maßgebliches Gepräge verleiht.

---

nur eine konkretisierende und deklaratorische Funktion zu (*Biedenkopf*, Grenzen der Tarifautonomie, S. 73; *Schnorr*, JR 1966, 327, 329 f.).

[544] BAGE 1, 258, 262 f.; *Hueck / Nipperdey*, Arbeitsrecht, Bd. II/1, § 18, S. 349 ff.; *Biedenkopf*, Grenzen der Tarifautonomie, S. 38 f.; *Hartmann*, Gleichbehandlung und Tarifautonomie, S. 59 f.; *Schüren*, Die Legitimation der tariflichen Normsetzung, S. 237; *Wiedemann*, FS Dieterich, S. 661, 663.

[545] *Veit*, Die funktionelle Zuständigkeit des Betriebsrats, S. 135; *Bogs*, RdA 1956, 1, 3.

[546] Vgl. BVerfGE 84, 212, 229; BVerfGE 92, 365, 394 f.; *Canaris*, AcP 184 (1984), 201, 243 f.; *ders*, JuS 1989, 161, 166; *Dieterich*, ArbuR 2001, 390, 390 f.; *ders.*, RdA 2002, 1, 2; *ders.*, FS Schaub, S. 117, 121; *Wiedemann*, Die Bindung der Tarifnormen an die Grundrechte, S. 77; *Richardi*, Kollektivgewalt und Individualwille, S. 127 ff.; *ders.*, AöR 93 (1968), 243, 254 f.; *ders.*, in: Richardi / Wlotzke (Hrsg.), MünchArbeitsR, § 10 Rn. 23 ff.; *Ossenbühl / Richardi*, Neutralität im Arbeitskampf, S. 114 f.; *Schliemann*, FS Hanau, S. 577, 587; *Wolf*, GS Heinze, S. 1095, 1103; a.A. zuletzt noch *Gamillscheg*, ArbuR 2001, 226, 228, der davon ausgeht, dass die Tarifautonomie auf einem Auftrag zur Ordnung und Befriedung beruhe, der sich aus Art. 9 Abs. 3 GG ableite und auch für Außenseiter gelte, während der Beitritt der Mitglieder für die Verbände eine Verstärkung, aber nichts desto trotz entbehrlich sei. Eine solche Auslegung verkennt jedoch den privatrechtlichen Charakter der Tarifautonomie.

[547] *Bötticher*, Gestaltungsmacht und Unterwerfung im Privatrecht, S. 21 Fn. 26; *Zöllner*, Die Rechtsnatur der Tarifnormen nach deutschem Recht, S. 31; *Richardi*, Kollektivgewalt und Individualwille, S. 138 Fn. 71; *Wiedemann*, Die Bindung der Tarifnormen an die Grundrechte, S. 76; Höfling / Burkiczak, NJW 2005, S. 469, 470.

Somit stellt die Tarifautonomie für die Arbeitnehmer im Gegensatz zur Betriebsverfassung eine Selbstbestimmungsordnung auf,[548] so dass zu fragen ist, ob die Tarifvertragsparteien den vorgenannten Beschränkungen ihrer Regelungsmacht ebenso unterworfen sind wie die Betriebsvereinbarungsparteien.

(i) Die Begrenzung der Regelungsmacht der Tarifvertragsparteien durch den Vorbehalt des Gesetzes?

Die Tarifautonomie statuiert keine Fremdbestimmungsordnung; vielmehr trifft die Rechtsetzungsmacht der Tarifvertragsparteien von vornherein nur diejenigen Arbeitnehmer (und Grundrechtsträger), die sich bewusst für eine selbstverwaltete Regelung ihrer Arbeits- und Wirtschaftsbedingungen durch die Tarifvertragsparteien entschieden und diese mitgliedschaftlich legitimiert haben.[549] In einem solchen Fall ist die Rückführbarkeit grundrechtsrelevanter Regelungen auf Vorgaben des Gesetzgebers nicht erforderlich. Dementsprechend ist auch der Grundsatz vom Vorbehalt des Gesetzes nicht anwendbar.[550] Folglich bedarf die Rechtsetzungsmacht der Koalitionen außer den komplementären einfach-gesetzlichen Normen des TVG keiner weiteren Ermächtigungsgrundlage, um Tarifverträge mit normativer Wirkung abschließen zu können.[551] Vielmehr fließt ihr diese Regelungskompetenz unmittelbar aus Art. 9 Abs. 3 GG zu.

(ii) Die Begrenzung der Regelungsmacht der Tarifvertragsparteien durch den Vorrang des Gesetzes?

Grund der Beschränkung betriebsvereinbarungsrechtlicher Normsetzungsmacht durch den Vorrang des Gesetzes ist - ebenso wie beim Vorbehalt des Gesetzes - der Fremdbestimmungscharakter der Betriebsvereinbarung.[552]
Da Rechtsgrundlage für die Normsetzungsmacht der Betriebsvereinbarungsparteien der Geltungsbefehl des Betriebsverfassungsgesetzes ist und die Be-

---

[548] vgl. *Richardi*, BetrvG, § 77 Rn. 65; *Kreutz*, Grenzen der Betriebsautonomie, S. 74; *Hanau*, Individualautonomie, S. 59 ff., 69 f.; *Waltermann*, Rechtsetzung durch Betriebsvereinbarung zwischen Privatautonomie und Tarifautonomie, S. 91 f.; *Richardi*, Kollektivgewalt und Individualwille, S. 316.

[549] *Waltermann*, RdA 1990, 139, 143.

[550] *Papier*, RdA 1989, 137, 142; *Waltermann*, RdA 1990, 138, 143; *ders.*, Rechtsetzung durch Betriebsvereinbarung zwischen Privatautonomie und Tarifautonomie, S. 156.

[551] *Höfling*, in: Sachs, GG, Art. 9 Rn. 76, 92: „kompetentielle Wirkungsdimension der Grundrechtsgewährleistung".

[552] Vgl. *Kreutz*, Grenzen der Betriebsautonomie, S. 74; *Hanau*, Individualautonomie, S. 59 ff., 69 f.; *Waltermann*, Rechtsetzung durch Betriebsvereinbarung zwischen Privatautonomie und Tarifautonomie, S. 131 ff.; *Richardi*, Kollektivgewalt und Individualwille, S. 316 f.; *Herrmann*, Sonderbeilage zu NZA Heft 3/2000, 14, 15 f.

triebsvereinbarungsparteien damit nicht privatautonom legitimiert sind, trifft den Gesetzgeber eine erhöhte Verantwortung zur Sicherung der Grundrechte als sonst bei Vereinbarungen auf Grund privatrechtlichen Handelns.[553]
Aufgrund der privatautonomen Legitimation der tariflichen Normsetzung trifft diese Ratio auf die Regelungsmacht der Tarifvertragsparteien nicht zu. Demzufolge unterliegt der Gesetzgeber im Hinblick auf die Tarifautonomie keiner erhöhten Verantwortung für die Sicherung der Grundrechte.
Folglich unterliegen die Tarifvertragsparteien nicht im gleichen Umfang den aus dem Vorrang des Gesetzes resultierenden Beschränkungen wie die Betriebsvereinbarungen, sondern sind in ihrer Rechtsetzung freier als die Betriebsvereinbarungsparteien.

(3) Die Gefährdung der funktionellen Gewährleistung der Koalitionsfreiheit als Verletzung des Untermaßverbots

Die Tarifvertragsparteien unterliegen im Hinblick auf den Vorbehalt des Gesetzes sowie den Vorrang des Gesetzes nicht den gleichen Beschränkungen ihrer Regelungsmacht, denen ein Teil der Literatur die Betriebsvereinbarungsparteien unterwirft.
Geht man dementsprechend von einer beschränkten Regelungsbefugnis der Betriebsvereinbarungen aus, so würde den Tarifvertragsparteien - trotz der Aufhebung des Tarifvorrangs - ein Bereich der Regelung verbleiben, der den Betriebsvereinbarungsparteien unzugänglich ist.

Somit würde sich die Frage stellen, ob dieser den Tarifvertragsparteien exklusiv vorbehaltene Regelungsbereich ausreichend umfangreich und gewichtig ist, um - trotz Aufhebung des Tarifvorrangs - einen angemessenen und wirksamen Schutz der leistungsrechtlichen Dimension der Tarifautonomie auch weiterhin zu gewährleisten.
Eine Klärung dieser Problematik kann indessen an dieser Stelle dahinstehen, wenn schon allein die durch die Aufhebung des Tarifvorrangs bewirkte Erweiterung der betriebsvereinbarungsrechtlichen Regelungskompetenzen das Untermaßverbot verletzen würde - und zwar unabhängig von einem den Tarifvertragsparteien exklusiv verbleibenden Regelungsbereich.

Mit dem Tarifvorrang würde gerade diejenige Sperrwirkung aufgehoben, die den Kernbereich der funktionellen Gewährleistungsdimension, nämlich die Festsetzung von Mindestarbeitsbedingungen, vor der konkurrierenden Betriebsautonomie schützt.

---

[553] *Richardi*, BetrVG, § 77 Rn. 101; *ders.*, in: Richardi, Wlotzke (Hrsg.), MünchArbR, § 10 Rn. 34 ff.

Würde der Tarifvorrang aufgehoben, so würde dieser Kern der leistungsrechtlichen Gewährleistung der Tarifautonomie nicht mehr einfachgesetzlich abgesichert und wäre weitestgehend ungeschützt der Konkurrenz durch die Betriebsautonomie ausgesetzt.

Eine letzte Sperrwirkung und damit ein Rest an Schutz dieser essentiellen Primärverantwortlichkeit der Tarifvertragsparteien würde sich allein aus den verfassungsrechtlichen Beschränkungen der Regelungsmacht der Betriebsvereinbarungsparteien - namentlich dem Vorbehalt des Gesetzes sowie dem Vorrang des Gesetzes - ergeben.
Der Vorbehalt des Gesetzes bzw. der Vorrang des Gesetzes unterwerfen betriebsverfassungsrechtliche Regelungen - bzw. ihre Ermächtigungsgrundlagen - wegen deren Fremdbestimmungscharakter bestimmten Anforderungen, die zu erfüllen sind, wenn die in Rede stehenden Betriebsvereinbarungen Grundrechtsrelevanz für die normunterworfenenen Arbeitnehmer entfalten.
Wie gesehen wird die durch das Betriebsverfassungsgesetz vermittelte Normsetzungskompetenz der Betriebsvereinbarungsparteien diesen Anforderungen nicht stets gerecht; dennoch schließen die Anforderungen des Gesetzesvorbehalts bzw. des Gesetzesvorrangs betriebsvereinbarungsrechtliche Regelungen nicht per se aus.

Der Mangel (der §§ 77, 88 BetrVG) an Legitimationskraft für grundrechtsrelevante Betriebsvereinbarungen ist nicht unbehebbar, sondern kann durch den Gesetzgeber mittels entsprechender Anpassung des Betriebsverfassungsgesetzes, etwa durch Erlass von entsprechend den Anforderungen des Vorbehalt des Gesetzes konkretisierten Normsetzungsermächtigungen, beseitigt werden.

Infolge derartiger Korrekturen würden die Beschränkungen der Regelungsbefugnis der Betriebsvereinbarungsparteien überwunden und den Betriebsvereinbarungsparteien das Regelungsfeld der Arbeits- und Wirtschaftsbedingungen umfassend überlassen. Dementsprechend würde die letzte Sperrwirkung für die betriebsvereinbarungsrechtliche Regelungsmacht entfallen und die Kernkompetenz der Tarifautonomie, Mindestarbeitsbedingungen festzusetzen, schutzlos der Konkurrenz durch diese Mindeststandards unterlaufende Betriebsvereinbarungen ausgesetzt.
Somit könnten die Tarifvertragsparteien durch die Aufhebung des Tarifvorrangs aus ihrer Gestaltungsverantwortung für das Arbeitsleben verdrängt werden. Dass dies mit der Anforderungen des Untermaßverbots unvereinbar wäre, ist bereits ausgeführt worden.
Gerade dieser Gefahr soll der Tarifvorrang des § 4 Abs. 3 TVG indessen vorbeugen.

Zwar träte eine derartige Substituierung der Tarifvertragsparteien nicht ipso iure und unmittelbar mit der Aufhebung des Tarifvorrangs ein. Dies hindert jedoch die Annahme einer Verletzung des Untermaßverbotes nicht zwangsläufig.
Mit der in Rede stehenden Deregulierung ginge eine erhebliche Gefährdung der funktionellen Gewährleistung der Koalitionsfreiheit einher.
Mit dem Tarifvorrang entfiele die maßgebliche Sperrwirkung, die den Kernbereich der funktionellen Gewährleistungsdimension, nämlich die Festsetzung von Mindestarbeitsbedingungen, vor der konkurrierenden Betriebsautonomie schützt.
Auch wenn es zur Gewährung einer umfassenden Regelungsbefugnis zugunsten der Betriebsvereinbarungsparteien neben der Aufhebung des Tarifvorrangs einer entsprechenden Gesetzgebung bedürfte, ist allein die durch die Aufhebung des Tarifvorrangs bewirkte Gefährdung der Tarifautonomie nicht hinnehmbar. Die Gestaltungsverantwortung für die Arbeits- und Wirtschaftsbedingungen ist von Verfassungs wegen primär den Koalitionen zugewiesen. Eine Substituierung der Tarifvertragsparteien durch die Betriebsvereinbarungsparteien wäre unvereinbar mit Sinn und Zweck der Tarifautonomie.[554]
Aufgrund der herausragenden Bedeutung, die dem Erhalt der primären Gestaltungsverantwortung der Tarifvertragsparteien zugemessen werden muss, sowie aufgrund des drohenden Verlusts jeglichen Schutzes der leistungsrechtlichen Dimension der Koalitionsfreiheit, ist schon die durch die Aufhebung des Tarifvorrangs nach § 4 Abs. 3 TVG bewirkte Gefährdung der Tarifautonomie nicht tolerierbar.

Dies gilt um so mehr, als es sich bei der Ansicht von einer lediglich beschränkten Regelungsmacht der Betriebsvereinbarungsparteien lediglich um eine Mindermeinung handelt, die überwiegend nicht geteilt wird. Als solche stellt sie keine ausreichend sichere Basis dar, um den Tarifvertragsparteien einen exklusiven Bereich eigener Regelung von Arbeits- und Wirtschaftsbedingungen gegenüber den Betriebsvereinbarungsparteien vorzubehalten. Die verfassungsgeberische Grundentscheidung zugunsten einer primären Gestaltungsverantwortung der Tarifvertragsparteien als privatautonom wirkende Normgeber auf dem Gebiet des Arbeitsrechts darf nicht durch die Berufung auf den Schutz einer nur von einer Minderheit geteilten Rechtsauffassung unterlaufen werden.

---

[554] *Belling*, Das Günstigkeitsprinzip im Arbeitsrecht, S. 182 ff.; *Däubler*, Tarifvertragsrecht, Rn. 29; *Dieterich*, DB 2001, 2398, 2402; *Henssler*, ZfA 1994, 487, 506 f.; *Junker*, ZfA 1996, 383, 397; *Söllner*, NZA 2000, Sonderbeilage zu Heft 24, 33, 35 f.; *Walker*, ZfA 1996, 353, 377; *Waltermann*, FS Söllner, S. 1251, 1252; *Wiedemann*, TVG, § 4 Rn. 458 ff.; *Dieterich*, RdA 2002, 1, 15; Zachert, JbArbR 41, 85, 93; a.A. *Adomeit*, NJW 1984, 26, 26 ff.; *Buchner*, DB Beilage 1996, Nr. 12, 1, 10 f.; *Wiss. Beirat BMWA*, Tarifautonomie auf dem Prüfstand, Rn. 24 ff.

Die herausragende Bedeutung dieser Entscheidung verlangt es vielmehr, dass sie durch entsprechende einfachgesetzliche Regelungen oder aber eine stabile herrschende Rechtsauffassung vor einer Unterminierung geschützt wird.

Daher stellt bereits die durch die Aufhebung des Tarifvorrangs gemäß § 4 Abs. 1, 3 TVG eintretende Gefährdung der Primärverantwortlichkeit der Koalitionen und die damit einhergehende Bedrohung der Funktionsfähigkeit der Tarifautonomie eine Verletzung des durch das Untermaßverbot geschützten leistungsrechtlichen Gewährleistungsgehalts der Koalitionsfreiheit dar und ist somit verfassungswidrig.

iii. Die durch die Aufhebung des Tarifvorrangs bewirkte Erweiterung betriebsvereinbarungsrechtlicher Regelungskompetenzen als Verletzung des Untermaßverbots

Unabhängig von der Frage, ob man der herrschenden Meinung von einer umfassenden Regelungsbefugnis der Betriebsvereinbarungen folgt oder von einer verfassungsrechtlich beschränkten Normsetzungskompetenz ausgeht, würde die Aufhebung des Tarifvorrangs die Tarifautonomie derart gefährden, dass der nach dem Untermaßverbot zu gewährleistende Schutz der Tarifautonomie nicht mehr gewahrt wäre. Die Umsetzung der auf Beseitigung der Sperrwirkung des § 4 Abs. 3 TVG gerichteten Deregulierungsbestrebungen würde daher gegen das Untermaßverbot verstoßen. Eine derartige (Neu-)Ausgestaltung des Tarifrechts wäre verfassungswidrig.

c. Fazit

Im Falle der Aufhebung des Tarifvorbehalts des § 77 Abs. 3 BetrVG stehen mit der Möglichkeit des Abschlusses von firmenbezogenen Tarifverträgen und insbesondere der Ausnutzung des Tarifvorrangs durch Abschluss entsprechender Tarifverträge weiterhin ausreichende Mittel zur Verfügung stünden, um der Konkurrenz durch die Betriebsvereinbarungsparteien effektiv zu begegnen und einen den Anforderungen des Untermaßverbots entsprechenden Schutz der leistungsrechtlichen Dimension der Koalitionsfreiheit auch weiterhin zu gewährleisten. Dahingehende Deregulierungsbestrebungen stellen sich somit als zulässige Ausgestaltung der Koalitionsfreiheit dar und sind insoweit verfassungsrechtlich rechtmäßig.
Demgegenüber hätte die Aufhebung des Tarifvorrangs zur Folge, dass die Primärverantwortlichkeit der Koalitionen derart gefährdet oder verletzt wird, dass die damit einhergehende Bedrohung der Funktionsfähigkeit der Tarifautonomie eine Verletzung des durch das Untermaßverbot geschützten leistungsrechtlichen Gewährleistungsgehalts der Koalitionsfreiheit darstellt. Die diesbezüglichen

Bestrebungen würden die Koalitionsfreiheit daher in unzulässiger Weise ausgestalten und sind demnach als verfassungswidrig zu qualifizieren.

B. Der Eingriff und die abwehrrechtliche Dimension der Koalitionsfreiheit

Wie bereits gesehen kennt die Koalitionsfreiheit neben der hier zur Prüfung stehenden Ausgestaltung eine zweite Wirkform des Gesetzgebers im Rahmen der Koalitionsfreiheit, nämlich den Eingriff in die abwehrrechtlichen Gewährleistungen der Koalitionsfreiheit.

Der Eingriff ist eine rechtfertigungsbedürftige Beschränkung der Koalitionsfreiheit und gemäß der klassischen Grundrechtsdogmatik rechtfertigungsbedürftig, aber dementsprechend auch rechtfertigungsfähig.

Da die Präponderanzvorschriften des § 4 Abs. 3 TVG bzw. des § 77 Abs. 3 BetrVG aufgrund ihrer maßgeblichen Bedeutung für die Fähigkeit der Koalitionen zur eigenverantwortlichen und wirksamen Ordnung der Arbeits- und Wirtschaftsbedingungen jedoch der leistungsrechtlichen Gewährleistungsdimension der Koalitionsfreiheit zuzurechnen sind und ihre Aufhebung daher als Ausgestaltung zu qualifizieren ist, soll an dieser Stelle auf eine vertiefte Darstellung des Wesens und der Grenzen dieser Art der Beschränkung der Koalitionsfreiheit verzichtet werden und lediglich auf die weiterführenden Darstellungen in der verfassungs-rechtlichen Literatur verwiesen sein.[555]

---

[555] Vgl. *Höfling*, in: Sachs, GG, Art. 9 Rn. 115 ff. m.w.N.

KAPITEL 5: ERGEBNIS

Im Mittelpunkt der Bestrebungen um eine Neuordnung des kollektiven Arbeitsrechts steht das Bemühen um eine Stärkung der Regelungszuständigkeiten und -kompetenzen der Betriebsvereinbarungsparteien. Zu diesem Zweck soll das Rangverhältnis zwischen Tarifautonomie und Betriebsautonomie neu justiert werden.

Die Koalitionsfreiheit ist zentrale Verfassungsnorm für die Reichweite kollektiver Gestaltungsmöglichkeiten durch die Arbeitnehmer und Arbeitgeber einerseits und den Gesetzgeber andererseits. Dabei sind insbesondere die Grenzen gesetzgeberischer Befugnisse durch die Auslegung des Gewährleistungsumfangs der Koalitionsfreiheit prädeterminiert.
Aufgrund der immensen Bedeutung des Arbeitslebens sowohl für den einzelnen Arbeitsmarktteilnehmer als auch in gesamtwirtschaftlicher Hinsicht verwundert es nicht, dass die Stellungnahmen zum Gegenstand und zur Reichweite koalitionsfreiheitlicher Gewährleistungen an Gegensätzlichkeit kaum zu überbieten sind. Auch wenn alle Seiten sich zur Fundierung ihrer Auffassungen auf die Verfassung und ihre Gewährleistungen berufen, sind die Stellungnahmen doch weitgehend durch die unterschiedlichen Interessenlagen bestimmt und dementsprechend ergebnisorientiert.
Je nach Zielsetzung wird der Schutzbereich der Koalitionsfreiheit von vornherein beschränkt oder als umfassend angesehen, werden Maßnahmen des Gesetzgebers als Gegenstand „freier Ausgestaltung“ oder als rechtfertigungsbedürftige Eingriffe qualifiziert.

Insbesondere das Verhältnis von Betriebsautonomie zur Tarifautonomie und die Verlagerung der Gestaltungsverantwortung für kollektive Arbeitsbedingungen von der Verbands- auf die Betriebsebene ist dabei ein Feld ständiger Kontroverse.
Die Koalitionsfreiheit ist entsprechend ihrer Wesenheit als kollektive Privatautonomie ein umfassend gewährleistetes Freiheitsrecht. Allein aus dieser Qualifikation kann allerdings nicht gefolgert werden, dass dem Gesetzgeber im Rahmen der Koalitionsfreiheit nur in sehr begrenztem Maße Regelungsbefugnisse zustünden. Das Gegenteil ist der Fall. Wie im Rahmen der Privatautonomie ist der Gesetzgeber auch im Rahmen koalitionsfreiheitlicher Gewährleistungen in weitem Maße zu eigenen Regelungen befugt.
So ist er zum einen - lediglich begrenzt durch die Vorgaben des Untermaßverbots - zur Ausgestaltung und zum anderen - in den Grenzen der Verhältnismäßigkeit und des durch die Wesensgehaltsgarantie geschützten Gewährleistungsgehalts der Koalitionsfreiheit - zu Eingriffen berechtigt.

Bei dem Bemühen um eine Neuordnung des Rangverhältnisses zwischen Tarifautonomie und Betriebsautonomie ist streng danach zu unterscheiden, ob diese Deregulierung eine Ausgestaltung der Koalitionsfreiheit darstellt oder aber zu einem Eingriff führt.
Während der Eingriff eine Beschneidung der Freiheitsausübung des Grundrechtsberechtigten betrifft, stellt die Ausgestaltung eine Freiheitsgewährung dar, indem sie dem Grundrechtsberechtigten ein Instrumentarium zur Verfügung stellt, das ihn erst in den Stand versetzt, seine grundrechtlich garantierte Freiheit auszuüben.
Je nach Einordnung der Deregulierungsbestrebungen als Ausgestaltung oder Eingriff ergeben sich daher unterschiedliche Maßstäbe für die Prüfung ihrer Verfassungsmäßigkeit und damit korrespondierend völlig andere Gestaltungsspielräume für den Gesetzgeber hinsichtlich der Neuordnung von Tarifvertragsystem und Betriebsverfassung.
Während der Eingriff gemäß der klassischen Grundrechtsdogmatik rechtfertigungsbedürftig und bei fehlender Rechtfertigung verfassungswidrig ist, ist die Ausgestaltung nicht rechtfertigungsbedürftig[556] und auch nur dann verfassungswidrig, wenn der Gesetzgeber seiner am Untermaßverbot zu messenden verfassungsrechtlichen Verpflichtung zur Ausgestaltung nicht oder nicht in hinreichendem Maße nachkommt.[557]

---

[556] Diese Unterscheidung darf indessen nicht missverstanden werden. Soweit eine Ausgestaltung der Koalitionsfreiheit zu einer Beschränkung anderer grundrechtlich geschützter Rechtspositionen führt, so stellt sie im Hinblick auf dieses Recht eine Freiheitsbeschränkung und damit einen rechtfertigungsbedürftigen Eingriff dar. In diesem Sinne sind auch die Ausführungen *Cornils* (Die Ausgestaltung der Grundrechte, S. 403 ff.) zu verstehen, der eine sog. Exklusivitätsthese ablehnt. Insoweit ist es folgerichtig festzustellen, dass die alleinige Qualifizierung eines gesetzgeberischen Wirkens als Ausgestaltung die gesetzgeberische Maßnahme nicht von jeglichem Rechtfertigungszwang entbindet, sondern nur von einem Rechtfertigungszwang im Hinblick auf das ausgestaltete Recht. Daher ist die Qualifizierung einer gesetzgeberischen Maßnahme als Ausgestaltung oder Eingriff auch nicht generell möglich, sondern immer nur im Hinblick auf die betroffenen Rechtsgüter.

[557] *Höfling*, in: Sachs, GG, Art. 9 Rn. 77; vgl. auch *Cornils*, Die Ausgestaltung der Grundrechte, S. 419; letzterer weist zu Recht darauf hin, dass die Annahme einer Ausgestaltungsdimension der Koalitionsfreiheit dem Gesetzgeber Handlungs-spielräume eröffnet, ohne dafür an grundrechtliche Schrankenvorbehalte gebunden zu sein, und das damit auch gewisse Gefahren einhergehen: "Es ist eine naheliegende Vermutung, daß dieser Vorteil besondere Anziehungskraft entfaltet und entsprechende interpretatorische Bemühungen befördert, wenn die schranken-dogmatische Begründung gesetzlicher Maßnahmen schwierig oder zweifelhaft erscheint, weil grundrechtliche Schrankenvorbehalte fehlen oder den für notwendig gehaltenen Regulierungsbedarf nicht vollständig abdecken."

Die hier in Rede stehenden Aufhebungen des Tarifvorbehalts sowie des Tarifvorrangs sind als Ausgestaltung zu qualifizieren.
Die Ausgestaltungsbefugnis des Gesetzgebers beschränkt sich auf den leistungsrechtlichen Gewährleistungsbereich der Koalitionsfreiheit, zu dem auch Kollisionsnormen, die die Regelungsbefugnisse der verschiedenen Normgeber determinieren und voneinander abgrenzen, gehören.
Die leistungsrechtliche Dimension der Koalitionsfreiheit erfordert nämlich, dass die Grundrechtsträger des Art. 9 Abs. 3 GG die ihnen gewährte Normsetzungsmacht in effektiver Weise in real wirksame Regelungen des Arbeitslebens umsetzen können. Der Gesetzgeber hat - will er den Anforderungen des Untermaßverbotes genügen - das Konkurrenzverhältnis zwischen den Koalitionen und anderen Normgebern auf dem Gebiet des Arbeits- und Wirtschaftsrechts in einer Weise zu regeln, dass den Koalitionen eine eigenverantwortliche und wirksame Ordnung von Arbeits- und Wirtschaftsbedingungen (weiterhin) ermöglicht. Es ist nicht als ausreichend zu erachten, wenn die Möglichkeit, Arbeits- und Wirtschaftsbedingungen kollektivrechtlich einer zwingend und unmittelbar wirkenden Regelung zuzuführen, ohne praktische Relevanz bleibt, weil diese Regelungsmöglichkeit infolge einer de facto verdrängenden Konkurrenzsituation für die Regelungsadressaten keine Wirkung entfaltet.
Dementsprechend sind die hier in Rede stehenden Deregulierungsbestrebungen in Form der Aufhebung des Tarifvorbehalts des § 77 Abs. 3 BetrVG bzw. des Tarifvorrangs des § 4 Abs. 3 TVG der Ausgestaltung durch den Gesetzgeber zuzurechnen.

Der Gesetzgeber ist in seiner Ausgestaltung der Koalitionsfreiheit grundsätzlich frei und lediglich durch das Untermaßverbot beschränkt, das ihn verpflichtet, weiterhin einen angemessenen und wirksamen Schutz der Tarifautonomie zu gewährleisten.
Die Aufhebung des Tarifvorbehalts bzw. des Tarifvorrangs führt zu einer Beseitigung von bestehenden Schutzmechanismen zugunsten der Tarifautonomie. Durch die gesteigerte Konkurrenz in Form der Betriebsautonomie wird das Wirken der Tarifvertragsparteien beeinträchtigt.
Dabei sind Beeinträchtigung im über- und außertariflichen Bereich naturgemäß weniger intensiv und weniger schädlich im Hinblick auf das Untermaßverbot als solche Beeinträchtigungen, die die ureigenste Aufgabe der Tarifvertragsparteien, nämlich die Festsetzung von Mindestarbeitsbedingungen, unterminieren.

Bei Aufhebung des Tarifvorbehalts können sich die Tarifvertragsparteien - aufgrund der Fortgeltung des Tarifvorrangs - durch Abschluss entsprechender Tarifverträge wirksam gegen die Konkurrenz durch verschlechternde Betriebsvereinbarungen im Bereich der ausgeübten Tarifautonomie schützen und ihre Pri-

märverantwortlichkeit für die Wahrung und Förderung der Arbeits- und Wirtschaftsbedingungen behaupten.
Demzufolge führt eine Aufhebung des § 77 Abs. 3 BetrVG nicht zu einem Verlust eines angemessenen und wirksamen Schutzes der Tarifautonomie und wahrt daher in verfassungskonformer Weise die Anforderungen des Untermaßverbots.
Die Umsetzung einer diesbezüglichen Deregulierung ist dem Gesetzgeber im Rahmen seiner Ausgestaltungsbefugnis somit möglich.

Demgegenüber würde die Aufhebung des § 4 Abs. 1, 3 TVG die Tarifvertragsparteien gerade in ihrem ureigensten Betätigungsfeld der ausgeübten Tarifautonomie, nämlich der Festsetzung von Mindestarbeitsbedingungen, bedrohen.
Durch die Beseitigung des Tarifvorrangs könnten die Tarifvertragsparteien in ihrer Gestaltungsverantwortung für die kollektive Regelung der Arbeitsbedingungen durch die Betriebsvereinbarungsparteien substituiert und so ihrer zentralen, durch die Verfassung garantierten Primärzuständigkeit beraubt werden.
Eine solche Maßnahme würde die Funktionsfähigkeit der Tarifautonomie zur Gänze in Frage stellen und einen dem Untermaßverbot angemessenen und wirksamen Schutz der Tarifautonomie nicht mehr gewährleisten. Die Aufhebung des Tarifvorrangs wäre demnach wegen Verletzung des Untermaßverbots als verfassungswidrige Ausgestaltung zu qualifizieren.

Dieses differenzierte Ergebnis zeigt, dass das Verhältnis von Tarifautonomie zur Betriebsautonomie nicht so starr ist, wie manche Stellungnahmen von Gewerkschaftsseite suggerieren.
Die Koalitionsfreiheit statuiert kein „tarifliches Rückschrittsverbot".
Andererseits ist aber auch deutlich geworden, dass nicht jede beliebige Deregulierung zugunsten der Betriebsautonomie zulässig ist. Auch hier gilt es die Grenzen gesetzgeberischen Wirkens - etwa das Untermaßverbot sowie die Wesensgehaltsgarantie - sorgsam auszuloten. Diese sind jedoch recht weit gefasst und beginnen erst dort, wo die Funktionsfähigkeit der Tarifautonomie in Frage gestellt wird.
Werden diese Erkenntnisse berücksichtigt, so bietet die verfassungsrechtliche Gewährleistung der Koalitionsfreiheit dem Gesetzgeber einen weiten Spielraum, um neue arbeitsmarktpolitische Wege zu beschreiten. Die grundrechtlichen Gewährleistungen der Koalitionsfreiheit jedenfalls stehen einer angemessenen Deregulierung des Arbeitsmarktes nicht entgegen. Es steht zu hoffen, dass der Gesetzgeber von dieser Flexibilität der grundrechtlichen Gewährleistungen in einer Weise Gebrauch macht, die es ermöglicht, der Massenarbeitslosigkeit als dem dringendsten wirtschaftspolitischen Problem unserer Zeit Herr zu werden.

LITERATURVERZEICHNIS

Adomeit, Klaus — Rechtsquellenfragen im Arbeitsrecht, München, 1969 (zit.: *Adomeit*, Rechtsquellenfragen im Arbeits-recht)

Adomeit, Klaus — Thesen zur betrieblichen Mitbestimmung nach dem neuen Betriebsverfassungsgesetz, BB 1972, S. 53 - 56 (zit.: *Adomeit*, BB 1972)

Adomeit, Klaus — Das Günstigkeitsprinzip – neu verstanden, NJW 1984, S. 26 – 27 (zit.: *Adomeit*, NJW 1984)

Adomeit, Klaus — Regelung von Arbeitsbedingungen und ökonomischen Notwendigkeiten, Eine Untersuchung zu aktuellen Fragen des deutschen Tarifrechts, Landsberg am Lech, 1996 (zit.: *Adomeit*, Regelung von Arbeitsbedingungen)

Arlt, Hans-Jürgen / Nehls, Sabine — Bündnis für Arbeit, Konstruktion – Kritik – Karriere, Wiesbaden, 1999 (zit.: *Arlt / Nehls*, Bündnis für Arbeit)

Badura, Peter — Rechtsetzung durch Gemeinden, DÖV 1963, S. 561 - 570 (zit.: *Badura*, DÖV 1963)

Badura, Peter — Das Prinzip der sozialen Grundrechte und seine Verwirklichung im Recht der Bundesrepublik Deutschland, Der Staat 14 (1975), S. 17 - 48 (zit.: *Badura*, Der Staat 15 (1975))

Badura, Peter — Unternehmerische Mitbestimmung, soziale Selbstverwaltung und Koalitionsfreiheit, RdA 1976, S. 275 – 282 (zit.: *Badura*, RdA 1976)

Badura, Peter	Das Recht der Koalitionen - Verfassungsrechtliche Frage-stellungen -, in: Das Arbeitsrecht der Gegenwart - Jahrbuch für das gesamte Arbeitsrecht und die Arbeitsgerichtsbarkeit. Nachschlagewerk für Wissenschaft und Praxis -, Band 15, Berlin, 1978, S. 17 - 36 (zit.: *Badura*, ArbRdG, Bd. 15)
Badura, Peter	Arbeit als Beruf (Art. 12 Abs.1 GG), in: Hanau, Peter / Müller, Gerhard / Wiedemann, Herbert / Wlotzke, Otfried i.V.m. dem Deutschen Arbeitsgerichtsverband e.V. (Hrsg.), Festschrift für Wilhelm Herschel zum 85. Geburtstag, München, 1982, S. 21 - 25 (zit.: *Badura*, FS Herschel)
Badura, Peter	Neutralität des Staates und koalitionsrechtliches Gleichgewicht, in: Fürst, Walther / Herzog, Roman / Umbach, Dieter (Hrsg.), Festschrift für Wolfgang Zeidler, Berlin, New York, 1987, S. 1591 - 1610 (zit.: *Badura*, FS Zeidler)
Badura, Peter / Rittner, Fritz / Rüthers, Bernd	Mitbestimmungsgesetz 1976 und Grundgesetz, München, 1977 (zit.: *Badura / Rittner / Rüthers*, Mitbestimmungsgesetz)
Belling, Detlev W.	Das Günstigkeitsprinzip im Arbeitsrecht, Berlin, 1984 (zit.: *Belling*, Das Günstigkeitsprinzip im Arbeitsrecht)
Belling, Detlev W.	Die Haftung des Betriebsrats und seiner Mitglieder für Pflichtverletzungen, Tübingen, 1990 (zit.: *Belling*, Die Haftung des Betriebsrats und seiner Mitglieder für Pflichtverletzungen)

Belling, Detlev W. — Die Verantwortung des Staats für die Normsetzung durch die Tarifpartner - Zur Grundrechtstreue und Legalitätskontrolle von Tarifnormen -, ZfA 1999, S. 547 - 615
(zit.: *Belling*, ZfA 1999)

Bender, Gerd — Die schwierige Koalitionsfreiheit. Eine Studie zu Rechtsprechung und Gesetzgebung im Jahrzehnt der Reichsgründung, in: Mohnhaupt, Heinz (Hrsg.), Rechtsgeschichte in den beiden deutschen Staaten (1988 – 1990), Frankfurt am Main, 1991, S. 466 - 490
(zit.: *Bender*, in: Mohnhaupt (Hrsg.), Rechtsgeschichte)

Bender, Reinhard — Arbeitszeitflexibilisierung durch Tarifvertrag und Betriebsvereinbarung auf der Grundlage eines entschärften Tarifvorranges, BB 1987, S. 1117 - 1121
(zit.: *Bender*, BB 1987)

Berg, Peter — Tarifvorrang und Regelungsabrede, in: Engelen-Kefer, Ursula (Hrsg.), Arbeitsrecht in der Bewährung, Festschrift für Karl Kehrmann zum 65. Geburtstag, Köln, 1997, S. 271 - 280
(zit.: *Berg*, FS Kehrmann)

Beuthien, Volker — Unternehmensbezogene Tarifverträge und paritätische Mitbestimmung im Unternehmen, BB 1975, S. 477 - 484
(zit.: *Beuthien*, BB 1975)

Beuthien, Volker — Unternehmerische Mitbestimmung kraft Tarif- oder Betriebsautonomie?, ZfA 1983, S. 141 - 168
(zit.: *Beuthien*, ZfA 1983)

Biberacher, Hansjörg — Betriebliche Rechtsetzungsmacht, Frankfurt am Main, 1983
(zit.: *Biberacher*, Betriebliche Rechtsetzungsmacht)

Biedenkopf, Kurt H. — Grenzen der Tarifautonomie, Karlsruhe, 1964
(zit.: *Biedenkopf*, Grenzen der Tarifautonomie)

Biedenkopf, Kurt H. Sinn und Grenzen der Vereinbarungsbefugnis der Tarifvertragsparteien, in: Ständige Deputation des Deutschen Juristentages (Hrsg.), Verhandlungen des 46. Deutschen Juristentages, Essen 1966, Band I/1, Gutachten, München, Berlin, 1966, S. 97 - 167
(zit.: *Biedenkopf*, Gutachten zum 46. DJT)

Biedenkopf, Kurt H. Wettbewerbspolitik zwischen Freiheitsidee und Pragmatismus, WuW 1968, S. 3 - 15
(zit.: *Biedenkopf*, WuW 1968)

Birk, Rolf Innerbetriebliche Absprachen - Typen und Rechtswirkungen -, ZfA 1986, S. 73 - 108
(zit.: *Birk*, ZfA 1986)

Bittner, Walter Betriebsvereinbarungen im AT-Bereich in der Praxis, DB 1979, S. 695 - 699
(zit.: *Bittner*, DB 1979)

Blomeyer, Wolfgang Das Günstigkeitsprinzip in der Betriebsverfassung, Die Betriebsvereinbarung zwischen Individual- und Tarifvertrag, NZA 1996, S. 337 - 346
(zit.: *Blomeyer*, NZA 1996)

Boerner, Dietmar Altersgrenzen für die Beendigung von Arbeitsverhältnissen in Tarifverträgen und Betriebsvereinbarungen, Pfaffenweiler, 1992
(zit.: *Boerner*, Altersgrenzen für die Beendigung von Arbeitsverhältnissen in Tarifverträgen und Betriebsvereinbarungen)

Bötticher, Eduard Gestaltungsrecht und Unterwerfung im Privatrecht, Berlin, 1964
(zit.: *Bötticher*, Gestaltungsrecht und Unterwerfung im Privatrecht)

Bogs, Walter Autonomie und verbandliche Selbstverwaltung im modernen Arbeits- und Sozialrecht, RdA 1956, S. 1 - 9
(zit.: *Bogs*, RdA 1956)

Boldt, Gerhard	Zur Zulässigkeit von Firmentarifverträgen mit verbandsangehörigen Unternehmen, RdA 1971, S. 257 - 268 (zit.: *Boldt*, RdA 1971)
Brox, Hans / Rüthers, Bernd / Schlüter, Wienfried	Arbeitskampfrecht, Ein Handbuch für die Praxis, 2. Auflage, Stuttgart, 1982 (zit.: *Brox / Rüthers / Schlüter*, Arbeitskampfrecht)
Buchner, Herbert	Möglichkeiten und Grenzen betriebsnaher Tarifpolitik (Teil I), DB 1970, S. 2025 - 2033 (zit.: *Buchner*, DB 1970)
Buchner, Herbert	Beschäftigungssicherung unter dem Günstigkeitsprinzip - Betriebliche Arbeitsplatzgarantien gegen Verzicht auf tarifliche Positionen? -, DB Beilage 1996, Nr. 12 (zit.: *Buchner*, DB Beilage 1996, Nr. 12)
Buchner, Herbert	Die Reichweite der Regelungssperre aus § 77 AbS. 3 Satz 1 BetrVG, DB 1997, S. 573 - 577 (zit.: *Buchner*, DB 1997)
Buchner, Herbert	Die Tarifnorm - das Maß aller Dinge?, Gesetzgebung auf ordnungspolitischem Irrweg, in: Wank, Rolf / Hirte, Heribert / Frey, Kaspar / Fleischer, Holger / Thüsing, Gregor (Hrsg.), Festschrift für Herbert Wiedemann zum 70. Geburtstag, München, 2002, S. 211 - 228 (zit.: *Buchner*, FS Wiedemann)
Bulla, Gustav-Adolf	Soziale Selbstverwaltung der Sozialpartner als Rechtsprinzip, in: Dietz, Rolf / Hübner, Heinz (Hrsg.), Festschrift für Hans Carl Nipperdey zum 70. Geburtstag, 21. Januar 1965, Band 2, München, Berlin, 1965, S. 79 - 104 (zit.: *Bulla*, FS Nipperdey)

Butzer, Hermann	Verfassungsrechtliche Grundlagen zum Verhältnis zwischen Gesetzgebungshoheit und Tarifautonomie, RdA 1994, S. 375 - 385 (zit.: *Butzer*, RdA 1994)
Canaris, Claus-Wilhelm	Funktionelle und inhaltliche Grenzen kollektiver Gestaltungsmacht bei der Betriebsvereinbarung, ArbuR 1966, S. 129 - 140 (zit.: *Canaris*, ArbuR 1966)
Canaris, Claus-Wilhelm	Grundrecht und Privatrecht, AcP 184 (1984), S. 201 - 246 (zit.: *Canaris*, AcP 184 (1984))
Coester, Michael	Die Sperrwirkung des Tarifvertrages, SAE 1986, S. 288 - 292 (zit.: *Coester*, SAE 1986)
Conze, Peter	Zur Zulässigkeit von Betriebsvereinbarungen für AT-Angestellte über materielle Arbeitsbedingungen, DB 1978, S. 490 - 495 (zit.: *Conze*, DB 1978)
Cornils, Matthias	Die Ausgestaltung der Grundrechte - Untersuchungen zur Grundrechtsbindung des Ausgestaltungsgesetzgebers, Tübingen, 2005 (zit.: *Cornils*, Die Ausgestaltung der Grundrechte)
Däubler, Wolfgang	Das Grundrecht auf Mitbestimmung und seine Realisierung durch tarifvertragliche Begründung von Beteiligungsrechten, Frankfurt am Main, 1974 (zit.: *Däubler*, Das Grundrecht auf Mitbestimmung)
Däubler, Wolfgang (Hrsg.)	Arbeitskampfrecht, 2. Auflage, Baden-Baden, 1987 (zit.: *Däubler*, Arbeitskampfrecht)
Däubler, Wolfgang	Der Arbeitsvertrag – ein Mittel zur Verlängerung der Wochenarbeitszeit?, DB 1989, S. 2534 - 2538 (zit.: *Däubler*, DB 1989)

Däubler, Wolfgang	Tarifvertragsrecht, 3. Auflage, Baden-Baden, 1993 (zit.: *Däubler*, Tarifvertragsrecht)
Däubler, Wolfgang	Referat, in: Ständige Deputation des Deutschen Juristentages (Hrsg.), Verhandlungen des 63. Deutschen Juristentages, Leipzig 2000, Band II/1, Teil L, München, 2000, L 11 - 27 (zit.: *Däubler*, Referat zum 63. DJT)
Däubler, Wolfgang / Kittner, Michael / Klebe, Thomas	Betriebsverfassungsgesetz mit Wahlordnung, §§ 121 - 128 InsO und EBR-Gesetz, Kommentar für die Praxis, 9. Auflage, Frankfurt am Main, 2004 (zit.: *Bearbeiter*, in: Däubler / Kittner / Klebe, BetrVG)
Denninger, Erhard / Hoffmann-Riem, Wolfgang / Schneider, Hans Peter / Stein, Ekkehart (Hrsg.)	Kommentar zum Grundgesetz für die Bundesrepublik Deutschland (Reihe Alternativ-kommentare), Neuwied, Kriftel, 3. Auflage (Loseblattsammlung) 2001, Stand: August 2002 (zit.: *Bearbeiter*, AK GG)
Deregulierungskommission, Unabhängige Expertenkommission zum Abbau marktwidriger Regulierungen (Hrsg.)	Marktöffnung und Wettbewerb - Berichte 1990 und 1991 -, Stuttgart, 1991 (zit.: *Deregulierungskommission*, Marktöffnung und Wettbewerb)
Dieterich, Thomas	Die Grundrechtsbindung von Tarifverträgen, in: Schlachter, Monika / Ascheid, Reiner / Friedrich, Hans-Wolf (Hrsg.), Tarifautonomie für ein neues Jahrhundert, Festschrift für Günter Schaub zum 65. Geburtstag, München, 1998, S. 117 - 134 (zit.: *Dieterich*, FS Schaub)
Dieterich, Thomas	Tarifautonomie und Bundesverfassungsgericht, ArbuR 2001, S. 390 - 393 (zit.: *Dieterich*, ArbuR 2001)

Dieterich, Thomas	Betriebliche Bündnisse für Arbeit und Tarifautonomie, DB 2001, S. 2398 - 2403 (zit.: *Dieterich*, DB 2001)
Dieterich, Thomas	Flexibilisiertes Tarifrecht und Grundgesetz, RdA 2002, S. 1 - 17 (zit.: *Dieterich*, RdA 2002)
Dieterich, Thomas	Die grundrechtsdogmatischen Grenzen der Tarifautonomie in der Rechtsprechung des Bundesarbeitsgerichts, in: Wank, Rolf / Hirte, Heribert / Frey, Kaspar / Fleischer, Holger / Thüsing, Gregor (Hrsg.), Festschrift für Herbert Wiedemann zum 70. Geburtstag, München, 2002, S. 229 - 249 (zit.: *Dieterich*, FS Wiedemann)
Dieterich, Thomas	Erfurter Kommentar zum Arbeitsrecht, München, 4. Auflage, 2004 (zit.: ErfK-*Bearbeiter)*
Dietz, Rolf	Die Koalitionsfreiheit, in: Betterman, Karl August / Nipperdey, Hans Carl / Scheuner, Ulrich (Hrsg.), Die Grundrechte. Handbuch der Theorie und Praxis der Grundrechte, Band III/1, Die Wirtschafts- und Arbeitsverfassung, Berlin, 1958, S. 417 - 473 (zit.: *Dietz*, Die Grundrechte III/1)
Dolzer, Rudolf / Vogel, Klaus / Graßhof, Karin (Hrsg.)	Bonner Kommentar zum Grundgesetz, Heidelberg, Stand 110. Lieferung / März 2004 Band 1, Einleitung - Art. 5 Band 2, Art. 6 - 14 Band 3, Art. 107 - 115 (zit.: *Bearbeiter*, BK GG)
Dorndorf, Eberhard	Das Verhältnis von Tarifautonomie und individueller Freiheit als Problem dogmatischer Theorie, in: Heinze, Meinhard / Söllner, Alfred (Hrsg.), Arbeitsrecht in der Bewährung, Festschrift für Otto Rudolf Kissel zum 65. Geburtstag, München, 1994, S. 139 - 159 (zit.: *Dorndorf*, FS Kissel)

Dreier, Horst (Hrsg.) | Grundgesetz
Band 1 Artikel 1 – 19, Tübingen, 2004
Band 2 Artikel 20 – 82, Tübingen, 1998
Band 3 Artikel 83 – 142, Tübingen, 2000
(zit.: *Bearbeiter*, in: Dreier, GG)

Dürig, Günter | Der Grundrechtssatz von der Menschenwürde, AöR 81 (1956), S. 117 - 157
(zit.: *Dürig*, AöR 81 (1956))

Dütz, Wilhelm | Koalitionsautonome Regelung der Arbeits- und Wirtschaftsbedingungen, JA 1987, S. 405 - 415
(zit.: *Dütz*, JA 1987)

Ehmann, Horst | Das Grundrecht auf Sozialismus, RdA 1976, S. 175 - 185
(zit.: *Ehmann*, RdA 1976)

Ehmann, Horst | Empfiehlt es sich, die Regelungsbefugnisse der Tarifparteien im Verhältnis zu den Betriebsparteien zu ordnen?, ZRP 1996, S. 314 321
(zit.: *Ehmann*, ZRP 1996)

Ehmann, Horst / Lambrich, Thomas | Vorrang der Betriebs- vor der Tarifautonomie kraft des Subsidiaritätsprinzips? - Betriebsvereinba-rungen als „andere Abmachungen" -, NZA 1996, S. 346 - 356
(zit.: *Ehmann / Lambrich*, NZA 1996)

Ehmann, Horst / Schmidt, Thomas Benedikt | Betriebsvereinbarungen und Tarifverträge, Grenzen des Tarifvorrangs, NZA 1995, S. 193 - 203
(zit.: *Ehmann / Schmidt*, NZA 1995)

Farthmann, Friedhelm | Die Mitbestimmung des Betriebsrats bei der Regelung der Arbeitszeit, RdA 1974, S. 65 - 72
(zit.: *Farthmann*, RdA 1974)

Farthmann, Friedhelm / Coen, Martin — Tarifautonomie, Unternehmensverfassung und Mitbestimmung, in: Benda, Ernst / Maihofer, Werner / Vogel, Hans-Jochen (Hrsg.), Handbuch des Verfassungsrechts, 2. Auflage, Berlin, New York, 1994, § 19
(zit.: *Farthmann / Coen*, HdbVerfR, § 19)

Federlin, Gerd — Das Spannungsverhältnis zwischen Flächentarifvertrag und betrieblichen Regelungen - ein Plädoyer für einen flexiblen Tarifvertrag, JbArbR 41 (2004), S. 71 - 83
(zit.: *Federlin*, JbArbR 41)

Fitting, Karl / Engels, Gerd / Schmidt, Ingrid / Trebinger, Yvonne / Linsenmaier, Wolfgang — Betriebsverfassungsgesetz mit Wahlordnung, 22. Auflage, München, 2004
(zit.: *Fitting / Engels / Schmidt / Trebinger / Linsenmaier*, BetrVG)

Flume, Werner — Allgemeiner Teil des Bürgerlichen Rechts, Zweiter Band, Das Rechtsgeschäft, 4. Auflage, Berlin, Heidelberg, New York, 1992
(zit.: *Flume*, Das Rechtsgeschäft)

Franz, Wolfgang — Arbeitsmarktökonomik, Berlin u.a., 1996
(zit.: *Franz*, Arbeitsmarktökonomik)

Freihube, Dirk — Die einzelvertragliche Umsetzung von Beschäftigungsbündnissen, DB 2000, S. 1022 - 1027
(zit.: *Freihube*, DB 2000)

Friauf, Heinrich — Die verfassungsrechtlichen Vorgaben einer gesetzlichen oder tarifvertraglichen Arbeitskampf-ordnung, RdA 1996, S. 188 - 195
(zit.: *Friauf*, RdA 1996)

Friese, Birgit — Kollektive Koalitionsfreiheit und Betriebsverfassung, Berlin, 2000
(zit.: *Friese*, Kollektive Koalitionsfreiheit und Betriebsverfassung)

Galperin, Hans	Die Autonome Rechtsetzung im Arbeitsrecht, in: Nipperdey, Hans Carl (Hrsg.), Festschrift für Erich Molitor zum 75. Geburtstag, 3. Oktober 1961, München, 1962, S. 143 - 160 (zit.: *Galperin*, FS Molitor)
Galperin, Hans / Löwisch, Manfred	Kommentar zum Betriebsverfassungsgesetz Band I, Organisation der Betriebsverfassung: §§ 1 - 73 und Wahlordnung, 6. Auflage, Heidelberg, 1982 Band 2, Regelung der Mitbestimmung: §§ 74 - 132, 6. Auflage, Heidelberg, 1982 (zit.: *Galperin / Löwisch*, BetrVG)
Gamillscheg, Franz	Die Grundrechte im Arbeitsrecht, AcP 164 (1964), S. 385 - 445 (zit.: *Gamillscheg*, AcP 164 (1964))
Gamillscheg, Franz	Koalitionsfreiheit und soziale Selbstverwaltung, Hannover, 1968 (zit.: *Gamillscheg*, Koalitionsfreiheit und soziale Selbstverwaltung)
Gamillscheg, Franz	Die Grundrechte im Arbeitsrecht, Berlin, 1989 (zit.: *Gamillscheg*, Die Grundrechte im Arbeitsrecht)
Gamillscheg, Franz	Überlegungen zum Verhältnis von Gewerkschaften und Betriebsrat, in: Farthmann, Friedhelm / Hanau, Peter / Isenhardt, Udo / Preis, Ulrich (Hrsg.), Arbeitsgesetzgebung und Arbeitsrechtsprechung, Festschrift zum 70. Geburtstag von Eugen Stahlhacke, Neuwied, 1995, S. 129 - 148 (zit.: *Gamillscheg*, FS Stahlhacke)
Gamillscheg, Franz	Kollektives Arbeitsrecht - Ein Lehrbuch, Nebentitel: Bd. 1. Grundlagen, Koalitionsfreiheit, Tarifvertrag, Arbeitskampf und Schlichtung , München, 1997 (zit.: *Gamillscheg*, Kollektives Arbeitsrecht, Bd. 1)

Gamillscheg, Franz — Grundrechtsbindung der Tarifvertragsparteien - Vorübergehende Reduzierung der regelmäßigen wöchentlichen Arbeitszeit von 38,5 Stunden auf 30,5 Stunden durch Firmentarifvertrag zur Beschäftigungssicherung, ArbuR 2001, S. 226 - 229
(zit.: *Gamillscheg*, ArbuR 2001)

Gast, Wolfgang — Arbeitsvertrag und Direktion: zweiseitige Leistungsbestimmung im Arbeitsverhältnis, Berlin, 1978
(zit.: *Gast*, Arbeitsvertrag und Direktion)

Gast, Wolfgang — Arbeitsrecht als Vertragsrecht, Heidelberg, 1984
(zit.: *Gast*, Arbeitsrecht als Vertragsrecht)

Gast, Wolfgang — Zu Fragen von Tarifvorbehalt und Tarifvorrang, Anmerkung zum BAG, Beschluß vom 24.2.1987, BB 1987, S. 1249 - 1252
(zit.: *Gast*, BB 1987)

Gaul, Dieter — Tarifliche Friedenspflicht und Firmentarifvertrag, RdA 1966, S. 172 - 179
(zit.: *Gaul*, RdA 1966)

Germelmann, Claas-Hinrich — Grenzen der einvernehmlichen Beendigung von Arbeitsverhältnissen, NZA 1997, S. 236 - 245
(zit.: *Germelmann*, NZA 1997)

Gierke, Otto von — Deutsches Privatrecht, 1. Band, Allgemeiner Teil und Personenrecht, Leipzig, 1936
(zit.: *v.Gierke*, Deutsches Privatrecht, Bd. 1)

Gießen, Karl-Heinz — Die Gewerkschaften im Prozeß der Volks- und Staatswillensbildung, Berlin, 1976
(zit.: *Gießen*, Gewerkschaften)

Gitter, Wolfgang / Boerner, Dietmar — Altersgrenzen in Tarifverträgen, RdA 1990, S. 129 - 138
(zit.: *Gitter / Boerner*, RdA 1990)

Gumpert, Jobst	Rechtsfragen des Firmentarifvertrages, BB 1958, S. 1316 - 1319 (zit.: *Gumpert*, BB 1958)
Hablitzel, Hans	Das Verhältnis von Tarif- und Betriebsautonomie im Lichte des Subsidiaritätsprinzips, NZA 2001, S. 467 - 472 (zit.: *Hablitzel*, NZA 2001)
Hanau, Peter	Allgemeine Grundsätze der betrieblichen Mitbestimmung, RdA 1973, S. 281 - 294 (zit.: *Hanau*, RdA 1973)
Hanau, Peter	Aktuelle Probleme der Mitbestimmung über das Arbeitsentgelt gem. § 87 AbS. 1 Nr. 10 BetrVG, BB 1977, S. 350 - 356 (zit.: *Hanau*, BB 1977)
Hanau, Peter	Zum Kernbereich des Koalitionswesens, ArbuR 1983, S. 257 – 265 (zit.: *Hanau*, ArbuR 1983)
Hanau, Peter	Zur Deregulierung des Arbeitsrechts, in: Baur, Jürgen F. / Müller-Graff, Peter-Christian / Zuleeg, Manfred (Hrsg.), Europarecht - Energierecht - Wirtschaftsrecht, Festschrift für Bodo Börner zum 70. Geburtstag, Köln, 1992, S. 729 - 746 (zit.: *Hanau*, FS Börner)
Hanau, Peter	Die Deregulierung von Tarifverträgen durch Betriebsvereinbarungen als Problem der Koalitionsfreiheit (Art. 9 AbS. 3 GG), RdA 1993, S. 1 – 11 (zit.: *Hanau*, RdA 1993)
Hanau, Peter	Individualautonomie und Mitbestimmung in sozialen Angelegenheiten, Köln u.a., 1994 (zit.: *Hanau*, Individualautonomie)

Hanau, Peter | Betriebsvereinbarung - Regelungsabrede als Instrumente zur Gestaltung der Arbeitsbedingungen, in: Rieder, Hans D. (Hrsg.), Betriebsvereinbarung, Münster, 1995, S. 67 - 116
(zit.: *Hanau*, Betriebsvereinbarung)

Hanau, Peter | Welche arbeits- und -ergänzenden sozialrechtlichen Regelungen empfehlen sich zur Bekämpfung der Arbeitslosigkeit?, Gutachten C für den 63. Deutschen Juristentag, in: Ständige Deputation des Deutschen Juristentages (Hrsg.), Verhandlungen des 63. Deutschen Juristentages, Leipzig 2000, Band 1, Gutachten Teil C, München, 2000
(zit.: *Hanau*, Gutachten zum 63. DJT)

Hanau Peter | Wege zu einer beschäftigungsorientierten Arbeitsmarktordnung: Spannungsverhältnis Individualvertrag, Betriebsvereinbarung, Tarifvertrag, in: Wank, Rolf / Hirte, Heribert / Frey, Kaspar / Fleischer, Holger / Thüsing, Gregor (Hrsg.), Festschrift für Herbert Wiedemann zum 70. Geburtstag, München, 2002, S. 283 - 309
(zit.: *Hanau*, FS Wiedemann)

Hartmann, Christian | Gleichbehandlung und Tarifautonomie – zur Ermittlung der Rechtsfolgen bei Gleichheitsverstößen in Tarifverträgen, Berlin, 1994
(zit.: *Hartmann*, Gleichbehandlung und Tarifautonomie)

Haug, Ulrich | Tarifvorrang und innerbetriebliche Regelungsmechanismen, BB 1986, S. 1921 - 1932
(zit.: *Haug*, BB 1986)

Heinze, Meinhard | Inhalt und Grenzen betriebsverfassungsrechtlicher Rechte, ZfA 1988, S. 53 - 91
(zit.: *Heinze*, ZfA 1988)

Heinze, Meinhard | Betriebsvereinbarungen versus Tarifvertrag, NZA 1989, S. 41 - 48
(zit.: *Heinze*, NZA 1989)

Heinze, Meinhard — Kollektive Arbeitsbedingungen im Spannungsfeld zwischen Tarif- und Betriebsautonomie, NZA 1995, S. 5 - 8
(zit.: *Heinze*, NZA 1995)

Heinze, Meinhard — Gibt es eine Alternative zur Tarifautonomie?, Thesen zur aktuellen Diskussion, DB 1996, S. 729 - 735
(zit.: *Heinze*, DB 1996)

Heinze, Meinhard — Referat, in: Ständige Deputation des Deutschen Juristentages (Hrsg.), Verhandlungen des 63. Deutschen Juristentages, Leipzig 2000, Band II/1, Teil L, München, 2000, L 33 - 51
(zit.: *Heinze*, Referat zum 63. DJT)

Heisig, Beate — Arbeitsentgelt- und Arbeitszeitregelungen im Spannungsfeld zwischen tariflicher und betriebsvereinbarungsrechtlicher Normsetzungsbefugnis, Frankfurt am Main, 1991
(zit.: *Heisig*, Arbeitsentgelt- und Arbeitszeitregelungen)

Heither, Friedrich — Der Tarifvorrang des § 77 Abs.3 BetrVG und seine Durchsetzung, in: Hanau, Peter / Heither, Friedrich / Kühling, Jürgen (Hrsg.), Richterliches Arbeitsrecht, Festschrift für Thomas Dieterich zum 65. Geburtstag, München, 1999, S. 229 - 249
(zit.: *Heither*, FS Dieterich)

Hendler, Reinhard — Selbstverwaltung als Ordnungsprinzip, Zur politischen Willensbildung und Entscheidung im demokratischen Verfassungsstaat der Industriegesellschaft, Köln, 1984
(zit.: *Hendler*, Selbstverwaltung als Ordnungsprinzip)

Hensche, Detlef — Zur Zulässigkeit von Firmentarifverträgen mit verbandsangehörigen Unternehmen, RdA 1971, S. 9 - 17
(zit.: *Hensche*, RdA 1971)

Henssler, Martin — Flexibilisierung der Arbeitsmarktordnung, ZfA 1994, S. 487 - 515
(zit.: *Henssler*, ZfA 1994)

Henssler, Martin	Tarifautonomie und Gesetzgebung, ZfA 1998, S. 1 - 40 (zit.: *Henssler*, ZfA 1998)
Hermes, Georg	Grundrechtsschutz durch Privatrecht auf neuer Grundlage?, Das BVerfG zu Schutzpflicht und mittelbarer Drittwirkung der Berufsfreiheit, NJW 1990, S. 1764 - 1768 (zit.: *Hermes*, NJW 1990)
Herrmann, Elke	Kollektivautonomie contra Privatautonomie: Arbeitsvertrag, Betriebsvereinbarung und Mitbestimmung, Sonderbeilage zu NZA Heft 3/2000, S. 14 - 23 (zit.: *Herrmann*, Sonderbeilage zu NZA Heft 3/2000)
Herschel, Wilhelm	Zur Rechtsnatur der Allgemeinverbindlicherklärung von Tarifverträgen, in: Jank, Kurt / Neumann-Duesberg, Horst / Schewe, Dieter (Hrsg.), Festschrift für Walter Bogs, Berlin, 1959, S. 125 - 137 (zit.: *Herschel*, FS Bogs)
Heß, Harald	Die Zulässigkeit betriebsnaher Tarifverträge, DB 1975, S. 548 - 551 (zit.: *Heß*, DB 1975)
Heß, Harald	Rechtsfragen zum „betriebsnahen Tarifvertrag" unter Berücksichtigung von Tarifpluralitäten, ZfA 1976, S. 45 - 78 (zit.: *Heß*, ZfA 1976)
Hess, Harald / Schlochauer, Ursula / Worzalla, Michael / Glock, Dirk	Betriebsverfassungsgesetz, 6. Auflage, München/ Unterschleißheim, 2003 (zit.: *Hess / Schlochauer / Worzalla / Glock*, BetrVG)
Hinz, Manfred	Tarifhoheit und Verfassungsrecht - Eine Untersuchung über tarifvertragliche Vereinbarungsgewalt, Berlin, 1971 (zit.: *Hinz*, Tarifhoheit und Verfassungsrecht)

Höfling, Wolfram	Grundelemente einer Bereichsdogmatik der Koalitionsfreiheit – Kritik und Reformulierung der sog. Kernbereichslehre -, in: Wendt, Rudolf / Höfling, Wolfram / Karpen, Ulrich / Oldiges, Martin (Hrsg.), Staat - Wirtschaft - Steuern, Festschrift für Karl Heinrich Friauf zum 65. Geburtstag, Heidelberg, 1996, S. 377 - 389 (zit.: *Höfling*, FS Friauf)
Höfling, Wolfram / Burkiczak, Christian	Die unmittelbare Drittwirkung gemäß Art. 9 Abs. 3 Satz 2 GG, RdA 2004, S. 263 - 273 (zit.: *Höfling / Burkiczak*, RdA 2004)
Höfling, Wolfram / Burkiczak, Christian	Das Günstigkeitsprinzip - ein grundrechtsdogmatischer Zwischenruf, NJW 2005, S. 469 - 473 (zit.: *Höfling / Burkiczak*, NJW 2005)
Hoyningen-Huene, Gerrick von	Die Billigkeit im Arbeitsrecht, München, 1978 (zit.: *v.Hoyningen-Huene*, Die Billigkeit im Arbeitsrecht)
Hoyningen-Huene, Gerrick von	Die Rolle der Verbände bei Firmenarbeitskämpfen, ZfA 1980, S. 453 - 470 (zit.: *v.Hoyningen-Huene*, ZfA 1980)
Hoyningen-Huene, Gerrick von	Mitbestimmung trotz Tarifvertrages? - Tarifvorbehalt und Tarifvorrang gem. § 77 III BetrVG -, NZA 1987, S. 793 - 799 (zit.: *v.Hoyningen-Huene*, NZA 1987)
Hoyningen-Huene, Gerrick von	Einführung, in: Richardi, Reinhard / Wlotzke, Otfried (Hrsg.), Münchener Handbuch zum Arbeitsrecht, Band 3, Kollektives Arbeitsrecht, 2. Auflage, München, 2000, § 297 (zit.: *v.Hoyningen-Huene*, in: Richardi / Wlotzke (Hrsg.), MünchArbR, § 297)

Hoyningen-Huene, Gerrick von | Beteiligte der Betriebsverfassung, in: Richardi, Reinhard / Wlotzke, Otfried (Hrsg.), Münchener Handbuch zum Arbeitsrecht, Band 3, Kollektives Arbeitsrecht, 2. Auflage, München, 2000, § 299
(zit.: *v.Hoyningen-Huene*, in: Richardi / Wlotzke (Hrsg.), MünchArbR, § 299)

Hoyningen-Huene, Gerrick von | Betriebsverfassungsrecht, München, 2002
(zit.: *v.Hoyningen-Huene*, BetrVR)

Hromadka, Wolfgang | Die belastende Betriebsvereinbarung, DB 1985, S. 864 - 867
(zit.: *Hromadka*, DB 1985)

Hromadka, Wolfgang | Betriebsvereinbarungen über mitbestimmungspflichtige soziale Angelegenheiten bei Tarifüblichkeit - Zwei-Schranken-Theorie ade?, DB 1987, S. 1991 - 1994
(zit.: *Hromadka*, DB 1987)

Hromadka, Wolfgang | Mehr Flexibilität für die Betriebe - Ein Gesetzesvorschlag, NZA 1996, S. 1233 - 1240
(zit.: *Hromadka*, NZA 1996)

Hromadka, Wolfgang | Gesetzliche Tariföffnungsklauseln - Unzulässige Einschränkung der Koalitionsfreiheit oder Funktionsbedingung der Berufsfreiheit?, NJW 2003, S. 1273 - 1277
(zit.: *Hromadka*, NJW 2003)

Hromadka, Wolfgang | Bündnisse für Arbeit - Angriff auf die Tarifautonomie?, DB 2003, S. 42 - 47
(zit.: *Hromadka*, DB 2003)

Huber, Ernst Rudolf | Wirtschaftsverwaltungsrecht, Band 2, 2. Auflage, Tübingen, 1954
(zit.: *Huber*, Wirtschaftsverwaltungsrecht, Bd. 2)

Huber, Ernst Rudolf — Deutsche Verfassungsgeschichte seit 1789
Band 2: Der Kampf um Einheit und Freiheit 1830 - 1850, Stuttgart, 1988
Band 4: Struktur und Krise des Kaiserreichs, Stuttgart, 1969
(zit.: *Huber*, Verfassungsgeschichte, Bd.)

Hueck, Alfred — Normenverträge, JherJB 73 (1923), S. 33 - 118
(zit.: *Hueck*, JherJB 73 (1923))

Hueck, Götz — Die Betriebsvereinbarung: Wesen, Inhalt, Wirkung, Münster u.a., 1952
(zit.: *Hueck*, Die Betriebsvereinbarung)

Hueck, Alfred / Nipperdey, Hans Carl — Lehrbuch des Arbeitsrechts
Erster Band (I), 7. Auflage, Berlin, Frankfurt am Main, 1963
Zweiter Band, Kollektives Arbeitsrecht, Erster Halbband (II/1), 7. Auflage, Berlin, Frankfurt am Main, 1967
Zweiter Band, Kollektives Arbeitsrecht, Zweiter Halbband (II/2), 7. Auflage, Berlin, Frankfurt am Main, 1970
(zit.: *Hueck / Nipperdey*, Arbeitsrecht, Bd.)

Immenga, Ulrich / Mestmäcker, Ernst-Joachim — GWB, Kommentar zum Kartellgesetz, 3. Auflage, München, 2001
(zit.: *Bearbeiter*, in: Immenga / Mestmäcker, GWB)

Ipsen, Jörn — Staatsrecht II, Grundrechte, 7. Auflage, Neuwied, 2004
(zit.: *Ipsen*, Grundrechte)

Isensee, Josef — Grundrechte und Demokratie, Der Staat 20 (1981), S. 161 - 176
(zit.: *Isensee*, Der Staat 20 (1981))

Isensee, Josef — Die verfassungsrechtliche Verankerung der Tarifautonomie, in: Die Zukunft der sozialen Partnerschaft, Veröffentlichungen der Walter-Raymond-Stiftung, Band 24, Köln, 1986, S. 159 - 193
(zit.: *Isensee*, Tarifautonomie)

Isensee, Josef	Das Grundrecht als Abwehrrecht und als staatliche Schutzpflicht, in: Isensee, Josef / Kirchhof, Paul (Hrsg.), Handbuch des Staatsrechts, Band V, Allgemeine Grundrechtslehren, 2. Auflage, Heidelberg, 2000, § 111 (zit.: *Isensee*, HStR V, § 111)
Jahnke, Volker	Tarifautonomie und Mitbestimmung, München, 1984 (zit.: *Jahnke*, Tarifautonomie und Mitbestimmung)
Jarass, Hans D. / Pieroth, Bodo	Grundgesetz für die Bundesrepublik Deutschland, 7. Auflage, München, 2004 (zit.: *Bearbeiter*, in: Jarass / Pieroth, GG)
Joost, Detlev	Betriebliche Mitbestimmung bei der Lohngestaltung im System von Tarifautonomie und Privatautonomie, ZfA 1993, S. 257 - 278 (zit.: *Joost*, ZfA 1993)
Junker, Abbo	Der Flächentarifvertrag im Spannungsverhältnis von Tarifautonomie und betrieblicher Regelung, ZfA 1996, S. 383 - 417 (zit.: *Junker*, ZfA 1996)
Käppler, Renate	Tarifvertragliche Regelungsmacht, NZA 1991, S. 745 - 754 (zit.: *Käppler*, NZA 1991)
Kaiser, Joseph H.	Die Parität der Sozialpartner, Karlsruhe, 1973 (zit.: *Kaiser*, Die Parität der Sozialpartner)
Kania, Thomas	§ 77 AbS. 3 Betriebsverfassungsgesetz auf dem Rückzug - auch mit Hilfe der Verbände, BB 2001, S. 1091 - 1093 (zit.: *Kania*, BB 2001)
Kempen, Otto Ernst	Betriebsverfassung und Tarifvertrag, RdA 1994, S. 140 - 152 (zit.: *Kempen*, RdA 1994)

Kempen, Otto Ernst — Die beschäftigungspolitische Zuständigkeit der Tarifvertragsparteien, in: Isenhardt, Udo / Preis, Ulrich (Hrsg.), Arbeitsrecht und Sozialpartnerschaft, Festschrift für Peter Hanau, Köln, 1999, S. 529 - 545
(zit.: *Kempen*, FS Hanau)

Kempen, Otto Ernst / Zachert, Ulrich — Tarifvertragsgesetz, Kommentar für die Praxis, 4. Auflage, Köln, 2005
(zit.: *Kempen / Zachert*, TVG)

Kemper, Michael — Die Bestimmung des Schutzbereichs der Koalitionsfreiheit (Art. 9 Abs. 3 GG) - zugleich ein Beitrag zur Lehre von den Einrichtungsgarantien - , Heidelberg, 1989
(zit.: *Kemper*, Schutzbereich der Koalitionsfreiheit)

Kirchhof, Ferdinand — Private Rechtsetzung, Berlin, 1987
(zit.: *Kirchhof*, Private Rechtsetzung)

Kirchhof, Paul — Der allgemeine Gleichheitssatz, in: Isensee, Josef / Kirchhof, Paul (Hrsg.), Handbuch des Staatsrechts, Band V, Allgemeine Grundrechtslehren, 2. Auflage, Heidelberg, 2000, § 124
(zit.: *Kirchhof*, HStR V, § 124)

Kissel, Otto Rudolf — Das Spannungsfeld zwischen Betriebsvereinbarung und Tarifvertrag, NZA 1986, S. 73 - 80
(zit.: *Kissel*, NZA 1986)

Kittner, Michael — Öffnung des Flächentarifvertrags, in: Schlachter, Monika / Ascheid, Reiner / Friedrich, Hans-Wolf (Hrsg.), Tarifautonomie für ein neues Jahrhundert, Festschrift für Günter Schaub zum 65. Geburtstag, München, 1998, S. 389 - 420
(zit.: *Kittner*, FS Schaub)

Kittner, Michael — Die Rechtsprechung des BVerfG zur „Wiederherstellung gestörter Vertragsparität“ im Lichte der ökonomischen Analyse des Rechts und von Deregulierungspostulaten, in: Hanau, Peter / Heither, Friedrich / Kühling, Jürgen (Hrsg.), Richterliches Arbeitsrecht, Festschrift für Thomas Dieterich zum 65. Geburtstag, München, 1999, S. 279 - 296
(zit.: *Kittner*, FS Dieterich)

Kleine-Cosack, Michael — Berufständische Autonomie und Grundgesetz, Baden-Baden, 1986
(zit.: *Kleine-Cosack*, Berufsständische Autonomie und Grundgesetz)

Kleinhenz, Gerhard — Welche arbeits- und -ergänzenden sozialrechtlichen Regelungen empfehlen sich zur Bekämpfung der Arbeitslosigkeit?, Gutachten C für den 63. Deutschen Juristentag, in: Ständige Deputation des Deutschen Juristentages (Hrsg.), Verhandlungen des 63. Deutschen Juristentages, Leipzig 2000, Band 1, Gutachten Teil B, München, 2000
(zit.: *Kleinhenz*, Gutachten zum 63. DJT)

Konzen, Horst — Tarifvertragliche und innerbetriebliche Normsetzung, BB 1977, S. 1307 - 1312
(zit.: *Konzen*, BB 1977)

Konzen, Horst — Privatrechtssystem und Betriebsverfassung, ZfA 1985, S. 469 - 496
(zit.: *Konzen*, ZfA 1985)

Konzen, Horst — Die Tarifautonomie zwischen Akzeptanz und Kritik, NZA 1995, S. 913 - 920
(zit.: *Konzen*, NZA 1995)

Konzen, Horst — Verfassungsmäßigkeit des § 116 AbS. 3 S. 1 AFG – Arbeitslosengeld und Kurzarbeitergeld im Arbeitskampf, SAE 1996, S. 216 - 224
(zit.: *Konzen*, SAE 1996)

Kort, Michael — Arbeitszeitverlängerndes „Bündnis für Arbeit" zwischen Arbeitgeber und Betriebsrat - Verstoß gegen die Tarifautonomie?, NJW 1997, S. 1476 - 1481 (zit.: *Kort*, NJW 1997)

Kraft, Alfons — Die betriebliche Lohngestaltung im Spannungsfeld von Tarifautonomie, betrieblicher Mitbestimmung und Vertragsfreiheit, in: Gamillscheg, Franz / Rüthers, Bernd / Stahlhacke, Eugen (Hrsg.), Sozialpartnerschaft in der Bewährung, Festschrift für Karl Molitor zum 60. Geburtstag, München, 1988, S. 207 - 223 (zit.: *Kraft*, FS Molitor)

Kraft, Alfons / Wiese, Günther / Kreutz, Peter / Oetker, Hartmut / Raab, Thomas / Weber, Christoph / Franzen, Martin — Betriebsverfassungsgesetz, Gemeinschaftskommentar Band II: §§ 74 – 132 mit Kommentierung des BetrVG 1952, 6. Auflage, Neuwied, Kriftel, 1998 (zit.: GK-*Bearbeiter*, BetrVG)

Kreutz, Peter — Kritische Gedanken zur gerichtlichen Billigkeitskontrolle von Betriebsvereinbarungen, ZfA 1975, S. 65 - 84 (zit.: *Kreutz*, ZfA 1975)

Kreutz, Peter — Grenzen der Betriebsautonomie, München, 1979 (zit.: *Kreutz*, Grenzen der Betriebsautonomie)

Kronberger Kreis (Hrsg.) — Mehr Markt im Arbeitsrecht, Bad Homburg, 1986 (zit.: *Kronberger Kreis*, Mehr Markt im Arbeitsrecht)

Kronke, Herbert — Regulierungen auf dem Arbeitsmarkt: Kernbereiche des Arbeitsrechts im internationalen Vergleich, Baden-Baden, 1990 (zit.: *Kronke*, Regulierungen auf dem Arbeitsmarkt)

Krüger, Herbert — Staatliche Gesetzgebung und nichtstaatliche Rechtsetzung, RdA 1957, S. 201 - 206 (zit.: *Krüger*, RdA 1957)

Küchenhoff, Günther	Einwirkungen des Verfassungsrechts auf das Arbeitsrecht, in: Dietz, Rolf / Hübner, Heinz (Hrsg.), Festschrift für Hans Carl Nipperdey zum 70. Geburtstag, 21. Januar 1965, Band 2, München, Berlin, 1965, S. 317 - 348 (zit.: *Küchenhoff*, FS Nipperdey)
Kühling, Jürgen	Arbeitsrecht in der Rechtsprechung des Bundesverfassungsgerichts, ArbuR 1994, S. 126 - 132 (zit.: *Kühling*, ArbuR 1994)
Leibholz, Gerhard / Rinck, Hans-Justus / Hesselberger, Dieter	Grundgesetz für die Bundesrepublik Deutschland - Kommentar an Hand der Rechtsprechung des BVerfG -, 7. Auflage, Band 1, Loseblattsammlung, Stand August 2003 (zit.: *Leibholz / Rinck / Hesselberger*, GG)
Leisner, Walter	Grundrechte und Privatrecht, München, 1960 (zit.: *Leisner*, Grundrechte und Privatrecht)
Lerche, Peter	Übermaß und Verfassungsrecht: zur Bindung des Gesetzgebers an die Grundsätze der Verhältnismäßigkeit und der Erforderlichkeit, Köln, Berlin, München, Bonn, 1961 (zit.: *Lerche*, Übermaß und Verfassungsrecht)
Lerche, Peter	Verfassungsrechtliche Zentralfragen des Arbeitskampfes, Bad Homburg, Berlin, Zürich, 1968 (zit.: *Lerche*, Verfassungsrechtliche Zentralfragen des Arbeitskampfes)
Lerche, Peter	Zur Bindung der Tarifnormen an die Grundrechte, insbesondere an das Grundrecht der Berufsfreiheit, in: Baur, Jürgen F. / Hopt, Klaus J. / Mailänder, K. Peter (Hrsg.), Festschrift für Ernst Steindorff zum 70. Geburtstag am 13. März 1990, Berlin u.a., 1990, S. 897 - 910 (zit.: *Lerche*, FS Steindorff)

Lieb, Manfred — Die Rechtsnatur der Allgemeinverbindlicherklärung von Tarifverträgen als Problem des Geltungsbereiches autonomer Normsetzung, Stuttgart, 1960
(zit.: *Lieb*, Allgemeinverbindlicherklärung)

Lieb, Manfred — Die Regelungszuständigkeit des Betriebsrats für die Vergütung von AT-Angestellten, ZfA 1978, S. 179 - 213
(zit.: *Lieb*, ZfA 1978)

Lieb, Manfred — Mehr Flexibilität im Tarifvertragsrecht? „Moderne" Tendenzen auf dem Prüfstand, NZA 1994, (Teil 1), S. 289 - 294, (Teil 2), S. 337 - 342
(zit.: *Lieb*, NZA 1994)

Lieb, Manfred — Arbeitsrecht, 8. Auflage, Heidelberg, 2003
(zit.: *Lieb*, Arbeitsrecht)

Linnenkohl, Karl — Lean law - die „ingeniöse" Nichtanwendung von Arbeitsrecht, BB 1994, S. 2077 – 2083
(zit.: *Linnenkohl*, BB 1994)

Löwisch, Manfred — Möglichkeiten und Grenzen der Betriebsvereinbarung, ArbuR 1978, S. 97 - 108
(zit.: *Löwisch*, ArbuR 1978)

Löwisch, Manfred — Neuabgrenzung von Tarifvertragssystem und Betriebsverfassung, JZ 1996, S. 812 - 821
(zit.: *Löwisch*, JZ 1996)

Löwisch, Manfred — Schutz der Selbstbestimmung durch Fremdbestimmung, ZfA 1996, S. 293 - 318
(zit.: *Löwisch*, ZfA 1996)

Löwisch, Manfred — Tariföffnung bei Unternehmens- und Arbeitsplatzgefährdung, NJW 1997, S. 905 - 911
(zit.: *Löwisch*, NJW 1997)

Löwisch, Manfred / Kaiser, Dagmar — Betriebsverfassungsgesetz, 5. Auflage, Heidelberg, 2002
(zit.: *Löwisch / Kaiser*, BetrVG)

Löwisch, Manfred / Rieble, Volker	Entwicklung und Rechtsquellen der Koalitionsfreiheit, in: Richardi, Reinhard / Wlotzke, Otfried (Hrsg.), Münchener Handbuch zum Arbeitsrecht, Band 3, Kollektives Arbeitsrecht, 2. Auflage, München, 2000, § 242 (zit.: *Löwisch / Rieble*, in: Richardi / Wlotzke (Hrsg.), MünchArbR, § 242)
Löwisch, Manfred / Rieble, Volker	Tarifvertrag als Normen- und Schuldvertrag, in: Richardi, Reinhard / Wlotzke, Otfried (Hrsg.), Münchener Handbuch zum Arbeitsrecht, Band 3, Kollektives Arbeitsrecht, 2. Auflage, München, 2000, § 253 (zit.: *Löwisch / Rieble*, in: Richardi / Wlotzke (Hrsg.), MünchArbR, § 253)
Loritz, Karl- Georg	Sinn und Aufgabe der Mitbestimmung heute, ZfA 1991, S. 1 – 33 (zit.: *Loritz*, ZfA 1991)
Mangoldt, Hermann von / Klein, Friedrich / Starck, Christian	Das Bonner Grundgesetz Band 1, Präambel, Artikel 1 - 19, München, 1999 Band 2, Artikel 20 - 78, München, 2000 (zit.: *Bearbeiter*, BK GG)
Manssen, Gerrit	Staatsrecht II, Grundrechte, 3. Auflage, München, 2000 (zit.: *Manssen*, Grundrechte)
Martens, Wolfgang	Öffentlich als Rechtsbegriff, Bad Homburg, Berlin, München, 1969 (zit.: *Martens*, Öffentlich als Rechtsbegriff)
Matthes, Hans-Christoph	Der Arbeitgeber als Tarifpartei, in: Schlachter, Monika / Ascheid, Reiner / Friedrich, Hans-Wolf (Hrsg.), Tarifautonomie für ein neues Jahrhundert, Festschrift für Günter Schaub zum 65. Geburtstag, München, 1998, S. 477 - 485 (zit.: *Matthes*, FS Schaub)

Matthes, Hans-Christoph	Mitwirkung und Mitbestimmung des Betriebsrats, in: Richardi, Reinhard / Wlotzke, Otfried (Hrsg.), Münchener Handbuch zum Arbeitsrecht, Band 3, Kollektives Arbeitsrecht, 2. Auflage, München, 2000, § 327 (zit.: *Matthes*, in: Richardi / Wlotzke (Hrsg.), MünchArbR, § 327)
Maunz, Theodor / Dürig, Günter	Grundgesetz, Kommentar Band 1, Art. 1-11, München, Stand August 2005 Band 2, Art. 12-20, München, Stand August 2005 Band 4, Art. 53a-88, München, Stand August 2005 (zit.: *Bearbeiter*, in: Maunz / Dürig, GG)
Meik, Frank Andreas	Der Kernbereich der Tarifautonomie - Dargestellt am Funktionszusammenhang von Unternehmens-, Betriebs- und Tarifautonomie -, Berlin, 1987 (zit.: *Meik*, Der Kernbereich der Tarifautonomie)
Möschel, Wernhard	Das Spannungsverhältnis zwischen Individualvertrag, Betriebsvereinbarung und Tarifvertrag, BB 2002, S. 1314 - 1318 (zit.: *Möschel*, BB 2002)
Möschel, Wernhard	Dezentrale Lohnfindung und Tarifautonomie, BB 2003, S. 1951 - 1956 (zit.: *Möschel*, BB 2003)
Moll, Wilhelm	Tarifvorrang im Betriebsverfassungsgesetz, Berlin, 1980 (zit.: *Moll*, Tarifvorrang im Betriebsverfassungsgesetz)
Monopolkommission	Zehntes Hauptgutachten der Monopolkommission 1992/1993, BT-Drucksache 12/8323 (zit.: *Monopolkommission*, 10. Hauptgutachten)
Müller, Friedrich	Korporation und Assoziation, Berlin, 1965 (zit.: *Müller*, Korporation und Assoziation)

Müller, Georg	Inhalt und Formen der Rechtsetzung als Problem der demokratischen Kompetenzordnung, Basel, Stuttgart, 1979 (zit.: *Müller*, Inhalt und Formen der Rechtsetzung als Problem der demokratischen Kompetenzordnung)
Müller, Gerhard	Zum Verhältnis zwischen Betriebsautonomie und Tarifautonomie, ArbuR 1992, S. 257 - 262 (zit.: *Müller*, ArbuR 1992)
Münch, Ingo von / Kunig, Philip	Grundgesetz-Kommentar Band 1, Präambel – Art. 19, 5. Auflage, München, 2000 Band 2, Art. 20 bis Art. 69, 4./5. Auflage, München, 2001 Band 3, Art. 70 bis Art. 146 und Gesamtregister, 4./5. Auflage, München, 2003 (zit.: *Bearbeiter*, in: v.Münch / Kunig, GG)
Nagel, Bernhard	Paritätische Mitbestimmung und Grundgesetz, Baden-Baden, 1988 (zit.: *Nagel*, Paritätische Mitbestimmung und Grundgesetz)
Neumann, Dirk	Der Schutz der negativen Koalitionsfreiheit, RdA 1989, S. 243 - 246 (zit.: *Neumann*, RdA 1989)
Neumann, Dirk	Tarif- und Betriebsautonomie, RdA 1990, S. 257 - 261 (zit.: *Neumann*, RdA 1990)
Neumann-Duesberg, Horst	Betriebsverfassungsrecht, Berlin, 1960 (zit.: *Neumann-Duesberg*, Betriebsverfassungsrecht)
Nikisch, Arthur	Arbeitsrecht Band 2, Koalitionsrecht, Arbeitskampfrecht und Tarifvertragsrecht, 2. Auflage, Tübingen, 1959 Band 3, Betriebsverfassungsrecht, 2. Auflage, Tübingen, 1966 (zit.: *Nikisch*, Arbeitsrecht)

Nipperdey, Hans Carl — Kontrahierungszwang und diktierter Vertrag, Jena, 1920
(zit.: *Nipperdey*, Kontrahierungszwang und diktierter Vertrag)

Ossenbühl, Fritz — Der öffentliche Status der Gewerkschaften, NJW 1965, S. 1561 - 1564
(zit.: *Ossenbühl*, NJW 1965)

Ossenbühl, Fritz — Die Freiheiten des Unternehmers nach dem Grundgesetz, AöR 115 (1990), S. 1 - 32
(zit.: *Ossenbühl*, AöR 115 (1990))

Ossenbühl, Fritz — Vorrang und Vorbehalt des Gesetzes, in: Isensee, Josef / Kirchhof, Paul (Hrsg.), Handbuch des Staatsrechts, Band III, Das Handeln des Staates, 2. Auflage, Heidelberg, 1996, § 62
(zit.: *Ossenbühl*, HStR III, § 62)

Ossenbühl, Fritz / Richardi, Reinhard — Neutralität im Arbeitskampf, Köln, 1987
(zit.: *Ossenbühl / Richardi*, Neutralität im Arbeitskampf)

Papier, Hans-Jürgen — Der verfassungsrechtliche Rahmen für Privatautonomie im Arbeitsrecht, RdA 1989, S. 137 - 144
(zit.: *Papier*, RdA 1989)

Pennings, Frans — Flexibilität und Sicherheit: neue Entwicklungen im niederländischen Arbeitsrecht, ZIAS 1999, S.153 - 164
(zit.: *Pennings*, ZIAS 1999)

Peters, Hans / Ossenbühl, Fritz — Die Übertragung von öffentlich-rechtlichen Befugnissen auf die Sozialpartner unter besonderer Berücksichtigung des Arbeitsschutzes, Berlin, Frankfurt am Main, 1967
(zit.: *Peters / Ossenbühl*, Sozialpartner)

Picker, Eduard — Der Warnstreik und die Funktion des Arbeitskampfes in der Privatrechtsordnung, Köln u.a., 1983
(zit.: *Picker*, Der Warnstreik und die Funktion des Arbeitskampfes in der Privatrechtsordnung)

Picker, Eduard	Tarifmacht und tarifvertragliche Arbeitsmarktpolitik, ZfA 1998, S. 573 - 714 (zit.: *Picker*, ZfA 1998)
Picker, Eduard	Die Tarifautonomie in der deutschen Arbeitsverfassung, Köln, 2000 (zit.: *Picker*, Die Tarifautonomie in der deutschen Arbeitsverfassung)
Picker, Eduard	Betriebsverfassung und Arbeitsverfassung, RdA 2001, S. 257 - 292 (zit.: *Picker*, RdA 2001)
Picker, Eduard	Tarifautonomie – Betriebsautonomie - Privatautonomie, NZA 2002, S. 761 - 770 (zit.: *Picker*, NZA 2002)
Pieroth, Bodo	Koalitionsfreiheit, Tarifautonomie und Mitbestimmung, in: Badura, Peter / Dreier, Horst (Hrsg.), 50 Jahre Bundesverfassungsgericht, Zweiter Band, Klärung und Fortbildung des Verfassungsrechts, Tübingen, 2001, S. 293 - 317 (zit.: *Pieroth*, FS BVerfG)
Pieroth, Bodo / Schlink, Bernhard	Staatsrecht II, Grundrechte, 21. Auflage, Heidelberg, 2005 (zit.: *Pieroth / Schlink*, Grundrechte)
Platow, Helmut	Tarifautonomie und „Betriebliche Bündnisse für Arbeit“, AiB 2003, S. 581 - 585 (zit.: *Platow*, AiB 2003)
Raab, Thomas	Betriebliche Bündnisse für Arbeit - Königsweg aus der Beschäftigungskrise?, ZfA 2004, S. 371 - 403 (zit.: *Raab*, ZfA 2004)
Ramm, Thilo	Grundrechte und Arbeitsrecht - Zur Verständigung über die Fragestellungen - , JZ 1991, S. 1 - 16 (zit.: *Ramm*, JZ 1991)

Reuss, Wilhelm — Gleicher Lohn für gleiche Arbeit?, ArbuR 1960, S. 33-36
(zit.: *Reuss*, ArbuR 1960)

Reuß, Wilhelm — Die Bedeutung des Gemeinwohls für die Tarifhoheit, ZfA 1970, S. 319 - 338
(zit.: *Reuß*, ZfA 1970)

Reuter, Dieter — Mitbestimmung des Betriebsrats - soziale Angelegenheiten, Anmerkung zu Bundesarbeitsgericht, Beschluß vom 14.11.1974 1 ABR 65/73 (LAG Ddf [Köln] - 8 Ta BV 11/73), SAE 1976, S. 17 - 18
(zit.: *Reuter*, SAE 1976)

Reuter, Dieter — Deregulierung auf dem Arbeitsmarkt, DZWir 1991, S. 221 - 234
(zit.: *Reuter*, DZWiR 1991)

Reuter, Dieter — Das Verhältnis von Individualautonomie, Betriebsautonomie und Tarifautonomie, RdA 1991, S. 193 - 204
(zit.: *Reuter*, RdA 1991)

Reuter, Dieter — Betriebsverfassung und Tarifvertrag, RdA 1994, S. 152 - 168
(zit.: *Reuter*, RdA 1994)

Reuter, Dieter — Möglichkeiten und Grenzen einer Auflockerung des Tarifkartells, ZfA 1995, S. 1 - 94
(zit.: *Reuter*, ZfA 1995)

Reuter, Dieter — Möglichkeiten und Grenzen einer Deregulierung des Arbeitsrechts, in: Wank, Rolf / Hirte, Heribert / Frey, Kaspar / Fleischer, Holger / Thüsing, Gregor (Hrsg.), Festschrift für Herbert Wiedemann zum 70. Geburtstag, München, 2002, S. 449 - 491
(zit.: *Reuter*, FS Wiedemann)

Richardi, Reinhard — Koalitionsgewalt und individuelle Koalitionsfreiheit, AöR 93 (1968), S. 243 - 269
(zit.: *Richardi*, AöR 93 (1968))

Richardi, Reinhard	Kollektivgewalt und Individualwille bei der Gestaltung des Arbeitsverhältnisses, München, 1968 (zit.: *Richardi*, Kollektivgewalt und Individualwille)
Richardi, Reinhard	Betriebsverfassung und Privatautonomie, Berlin, New York, 1973 (zit.: *Richardi*, Betriebsverfassung und Privatautonomie)
Richardi, Reinhard	Die Mitbestimmung des Betriebsrats bei der Regelung des Arbeitsentgelts, ZfA 1976, S. 1 - 44 (zit.: *Richardi*, ZfA 1976)
Richardi, Reinhard	Kollektivvertragliche Arbeitszeitregelung, ZfA 1990, S. 211 - 243 (zit.: *Richardi*, ZfA 1990)
Richardi, Reinhard	Empfiehlt es sich, die Regelungsbefugnisse der Tarifparteien im Verhältnis zu den Betriebsparteien neu zu ordnen?, Beilage NJW 1996, Heft 23, S. 13 - 16 (zit.: *Richardi*, Beilage NJW 1996, Heft 23)
Richardi, Reinhard	Empfiehlt es sich, die Regelungsbefugnisse der Tarifparteien zu den Betriebsparteien neu zu ordnen?, Gutachten B für den 61. Deutschen Juristentag, in: Ständige Deputation des Deutschen Juristentages (Hrsg.), Verhandlungen des 61. Deutschen Juristentages, Karlsruhe 1996, Band 1, Gutachten Teil B, München, 1996 (zit.: *Richardi*, Gutachten zum 61. DJT)
Richardi, Reinhard	Betriebsverfassungsgesetz mit Wahlordnung, 10. Auflage, München 2005 (zit.: *Richardi*, BetrVG)
Richardi, Reinhard	Welche Folgen hätte eine Aufhebung des Tarifvorbehalts (§ 77 III BetrVG)?, NZA 2000, S. 617 - 621 (zit.: *Richardi*, NZA 2000)

Richardi, Reinhard | Grundrechte im Arbeitsverhältnis, in: Richardi, Reinhard / Wlotzke, Otfried (Hrsg.), Münchener Handbuch zum Arbeitsrecht, Band 1, Individualarbeitsrecht I, 2. Auflage, München, 2000, § 10
(zit.: *Richardi*, in: Richardi / Wlotzke (Hrsg.), MünchArbR, § 10)

Ridder, Helmut | Zur verfassungsrechtlichen Stellung der Gewerkschaften im Sozialstaat nach dem Grundgesetz für die Bundesrepublik Deutschland, Stuttgart, 1960
(zit.: *Ridder*, Gewerkschaften)

Rieble, Volker | Beschäftigungspolitik durch Tarifvertrag, ZTR 1993, S. 54 - 61
(zit.: *Rieble*, ZTR 1993)

Rieble, Volker | Krise des Flächentarifvertrages?, RdA 1996, S. 151 - 158
(zit.: *Rieble*, RdA 1996)

Rieble, Volker | Arbeitsmarkt und Wettbewerb - Der Schutz von Vertrags- und Wettbewerbsfreiheit im Arbeitsrecht, Berlin, 1996
(zit.: *Rieble*, Arbeitsmarkt und Wettbewerb)

Rieble, Volker | Der Fall Holzmann und seine Lehren, NZA 2000, S. 225 - 234
(zit.: *Rieble*, NZA 2000)

Rieble, Volker | Tarifvertrag und Beschäftigung, ZfA 2004, S. 1 - 65
(zit.: *Rieble*, ZfA 2004)

Ruck, Silke | Zur Unterscheidung von Ausgestaltungs- und Schrankengesetzen im Bereich der Rundfunkfreiheit, AöR 117 (1992), S. 543 - 566
(zit.: *Ruck*, AöR 117 (1992))

Rüthers, Bernd | Streik und Verfassung, Köln, 1960
(zit.: *Rüthers*, Streik und Verfassung)

Rüthers, Bernd — Tarifautonomie und Schlichtungszwang, in: Hueck, Götz / Richardi, Reinhard (Hrsg.), Gedächtnisschrift für Rolf Dietz, München, 1973, S. 299 - 321
(zit.: *Rüthers*, GS Dietz)

Rupp, Hans Heinrich — Grundgesetz und „Wirtschaftsverfassung", Tübingen, 1974
(zit.: *Rupp*, Grundgesetz und „Wirtschaftsverfassung")

Sachs, Michael — Werbung durch Gewerkschaftsmitglied während der Arbeitszeit, Entscheidungsbesprechung zu BVerfG 14. November 1995 1 BvR 601/92, JuS 1996, S. 931 - 932
(zit.: *Sachs*, JuS 1996)

Sachs, Michael — Grundgesetz, Kommentar, 3. Auflage, München, 2003
(zit.: *Bearbeiter*, in: Sachs, GG)

Sachs, Michael — Verfassungsrecht II, Grundrechte, 2. Auflage, Berlin u.a., 2003
(zit.: *Sachs*, Grundrechte)

Säcker, Franz-Jürgen — Kollektivgewalt und Individualwille bei der Gestaltung des Arbeitsverhältnisses, RdA 1969, S. 291 - 302
(zit.: *Säcker*, RdA 1969)

Säcker, Franz-Jürgen — Grundprobleme der kollektiven Koalitionsfreiheit, Düsseldorf, 1969
(zit.: *Säcker*, Grundprobleme der kollektiven Koalitionsfreiheit)

Säcker, Franz-Jürgen — Gruppenautonomie und Übermachtkontrolle im Arbeitsrecht, Berlin, 1972
(zit.: *Säcker*, Gruppenautonomie und Übermachtkontrolle im Arbeitsrecht

Säcker, Franz-Jürgen — Die Regelung sozialer Angelegenheiten im Spannungsfeld zwischen tariflicher und betriebsverfassungsrechtlicher Normsetzungsbefugnis, ZfA 1972, Sonderheft, S. 41 - 70
(zit.: *Säcker*, ZfA 1972, Sonderheft)

Säcker, Franz Jürgen — Tarifvorrang und Mitbestimmung des Betriebsrates beim Arbeitsentgelt, BB 1979, S. 1201 - 1204
(zit.: *Säcker*, BB 1979)

Säcker, Franz-Jürgen / Oetker, Hartmut — Grundlagen und Grenzen der Tarifautonomie, München, 1992
(zit.: *Säcker / Oetker*, Grundlagen und Grenzen der Tarifautonomie)

Sadowski, Dieter / Backes-Gellner, Uschi — Der Stand der betriebswirtschaftlichen Arbeitsrechtsanalyse, Zeitschrift für Betriebswirtschaft, Ergänzungsheft 4/1997
(zit.: *Sadowski / Backes-Gellner*, Zeitschrift für Betriebswirtschaft, Ergänzungsheft 4/1997)

Schaub, Günter — Wege und Irrwege aus dem Flächentarifvertrag, NZA 1998, S. 617 - 623
(zit.: *Schaub*, NZA 1998)

Schaub, Günter — Arbeitsrecht-Handbuch: systematische Darstellung und Nachschlagewerk für die Praxis, 10. Auflage, München, 2002
(zit.: *Schaub*, ArbRHb)

Schlachter, Monika — Bewährung und Reformbedürftigkeit des Betriebsverfassungsrechts, RdA 1993, S. 313 - 327
(zit.: *Schlachter*, RdA 1993)

Schliemann, Harald — Zur arbeitsgerichtlichen Kontrolle kollektiver Regelungen, in: Isenhardt, Udo / Preis, Ulrich (Hrsg.), Arbeitsrecht und Sozialpartnerschaft, Festschrift für Peter Hanau, Köln, 1999, S. 577 - 606
(zit.: *Schliemann*, FS Hanau)

Schmidt, Thomas Benedikt — Das Günstigkeitsprinzip im Tarifvertrags- und Betriebsverfassungsrecht. Zugleich ein Beitrag zum Verhältnis von Tarifvertrag und Betriebsvereinbarung, Berlin, 1994
(zit.: *Schmidt*, Das Günstigkeitsprinzip im Tarifvertrags- und Betriebsverfassungsrecht)

Schmidt-Bleibtreu, Bruno / Klein, Franz — Grundgesetz, 10. Auflage, Neuwied, 2004 (zit.: *Schmidt-Bleibtreu / Klein*, GG)

Schneider, Hans — Autonome Satzung und Rechtsverordnung, in: Hefermehl, Wolfgang / Nipperdey, Hans Carl (Hrsg.), Festschrift für Philipp Möhring zum 65. Geburtstag, 4. September 1965, München, 1965, S. 521 - 542 (zit.: *Schneider*, FS Möhring)

Schnorr, Gerhard — Inhalt und Grenzen der Tarifautonomie, JR 1966, S. 327 - 334 (zit.: *Schnorr*, JR 1966)

Scholz, Rupert — Die Koalitionsfreiheit als Verfassungsproblem, München, 1971 (zit.: *Scholz*, Die Koalitionsfreiheit als Verfassungsproblem)

Scholz, Rupert — Die Berufsfreiheit als Grundlage und Grenze arbeitsrechtlicher Regelungssysteme, ZfA 1981, S. 265 - 302 (zit.: *Scholz*, ZfA 1981)

Scholz, Rupert — Koalitionsfreiheit, in: Isensee, Josef / Kirchhof, Paul (Hrsg.), Handbuch des Staatsrechts, Band VI, Freiheitsrechte, 2. Auflage, Heidelberg, 2001, § 151 (zit.: *Scholz*, HStR VI, § 151)

Schüren, Peter — Die Legitimation der tariflichen Normsetzung - Untersuchung zur Teilhabe der tarifunterworfenen Gewerkschaftsmitglieder an der tarifpolitischen Willensbildung in Deutschland und den Vereinigten Staaten von Amerika -, München, 1990 (zit.: *Schüren*, Die Legitimation der tariflichen Normsetzung)

Schuhmacher, Wolfgang — Nachfragemacht und Gegengewichtsprinzip, ZHR 140 (1976), S. 317 - 354 (zit.: *Schuhmacher*, ZHR 140 (1976))

Schwarze, Roland — Der Betriebsrat im Dienst der Tarifvertragsparteien, Berlin, 1991
(zit.: *Schwarze*, Der Betriebsrat im Dienst der Tarifvertragsparteien)

Schwarze, Roland — Die verfassungsrechtliche Garantie des Arbeitskampfes - BVerfGE 84, 212, JuS 1994, S. 653 - 659
(zit.: *Schwarze*, JuS 1994)

Seifert, Achim — Umfang und Grenzen der Zulässigkeit von tarifabweichenden Betriebsvereinbarungen: zugleich ein Beitrag zur Bestimmung des Verhältnisses von Tarifvertrag und Betriebsvereinbarung nach den §§ 77 III, 87 ES BetrVG, § 4 TVG und Art. 9 III GG, Baden-Baden, 2000
(zit.: *Seifert*, Umfang und Grenzen der Zulässigkeit von tarifabweichenden Betriebsvereinbarungen)

Seiter, Hugo — Streikrecht und Aussperrungsrecht: ein Arbeitskampfrechtssystem auf der Grundlage subjektiv-privater Kampfrechte, Tübingen, 1975
(zit.: *Seiter*, Streikrecht und Aussperrungsrecht)

Seiter, Hugo — Staatsneutralität im Arbeitskampf: systematische Darstellung der mit § 116 AFG zusammenhängenden Rechtsfragen auf der Grundlage des Neutralitätsgesetzes von 1986, Tübingen, 1987
(zit.: *Seiter*, Staatsneutralität im Arbeitskampf)

Singer, Reinhard — Tarifvertragliche Normenkontrolle am Maßstab der Grundrechte?, ZfA 1995, S. 611 - 638
(zit.: *Singer*, ZfA 1995)

Sodan, Helge — Verfassungsrechtliche Grenzen der Tarifautonomie. Ein Beitrag zur Auslegung des Art. 9 AbS. 3 GG, JZ 1998, S. 421 - 430
(zit.: *Sodan*, JZ 1998)

Söllner, Alfred — Zu Sinn und Grenzen der Vereinbarungsbefugnis der Tarifvertragsparteien, ArbuR 1966, S. 257 - 264
(zit.: *Söllner*, ArbuR 1966)

Söllner, Alfred	Der verfassungsrechtliche Rahmen für Privatautonomie im Arbeitsrecht, RdA 1989, S. 144 - 150 (zit.: *Söllner*, RdA 1989)
Söllner, Alfred	Grenzen des Tarifvertrags, NZA 1996, S. 897 - 906 (zit.: *Söllner*, NZA 1996)
Söllner, Alfred	Grundriß des Arbeitsrechts, 13. Auflage, München, 2003 (zit.: *Söllner*, Grundriß des Arbeitsrechts)
Söllner, Alfred	Tarifmacht – Grenzen und Grenzverschiebungen, NZA 2000, Sonderbeilage zu Heft 24, S. 33 - 41 (zit.: *Söllner*, NZA 2000)
Soltwedel, Rüdiger	Regulierungen auf dem Arbeitsmarkt der Bundesrepublik, Tübingen, 1990 (zit.: *Söllner*, Regulierungen auf dem Arbeitsmarkt der Bundesrepublik)
Stege, Dieter / Weinspach, F. K.	Betriebsverfassungsgesetz, Handkommentar für die betriebliche Praxis, 9. Auflage, Köln, 2002 (zit.: *Stege / Weinspach*, BetrVG)
Stelling, Rainer	Das Erfordernis der Überbetrieblichkeit - ein Anachronismus des modernen Gewerkschaftsbegriffs, NZA 1998, S. 920 - 925 (zit.: *Stelling*, NZA 1998)
Stern, Klaus	Das Staatsrecht der Bundesrepublik Deutschland Band I, Grundbegriff und Grundlagen des Staatsrechts, Strukturprinzipen der Verfassung, München, 1984 Band II, Staatsorgane, Staatsfunktionen, Finanz- und Haushaltsverfassung, Notstandsverfassung, München, 1980 Band III, Allgemeine Lehren der Grundrechte, Halbband 1, Grundlagen und Geschichte, nationaler und internationaler Grundrechtskonstitutionalismus, juristische Bedeutung der Grundrechte, Grundrechtsberechtigte, Grundrechtsverpflichtete, München 1988 Band III, Allgemeine Lehren der Grundrechte, Halbband 2, Grundrechtstatbestand, Grundrechtsbeeinträchtigungen und Grundrechtsbegrenzungen, Grundrechtsverluste und Grundpflichten, Schutz der Grund-

rechte, Grundrechtskonkurrenzen, Grundrechtssystem, München, 1994
(zit.: *Stern*, Staatsrecht, Bd.)

Strasser, Rudolf — Die Betriebsvereinbarung nach österreichischem und deutschem Recht, Wien, Mainz, 1957
(zit.: *Strasser*, Betriebsvereinbarung)

Thau, Jens T. — Die Härtefallregelung nach dem Sächsischen Tarifmodell, AuA 1993, S. 235 - 238
(zit.: *Thau*, AuA 1993)

Thürer, Daniel — Die negative Koalitionsfreiheit, in: Mosler, Hermann / Bernhardt, Rudolf (Hrsg.), Die Koalitionsfreiheit des Arbeitnehmers, Band 75, Teil 2, Berlin u.a., 1980, S. 1235 - 1253
(zit.: *Thürer*, Koalitionsfreiheit des Arbeitnehmers)

Thüsing, Gregor — Wege zu einem besseren Tarifrecht, FA 2005, S. 297 - 302
(zit.: *Thüsing*, FA 2005)

Veit, Barbara — Die funktionelle Zuständigkeit des Betriebsrats, München, 1998
(zit.: *Veit*, Die funktionelle Zuständigkeit des Betriebsrats)

Vollmer, Lothar — Aufgaben- und Zuständigkeitsverteilung zwischen mitbestimmungsrechtlicher und tarifvertraglicher Interessenvertretung (I), DB 1979, S. 308 - 310
(zit.: *Vollmer*, DB 1979)

Wagner, Klaus-R. — Verfassungsrechtliche Grundlagen der Übertragung von Kompetenzen der Tarifparteien auf die Betriebsparteien, DB 1992, S. 2550 - 2554
(zit.: *Wagner*, DB 1992)

Walker, Wolf-Dietrich | Zur Zulässigkeit von Betriebsbußen, in: Heinze, Meinhard / Söllner, Alfred (Hrsg.) Arbeitsrecht in der Bewährung, Festschrift für Otto Rudolf Kissel zum 65 Geburtstag, München, 1994, S. 1205 - 1224 (zit.: *Walker*, FS Kissel)

Walker, Wolf-Dietrich | Möglichkeiten und Grenzen einer flexibleren Gestaltung von Arbeitsbedingungen - Das Spannungsverhältnis zwischen Tarifautonomie und Betriebsautonomie -, ZfA 1996, S. 353 - 381 (zit.: *Walker*, ZfA 1996)

Waltermann, Raimund | Kollektivvertrag und Grundrechte, RdA 1990, S. 138 - 144 (zit.: *Waltermann*, RdA 1990)

Waltermann, Raimund | Beschäftigungspolitik durch Tarifvertrag?, NZA 1991, S. 754 - 760 (zit.: *Waltermann*, NZA 1991)

Waltermann, Raimund | 75 Jahre Betriebsvereinbarung, NZA 1995, S. 1177 - 1184 (zit.: *Waltermann*, NZA 1995)

Waltermann, Raimund | Gestaltung von Arbeitsbedingungen durch Vereinbarung mit dem Betriebsrat, NZA 1996, S. 357 - 365 (zit.: *Waltermann*, NZA 1996)

Waltermann, Raimund | Zuständigkeiten und Regelungsbefugnisse im Spannungsfeld von Tarifautonomie und Betriebsautonomie, RdA 1996, S. 129 - 139 (zit.: *Waltermann*, RdA 1996)

Waltermann, Raimund | Gestaltung von Arbeitsbedingungen durch Vereinbarung mit dem Betriebsrat, in: Hromadka, Werner (Hrsg.), Recht und Praxis der Betriebsverfassung, Stuttgart, 1996, S. 49 - 73 (zit.: *Waltermann*, in: Hromadka, Betriebsverfassung)

Waltermann, Raimund — Rechtsetzung durch Betriebsvereinbarung zwischen Privatautonomie und Tarifautonomie, Tübingen, 1996 (zit.: *Waltermann*, Rechtsetzung durch Betriebsvereinbarung zwischen Privatautonomie und Tarifautonomie)

Waltermann, Raimund — Zu den Grundlagen der Tarifautonomie, ZfA 2000, S. 53 - 86 (zit.: *Waltermann*, ZfA 2000)

Waltermann, Raimund — Zu den Grundlagen der Rechtsetzung durch Tarifvertrag, in: Köbler, Gerhard / Heinze, Meinhard / Hromadka, Wolfgang (Hrsg.), Europas universale rechtsordnungspolitische Aufgabe im Recht des dritten Jahrtausends: Festschrift für Alfred Söllner zum 70. Geburtstag, München, 2000, S. 1251 - 1277 (zit.: *Waltermann*, FS Söllner)

Waltermann, Raimund — Tarifvertragliche Öffnungsklauseln für betriebliche Bündnisse für Arbeit - zur Rolle der Betriebsparteien, ZfA 2005, S. 505 - 527 (zit.: *Waltermann*, ZfA 2005)

Wank, Rolf — Tarifautonomie oder betriebliche Mitbestimmung?, RdA 1991, S. 129 - 139 (zit.: *Wank*, RdA 1991)

Wank, Rolf — Empfiehlt es sich, die Regelungsbefugnisse der Tarifparteien im Verhältnis zu den Betriebsparteien neu zu ordnen?, NJW 1996, S. 2273 - 2282 (zit.: *Wank*, NJW 1996)

Weber, Werner — Koalitionsfreiheit und Tarifautonomie als Verfassungsproblem, Berlin, 1965 (zit.: *Weber*, Koalitionsfreiheit und Tarifautonomie als Verfassungsproblem)

Weber, Werner / Scheuner, Ulrich / Dietz, Rolf — Koalitionsfreiheit, Frankfurt am Main, 1961 (zit.: *Bearbeiter*, in: Weber / Scheuner / Dietz, Koalitionsfreiheit)

Weis, Josef — Wirtschaftsunternehmen und Demokratie, Köln, 1970 (zit.: *Weis*, Wirtschaftsunternehmen und Demokratie)

Weiss, Helmut — Koalitionsfreiheit und betriebsnahe Tarifverträge, Düsseldorf, 1973 (zit.: *Weiss*, Koalitionsfreiheit und betriebsnahe Tarifverträge)

Weiss, Manfred / Weyand, Joachim — Betriebsverfassungsrecht, 3. Auflage, Baden-Baden, 1994 (zit.: *Weiss / Weyand*, BetrVG)

Weitnauer, Hermann — Zivilrechtliche Grundstrukturen im Betriebsverfassungsrecht, in: Pawlowski, Hans-Martin / Wiese, Günther / Wüst, Günther (Hrsg.), Festschrift für Konrad Duden zum 70. Geburtstag, München, 1977, S. 705 - 718 (zit.: *Weitnauer*, FS Duden)

Wendeling-Schröder, Ulrike — Auf der Suche nach einem modernen Tarifvertragsrecht, in: Kohte, Wolfhard / Dörner, Hans-Jürgen / Anzinger, Rudolf (Hrsg.), Arbeitsrecht im sozialen Dialog, Festschrift für Helmut Wissmann zum 65. Geburtstag, München, 2005, S. 174 - 184 (zit.: *Wendelin-Schröder*, FS Wissmann)

Wenger, Ekkehard — Die Verteilung von Entscheidungskompetenzen im Rahmen von Arbeitsverträgen, in: Neumann, Manfred (Hrsg.), Ansprüche, Eigentums- und Verfügungsrechte, Berlin, 1984, S. 199 - 217 (zit.: *Wenger*, Die Verteilung von Entscheidungskompetenzen im Rahmen von Arbeitsverträgen)

Werner, Fritz — Sozialstaatliche Tendenzen in der Rechtsprechung, AöR 81 (1956), S. 84 - 103 (zit.: *Werner*, AöR 81 (1956))

Wiedemann, Anton — Die Bindung der Tarifnormen an die Grundrechte, insbesondere an Art. 12 GG, Heidelberg, 1994 (zit.: *Wiedemann*, Die Bindung der Tarifnormen an die Grundrechte)

Wiedemann, Herbert — Leistungsprinzip und Tarifvertragsrecht, in: Gamillscheg, Franz / Hueck, Götz / Wiedemann, Herbert (Hrsg.), 25 Jahre Bundesarbeitsgericht, München, 1979, S. 635 - 660
(zit.: *Wiedemann*, FS BAG)

Wiedemann, Herbert — Höhere Angestellte im Betriebsverfassungsrecht, in: Gamillscheg, Franz / De Givry, Jean / Hepple, Bob / Verdier, Jean-Maurice (Hrsg.), In memoriam Sir Otto Kahn-Freud, München, 1980, S. 343 - 359
(zit.: *Wiedemann*, GS Kahn-Freund)

Wiedemann, Herbert — Normsetzung durch Vertrag, in: Hanau, Peter / Heither, Friedrich / Kühling, Jürgen (Hrsg.), Richterliches Arbeitsrecht, Festschrift für Thomas Dieterich zum 65. Geburtstag, München, 1999, S. 661 - 682
(zit.: *Wiedemann*, FS Dieterich)

Wiedemann, Herbert — Tarifvertragsgesetz mit Durchführungs- und Nebenvorschriften, 6. Auflage, München, 1999
(zit.: *Wiedemann*, TVG)

Wieland, Peter — Das Recht der Firmentarifverträge, Köln, 1998
(zit.: *Wieland*, Das Recht der Firmentarifverträge)

Wiese, Günther — Zum Gesetzes- und Tarifvorbehalt nach § 87 AbS. 1 BetrVG, in: Gamillscheg, Franz / Hueck, Götz / Wiedemann, Herbert (Hrsg.), 25 Jahre Bundesarbeitsgericht, München, 1979, S. 661 - 680
(zit.: *Wiese*, FS BAG)

Wissenschaftlicher Beirat beim Bundesministerium für Wirtschaft und Arbeit — Tarifautonomie auf dem Prüfstand, Bundesministerium für Wirtschaft und Arbeit (Hrsg.), Gutachten des Wissenschaftlichen Beirats beim Bundesministerium für Wirtschaft und Arbeit vom 11. Oktober 2003, BMWA-Dokumentation Nr.: 531, Stand: Januar 2004
(zit.: *Wiss. Beirat BMWA*, Tarifautonomie auf dem Prüfstand)

Wlotzke, Otfried	Das Günstigkeitsprinzip im Verhältnis des Tarifvertrages zum Einzelarbeitsvertrag und zur Betriebsvereinbarung, Heidelberg, 1957 (zit.: *Wlotzke*, Das Günstigkeitsprinzip im Verhältnis des Tarifvertrages zum Einzelarbeitsvertrag und zur Betriebsvereinbarung)
Wolf, Roland	Tarifliche und gesetzliche Öffnungsklauseln für Tarifverträge im Spannungsfeld von positiver und negativer Koalitionsfreiheit, in: Söllner, Alfred / Gitter, Wolfgang / Waltermann, Raimund / Giesen, Richard / Ricken, Oliver (Hrsg.), Gedächtnisschrift für Meinhard Heinze, München, 2005, S. 1095 - 1109 (zit.: *Wolf*, GS Heinze)
Wolter, Henner	Richtungswechsel im Tarifvertragsrecht - Betriebliche Bündnisse für Arbeit und Tarifvorrang, NZA 2003, S. 1317 - 1321 (zit.: *Wolter*, NZA 2003)
Zacher, Hans F.	Staat und Gewerkschaften – Zur Doppelverfassung einer Arbeitnehmergesellschaft -, Heidelberg, 1977 (zit.: *Zacher*, Staat und Gewerkschaften)
Zachert, Ulrich	Deregulierung des Tarifvertrags - ein taugliches Mittel zur Lösung der Arbeitsmarktprobleme?, DB 1991, S. 1221 - 1226 (zit.: *Zachert*, DB 1991)
Zachert, Ulrich	Für den Erhalt und die Fortentwicklung der Tarifautonomie, ArbuR 1993, S. 97 - 101 (zit.: *Zachert*, ArbuR 1993)
Zachert, Ulrich	Krise des Flächentarifvertrages?, RdA 1996, S. 140 - 151 (zit.: *Zachert*, RdA 1996)
Zachert, Ulrich	Betriebsvereinbarung statt Tarifvertrag?, ArbuR 1997, S. 11 - 13 (zit.: *Zachert*, ArbuR 1997)

Zachert, Ulrich — Beschäftigungssicherung durch Tarifvertrag als Prüfstein für Umfang und Grenzen der Tarifautonomie, DB 2001, S. 1198 - 1202
(zit.: *Zachert*, DB 2001)

Zachert, Ulrich — Betriebliche Bündnisse für Arbeit durch gesetzliche Öffnungsklauseln?, AiB 2004, S. 718 - 721
(zit.: *Zachert*, AiB 2004)

Zachert, Ulrich — Drei aktuelle Vorschläge zur Öffnung des Flächentarifvertrages - Verfassungsrechtliche Eckpunkte und rechtspolitische Bewertung, JbArbR 41 (2004), S. 85 - 101
(zit.: *Zachert*, JbArbR 41)

Zander, Ernst — Betriebsautonomie und Tarifautonomie, BB 1987, S. 1315 - 1316
(zit.: *Zander*, BB 1987)

Zöllner, Wolfgang — Das Wesen der Tarifnorm, RdA 1964, S. 443 - 450
(zit.: *Zöllner*, RdA 1964)

Zöllner, Wolfgang — Die Sperrwirkung des § 59 BetrVG, in: Dietz, Rolf / Hübner, Heinz, Festschrift für Hans Carl Nipperdey zum 70. Geburtstag, 21. Januar 1965, Band 2, München, Berlin, 1965. S. 699 - 719
(zit.: *Zöllner*, FS Nipperdey)

Zöllner, Wolfgang — Die Rechtsnatur der Tarifnormen nach deutschem Recht, Wien, 1966
(zit.: *Zöllner*, Die Rechtsnatur der Tarifnormen nach deutschem Recht)

Zöllner, Wolfgang — Flexibilisierung des Arbeitsrechts, ZfA 1988, S. 265 - 291
(zit.: *Zöllner*, ZfA 1988)

Zöllner, Wolfgang — Die Zulässigkeit einzelvertraglicher Verlängerung der tariflichen Wochenarbeitszeit, DB 1989, S. 2121 - 2126
(zit.: *Zöllner*, DB 1989)

Zöllner, Wolfgang	Regelungsspielräume im Schuldvertragsrecht. Bemerkungen zur Grundrechtsanwendung im Privatrecht und zu den sogenannten Ungleichgewichtslagen, AcP 196 (1996), S. 1 - 36 (zit.: *Zöllner*, AcP 196 (1996))
Zöllner, Wolfgang / Loritz, Karl-Georg	Arbeitsrecht, 5. Auflage, München, 1998 (zit.: *Zöllner / Loritz*, Arbeitsrecht)

Peter Lang · Internationaler Verlag der Wissenschaften

Myriam Boeck

Tarifverträge und andere Koalitionsverträge

Frankfurt am Main, Berlin, Bern, Bruxelles, New York, Oxford, Wien, 2007.
180 S.
Europäische Hochschulschriften: Reihe 2, Rechtswissenschaft. Bd. 4427
ISBN 978-3-631-55550-7 · br. € 39.–*

Der Tarifvertrag ist nicht das einzige Instrument der Gewerkschaften und Arbeitgeber bzw. Arbeitgeberverbände zur Regelung von Arbeits- und Wirtschaftsbedingungen. Darüberhinaus gibt es außertarifliche Sozialpartnervereinbarungen. Dabei geht es insbesondere um die Abgrenzung des Tarifvertrags von den sogenannten normersetzenden Verträgen der Tarifparteien. Die Abhandlung stellt die für Tarifverträge im TVG, BetrVG und ArbGG geregelten Rechtsfolgen und deren Sinn und Zweck auf den Prüfstand und kommt anhand der anerkannten Auslegungsmethoden zu dem Schluss, dass es schuldrechtliche Tarifverträge gibt, auf welche die für Tarifverträge geltenden Gesetze voll umfänglich Anwendung finden. Davon werden außertarifliche Sozialpartnervereinbarungen abgegrenzt, deren Regelungsgehalt andere als die Inhalte des § 1 TVG sind. Sie wirken weder normsetzend noch normersetzend.

Aus dem Inhalt: Der Begriff des Tarifvertrags und der des außertariflichen Koalitionsvertrages · Vorschriften des Tarifvertragsgesetzes, des Betriebsverfassungs- und Arbeitsgerichtsgesetzes · Rechtsnatur der Notdienstvereinbarungen, Schlichtungsvereinbarungen, der Abmachungen über Gewerkschaftsrechte im Betrieb sowie der Mitbestimmungsverträge · Sämtliche bis 2005 vereinbarten Sozialpartnervereinbarungen

FSC
www.fsc.org
MIX
Papier | Fördert gute Waldnutzung
FSC® C083411

Kolibri 360 GmbH
Ferdinand-Jühlke-Straße 7
99095 Erfurt, Deutschland
produktsicherheit@kolibri360.de

Druck:
CPI Druckdienstleistungen GmbH
im Auftrag der
Kolibri 360 GmbH
Ferdinand-Jühlke-Str. 7
99095 Erfurt